60 COMMON MISTAKES MADE BY BUSINESS LEADERS

企业领导者常犯的
60个错误

周锡冰　简再飞　著

厦门大学出版社　国家一级出版社
XIAMEN UNIVERSITY PRESS　全国百佳图书出版单位

图书在版编目（CIP）数据

企业领导者常犯的 60 个错误 / 周锡冰，简再飞著
. -- 厦门：厦门大学出版社，2022.10
　ISBN 978-7-5615-8585-6

　Ⅰ.①企… Ⅱ.①周… ②简… Ⅲ.①企业领导学－
通俗读物 Ⅳ.①F272.91－49

中国版本图书馆CIP数据核字(2022)第074998号

出 版 人	郑文礼
责任编辑	江珏玙
封面设计	李嘉彬
技术编辑	朱　楷

出版发行 厦门大学出版社

社　　址	厦门市软件园二期望海路 39 号
邮政编码	361008
总　　机	0592-2181111　0592-2181406(传真)
营销中心	0592-2184458　0592-2181365
网　　址	http://www.xmupress.com
邮　　箱	xmup@xmupress.com
印　　刷	厦门市竞成印刷有限公司

开本	720 mm×1 000 mm　1/16
印张	19
插页	1
字数	283 千字
版次	2022 年 10 月第 1 版
印次	2022 年 10 月第 1 次印刷
定价	68.00 元

本书如有印装质量问题请直接寄承印厂调换

厦门大学出版社
微信二维码

厦门大学出版社
微博二维码

目　录

第一部分　企业家的精神短板

第二部分　三流领导造就四流下属

第三部分　隐性规则主导企业

第四部分　管理效率失语

第一部分　企业家的精神短板

　　一般的概念，冒险就是说别人不敢干他敢干，企业家是非常自信的人，甚至可以说是过度自信。我在书里引述到一个美国的调查。美国对 2994 名新创企业的企业家做了一项调查：你认为你的企业未来成功的可能性有多大？81％的人认为 70％以上的概率会成功，甚至有 1/3 的人认为 100％会成功。

　　实际上那个时候美国 2/3 的新创企业在四年内都倒闭了，或者面临着财务困难。这两个数据相差太大了。再比如投资人投资的项目，投资 10 个有一两个成功就赚大钱了，就了不起了。特别能行的也许有七八个成功。

　　再回过头来说，假如一个人做企业时认为他只有 10％的成功概率，他会做吗？大概不会的，他一定是信心满满，认为百分之八九十可以成功——实际上最后的统计不是那样的——这对人类是非常重要的，如果人类都按事后统计的概率做决策，那什么事都不敢干了。但就是有那么一批人，他们比常人更有信心，可能艺高人胆大，你看不到的他看到了，你认为风险很大他认为风险很小——事实上风险确实不小。你跟企业家交流，很多人会说早知道这么难当初就不会干了，企业家往往一开始都是把问题简单化了，如果把问题复杂化，什么都不敢干了。正因为简单化，而一上了这个道路就不能往回走了，企业家一般有争强好胜的特点，越到难的地方就越要坚持下去。就这么一批人，就这么一类人，很多新的东西就是他们给人类带来的。

——北京大学国家发展研究院博雅特聘教授　张维迎

错误1　老子天下第一，"钦差大臣"满天飞

> 自以为是，老子天下第一，"钦差大臣"满天飞。这就是我们队伍中若干同志的作风。这种作风，拿了律己，则害了自己；拿了教人，则害了别人；拿了指导革命，则害了革命。
>
> ——毛泽东

情景再现

徐进毕业于北京某985大学，还没毕业就被长发电子科技公司（下文简称"长发公司"）提前录用，成为一名令同学们羡慕的高级程序员。即使在长发公司，全体同事都一致认为，徐进是一个才华横溢的人，只是他刚入职，才能还没有充分发挥出来。

但在实际工作中，徐进的业绩并不特别出色，每次都是把工作做得刚好合格，甚至很少有超额完成的情况。

当同事想方设法完成任务时，徐进却按时下班，几乎从未加过班。这样他虽然很少拿到最高额的奖金，但是从未掉队。

即便是这样，长发公司的同事们也没怀疑过徐进的工作能力，大家一致

认为，倘若徐进全身心地投入工作，拿到的奖金肯定是最高的。

但徐进从不理会同事的建议，每天依然轻松自在地对待工作。终于有一天，徐进被老板叫进了办公室。

"徐进，我认为你的工作态度有问题，其实你完全可以比现在干得更出色！"老板开门见山地说道。

"我按照您的要求，完成了您分派的任务，并且我认为我现在做得已经很出色了。"徐进跟往常一样，不紧不慢地回答老板的质疑。

"你本来可以做得更好，为什么不呢？你这样的工作态度，不仅会影响同事之间的协作，甚至会耽误公司的进度，当然迟早也会毁了你自己。别以为你是个人才，我就怕你辞职。你辞职后，我马上招人。你要明白，我是这家公司的老板，我怕谁？只要我出足够高的工资，我还怕招不到人吗？"老板撂下狠话。

徐进似乎早有准备，回答说："老板，我很好地执行了您分派的任务，我没必要辞职。我也没想过非要争第一，我上学时争第一已经很累了。"

此次谈话不欢而散，徐进礼貌地退出了老板的办公室。三天后，老板辞退了徐进，而且没有给徐进一分钱的补偿。

半个月后，徐进起诉公司，并要求公司支付自己三个月的薪水作为赔偿金，以及其他费用。公司败诉后，老板愤愤不平。

案例评点

在中国企业中，我们时常会见到一些领导者，以"领导者"的倨傲态度自居，甚至认为"我是老板我怕谁"，抑或是"老子天下第一"。

众所周知，领导者如果有这样的想法，无疑是愚蠢的。今天，越来越多的"90后""00后"步入职场，这一代人的个性化差异非常大，一旦领导者以"我是老板我怕谁"或"老子天下第一"的心态去管理，只会激化双方之间的矛盾。

毛泽东在《改造我们的学习》中写道："自以为是，老子天下第一，'钦差大臣'满天飞。这就是我们队伍中若干同志的作风。这种作风，拿了律己，则害了自己；拿了教人，则害了别人；拿了指导革命，则害了革命。总之，这种反科学的反马克思列宁主义的主观主义的方法，是共产党的大敌，是工人阶级的大敌，是人民的大敌，是民族的大敌，是党性不纯的一种表现。大敌当前，我们有打倒它的必要。只有打倒了主观主义，马克思列宁主义的真理才会抬头，党性才会巩固，革命才会胜利。我们应当说，没有科学的态度，即没有马克思列宁主义的理论和实践统一的态度，就叫做没有党性，或叫做党性不完全。"①

在毛泽东看来，自以为是天下第一号人物，这样的想法是要不得的。在企业经营中，作为一名合格的领导者，在日常的企业经营中，不但应是一个能够尊重员工、懂得有效激励员工的领导者，同时还应是一个谦虚、积极、魅力十足且让人尊敬的上司。

反观上述案例，该企业老板就做得非常不好——骄傲、自大、自满，同时还具有较为浓厚的封建色彩的"集权"意识——"老子天下第一"，处处表现出"我是老板我怕谁"的自大。

在很多论坛上，一些企业家大声疾呼，造成很多中国企业竞争力低下、岗位效率低下的一个重要原因，就是企业领导者自以为是、骄傲自大。究其原因，有的企业领导者工作能力极强，容易骄傲得意、自命不凡。一旦企业领导者用此种思维管理企业，不仅会阻碍企业的长远发展，同时还违背了"领导就是服务"的人性化管理原则。

实战技巧

既然如此，可能有读者会好奇地问，作为企业领导者，如何才能自我检测自己是否陷入"老子天下第一"的领导思维中呢？

通常，通过以下两种方法可以检验企业领导者是否陷入骄傲自大的陷阱里。

（1）多问问自己有无自负的表现。作为企业领导者，多问问自己如下问

---

① 毛泽东.毛泽东选集［M］.北京：人民出版社，1991.

题——"我有'出风头'、好表现的动机吗?"

(2)当遭到别人批评时,是接受还是辩解?抑或是反驳?当企业领导者遭到其他人的批评时,企业领导者的心里是否生起敌意和愤恨,立即为自己辩护?或者企业领导者是否立即找碴进行反批评?

通用电气前 CEO 杰克·韦尔奇(Jack Welch)在《赢》一书中写道:"过去三年中,在我与学生、经理人和企业家们交谈的时候,总会被问到有关领导力的问题。例如,'什么是一个领导者真正需要做的?'或者,'我刚刚得到了提拔,但我以前从未做过管理。我怎样才能成为一个好的领导呢?'微观层面的操作经常是人们所关心的领域,比如,'我的老板觉得什么东西他都必须亲自控制——那是领导还是保姆?'与此类似,有关领导的魅力也是很受关注的,人们会问,'如果你含蓄一点、安静一点,或者比较单纯、比较害羞,那还能从员工身上得到自己想要的东西吗?'有一次在芝加哥,一位观众说:'我手下有两名直接下属,他们都比我精明。我是否有资格去考评他们呢?'这类问题迫使我思考,到自己 40 多年的领导经验中去寻找答案。"

从杰克·韦尔奇的话中不难看出,作为企业领导者,面对不同的企业文化,自然需要不同的领导风格和领导方式,因为企业文化决定领导风格模式,进而影响员工接受企业领导者的领导方式的程度。因此,一个合格的企业领导者,需要对一个组织内的个人和集体施加影响,帮助他们确立目标,引导他们完成所确立的目标,并为之服务,即"服务思维"。

领导思维与服务思维的区别主要有如下几个方面,见表 1-1。

表 1-1 "领导思维"和"服务思维"的态度比较

类型	领导意识	服务意识
态度比较	(1)我一个人必须决定和掌控一切。	(1)我们遇事要商量。
	(2)我是监视、控制、主宰你们的。	(2)我们是友好的合作伙伴。
	(3)我是你们的头儿。	(3)我只是带动大家共同工作。
	(4)我比任何人都优秀、强大。	(4)你们和我一样优秀、强大。
	(5)提反对意见就是和我过不去。	(5)提反对意见是对我的善意帮助。
	(6)我们的地位绝对不平等。	(6)我们的地位是平等的。
	(7)你们都要怕我。	(7)你们千万不要怕我。
	(8)你们都要对我负责。	(8)你们和我都要对企业负责。

错误 2　拍脑袋作出重大决策

> 从 64 层加到 70 层,是我一个人一夜之间作出的决定,我只打了个电话给香港的设计所,问加高会不会对大厦基础有影响,对方说影响不大,我就拍板了。
>
> ——史玉柱

情景再现

谈到巨人,读者一定能想起巨人大厦。巨人大厦从最初设计的 18 层,到 38 层,再到后来的 54 层、64 层,直到最后的 70 层,最后导致资金链断裂,整个巨人集团陷入重重危机。

读者可能会问:为什么会发生这样的事情呢?其实,在巨人集团背后隐藏着一个更加深层次的企业管控制度问题。巨人大厦从 18 层一直加码到 70 层的决策过程,与高层领导者强势有关。

在巨人大厦楼层加高过程中,多名高级管理者提出过质疑,甚至向史玉柱当面提出过反对意见。

但在此之前,巨人集团从未形成过尊重"异议人士"观点、民主协商、集思广益的企业管控制度。

这主要源于巨人集团的执行文化——董事长或者总经理的决策都必须严格执行。在这样的执行文化下，不同意见，特别是反对意见也就不可能改变增加大厦楼层的决策。当巨人大厦的楼层一层一层地往上加，直到增加到 70 层时，最后一根稻草最终压垮了巨人集团。

巨人集团遭遇重大危机后，史玉柱在接受《南方周末》记者的采访时曾这样说："现在想起来，制约我决策的机制是不存在的，这种高度集中的决策机制，尤其集中到一两个人身上，在创业初期充分体现了决策的高效率，但当巨人规模越来越大、个人的综合素质还不全面时，缺乏一种集体决策的机制，特别是干预一个人的错误决策乏力，那么，企业的运行就相当危险。"

究竟是什么原因驱使巨人大厦从最初设计的 18 层加到最后 70 层的呢？

史玉柱在接受媒体采访时坦言："……从 64 层加到 70 层，是我一个人一夜之间作出的决定，我只打了个电话给香港的设计所，问加高会不会对大厦基础有影响，对方说影响不大，我就拍板了。"

案例评点

在"传统企业到底该如何转型"培训课上，一位中层经理抱怨说："在我们公司，我舅舅，也就是我们老板在一些重大决策上从不和我们这些中层经理商量，而且上千万元的投资都是通过拍脑袋的方式作出决策……使得我们的经营困难重重。"

从这个中层经理的抱怨中我们不难看出，在诸多中国企业中，企业领导者常常会犯这个"拍脑袋决策"的错误。可能读者会问，企业领导者为什么常犯呢？原因就是，在过去 40 多年中，中国经济处于一个高速发展阶段，商业机会随处都是，在这样一个机会型市场中，拥有超过 10 亿人口的大市场，几乎做什么都可以赚到钱。此刻，对于企业领导者来说，科学、系统地作出某些重大决策，似乎就显得有些多余了。

这部分企业领导者不知道的是，在企业经营中，系统地作出某些重大决策主要是针对企业未来的发展方向,关乎企业长期的、全局的和动态的市场竞争。这就决定了企业领导者作出的决策都必须是企业基于特定资源积累的核心竞争能力。

然而,这样的决策往往是成熟企业才具备的。一些中小企业领导者往往都是依靠自己的实战经验"拍脑袋决策"。

这样的决策方式,是许多中小企业领导者最普遍的、典型的决策手段。当面临某个重大机遇时,一部分老板常常采用"民主"的决策方式,把这样的决策拿到公司高层中讨论。然而,在开会讨论之前,一部分老板在脑子里面其实已经有了一个大体的框架。一些老板开会讨论的目的,更多的是要让高层经理们接受自己的决策而已。

在高层会议上高层经理们会提出不同意见,甚至是相反的意见。面对这样的态势,尽管老板们有点不愉快,甚至对提不同意见的高层经理产生厌恶感,但这都是老板们意料之中的。接下来,老板们会开始说服提反对意见的高层经理,而不是考虑自己的主张是否存在问题。

据媒体报道,在 2008 年的金融危机中,我国仅仅在 2008 年上半年就有 6.7 万家规模以上的中小企业倒闭。

是什么原因导致了这些中小企业倒闭呢? 可能有的读者认为,它们是在原材料价格上涨、劳动力成本提高、加工贸易政策大幅收紧、出口退税率不断下调、人民币持续升值等诸多因素影响下倒闭的;也有可能是企业缺乏可持续性战略导致的倒闭;还有可能是国外贸易保护严重,出口型企业拿不到订单,或者国外购买力贫乏而导致的倒闭。

不可否认的是,在金融危机的影响下,宏观经济环境趋紧是导致中小企业倒闭,特别是长三角企业出现"异常倒闭"现象的一个重要原因,但是经过我们几年的研究分析,最核心的原因还是企业领导者的"拍脑袋决策"。大部分倒闭的企业都盲目大规模投资过,当然,这也是这次倒闭潮的罪魁祸首。在宁波慈溪,被人称为"完全靠低价来做市场的冰箱制造行业"就是其中的一个典型代表。

21 世纪初,慈溪就被誉为中国大陆三大家电制造基地之一。在 2008

年金融危机爆发前,特别是 2000 年至 2007 年,中国企业借着中国经济发展的东风可以说是如鱼得水。具有敏锐的市场嗅觉的浙江慈溪企业老板绝不可能放弃这样的市场机会,从 2005 年开始,很多慈溪企业老板开始投资建厂生产冰箱。

最让人担心的是,这些投身到冰箱行业的企业老板大都是"门外汉"。在慈溪企业老板的意识中,"只要投身去赚钱"就可以,并不需要过多地考虑企业的发展前景。2007 年,一位老板在饭桌上谈着谈着就拍板,说他要进军冰箱行业。据媒体报道,这个老板原来是养兔子的。

这些从来没有涉足家电产业的企业老板为什么要投身冰箱制造行业中?据媒体披露,这些老板认为,冰箱制造是当时最赚钱的行业。

宁波慈溪市经济发展局曾经公开的数据可以印证媒体的观点,慈溪冰箱 2007 年的产量突破 500 万台,截至 2007 年年底,慈溪从事冰箱生产的企业约 50 家。[①] 同年,还有 10 余家企业老板有意向进军冰箱行业。

在慈溪,有媒体曾用"异军突起"来形容当时许多企业投资冰箱行业的突然,然而,这股冲动在 2008 年被画上了休止符。在 2008 年的金融危机中,接到订单的冰箱生产企业已经不超过 10 家了。

其实,这些企业遭遇危机也是情理之中的事情,试想一下,养兔子的企业老板,不仅缺乏渠道,缺乏专利,缺乏技术……更缺乏品质管理,都敢直接投资建厂生产冰箱。

从该案例中我们不难看出,一个低则百万元,高则千万元,甚至上亿元的投资项目,老板在饭桌上谈着谈着就拍板了。这样重大转型的决策仅靠拍脑袋就能作出,听起来非常不可思议。

不可否认的是,此类问题并不因为我们的不可思议就不存在。而正是这样的拍脑袋决策,导致很多中小企业陷入经营困境,以至于倒闭频现。当然,拍脑袋作出这样的决策,并不只是在冰箱行业出现,主要问题还是源于老板。

---

① 李娟,蔡释虎.企业"异常倒闭"长三角频现"老板跑路"[N].上海证券报,2008-07-03.

实战技巧

在面对重大机遇时,科学决策是企业稳定发展的一个重要保证。

读者可能会问:什么是科学决策呢? 所谓科学决策是指决策者凭借科学思维,在充分调查研究的基础上,把握趋势,利用科学手段和科学技术对重大问题作出决定,并提出目标、方法、策略等所进行的决策。这就要求企业领导者在做科学决策时,必须具有以下 3 个特征,见表 2-1。

表 2-1　科学决策的特征

特征	具体内容
程序性	决策程序性主要是指领导者在做科学决策时,绝不能头脑发热,更不能独断专行、简单拍板、随意决策,必须按照一定的程序,充分依靠企业领导班子及其所有员工的集体智慧,从而有效地运用决策工具和方法来选择最佳的方案。
择优性	决策择优性主要是指领导者在做科学决策时,能在多个方案的对比中寻求获取较大效益的最佳方案,可以说择优是决策的核心。
指导性	决策指导性主要是指领导者在做科学决策时,特别是在经营管理中,一旦作出决策,就必须将其付诸实施,对整个企业经营管理、系统内的每一个人都具有约束作用。

从表 2-1 可以看出,作为企业领导者,不管是面对机遇,还是危机,应尽可能集思广益,据此作出正确的决策,对不同观点,通过论证提出可供选择的方案。不可否认的是,在企业经营中,任何领导者都不可能保证自己作出的每一个决策都正确,就如在战场上,任何一个将军都不敢保证自己能百分之百打胜仗一样。

素有"现代管理之父"之称的彼得·德鲁克(Peter F. Drucker)认为,决策就是判断,是在各种可行方案之间进行选择。

管理学家赫伯特·西蒙也强调,决策对于企业的作用非常巨大,可以说,企业成败主要取决于决策和管理两方面,其中决策因素占到 80%,管理因素仅占 20%。

从哈佛商学院教授的观点来看,决定企业成败的绝大多数因素还是在决策上,从这个意义上说,企业领导者的决策关乎企业能否做强做大,更关乎企业的生死。

从这一点讲,领导者的科学决策能力,不仅仅是领导力的具体表现,同时也是企业持续、快速发展的核心。

既然决策的作用如此重要,那么如何避免企业领导者在决策时目光短浅、随意,动不动就拍脑袋决策呢?为了科学地进行决策,建议企业领导者参照以下 6 个步骤,见表 2-2。

表 2-2   科学决策的 6 个步骤

步骤	具体内容
确定决策目标	确定决策目标是企业领导者在决策时的出发点。当然,决策目标的确定不是随意而为,企业领导者在作出决策时必须搞清楚该项决策能解决的具体问题。这就决定了企业领导者制定的决策目标必须具体、明确,尽可能量化。
搜集相关决策信息	在作出决策之前,搜集信息是不可或缺的一个步骤。当制定决策目标后,企业领导者就必须集中时间和精力广泛地搜集相关的、数量庞大的、影响决策目标的各种信息资料,从而将这些相关信息作为决策参考的根据。
提出备选方案	企业领导者在做决策时,必须满足科学决策的特征——择优性。这就要求企业领导者针对决策目标作出若干可行的备选方案。作为企业领导者必须清楚,提出具有可行性的备选方案是科学决策的一个重要环节,同时也是作出科学决策的重要保证。可能读者会问:什么是可行的备选方案呢?这里主要指备选方案存在合理性、技术上的先进性、市场上的适用性,及资金上的可用性。对此,提醒企业领导者的是,在提出备选决策方案时,每个备选方案的拟定都要依据企业自身的客观条件,从而使企业有限的人力、物力和财力资源都能得到合理的配置和利用。
通过定量分析对备选方案作出初步评价	当领导者提出若干可行的备选方案后,就必须把若干可行备选方案的可计量资料先分别归类、系统排列,然后再根据决策目标选择适当的专门方法,比如建立数学模型对各方案的现金流量进行计算、比较和分析,再根据经济效益的大小,及其对企业未来发展的利弊,从而对若干可行备选方案作出初步的判断和评价,再依据这个判断和评价选择最佳方案。

续表

步骤	具体内容
考虑其他因素的影响,确定最优方案	当然,确定一个最适合企业发展的决策,必须考虑其他因素的影响。也就是说根据定量分析的初步评价,更加全面地考虑各种非计量因素对若干可行备选方案的影响。从而把定量分析的初步评价和定性分析的结果相互结合起来,科学合理地权衡利弊得失,再根据若干可行备选方案提供的经济效益和对企业未来发展的利弊进行综合判断,最后选择出最优的决策方案。
评估决策的执行和信息反馈	企业领导者在决策时,必须充分考虑决策的执行性,而且必须具备指导性,这也是检验企业领导者过去所做的决策是否正确的客观依据。因此,当经过一系列程序筛选出的最优方案付诸实施以后,还需对决策的执行情况进行跟踪评估,从而更加有效地发现决策中存在的诸多问题,再根据出现的问题的信息反馈,及时纠正决策中的问题,以保证决策目标的最终实现。

错误3 刚愎自用,暴政独断

一般来说,领导者最容易犯的错误就是独断专行,一言堂,一个人说了算。然而,只可惜,凡喜欢独断专行的人:一是没有不犯错误的;二是能成就大事者不多;三是往往得不到下属的拥护。

——周广生

情景再现

李大志,于 2000 年年初被深圳市克林电子有限公司聘请为副总兼营销总监,主要负责营销推广。他是贵州遵义人,毕业于贵州大学中文系,1993年辞去公职南下深圳谋求发展,在去深圳市克林电子有限公司之前为圣达公司华北区销售经理。

李大志在深圳克林电子有限公司走马上任后,发现该公司生产的产品竟然是仿冒某国的一个同类产品,主要的销售模式是以低价取胜。

面对这样的产品和销售模式,李大志主动与总裁刘国栋沟通。然而,出乎李大志意料的是,他与总裁刘国栋之间存在沟通障碍,或者说根本无法沟通,甚至每个高层经理与总裁刘国栋都沟通不畅。

这一切都源于刘国栋刚愎自用、暴政独断的领导作风，没有给过李大志等人沟通的机会。

半年后，克林电子公司召开营销工作会议。总裁刘国栋认为，召开营销工作会议只是讨论一些技术性问题。但李大志觉得，召开营销工作会议只是讨论一些技术性问题远远不够。因为克林电子公司出现的很多问题已经不仅仅是技术性问题了，还存在很多战略决策问题。

克林电子公司很多重大战略决策都存在着方向性错误，面对这样的历史性遗留问题，李大志认为，如果重大战略决策的方向性错误得不到纠正，讨论再多的细节问题也毫无益处。

李大志也常常把与市场策划、市场开拓、产品价格及产品设计等相关的创意和想法与刘国栋沟通。然而，刘国栋经常不耐烦，或者推托有"重要事情"以后再谈，有时甚至直接否定李大志的想法。

为了说服刘国栋，经过几个月的周密调研，李大志根据自己的调研结果，拿出对公司重大的方向性问题进行修改的方案。但刘国栋拿到这份方案后非常生气，他说："我们克林电子公司需要的只是战术型人才，不是通盘考虑的战略性人才。在克林电子公司，全局战略性问题由我决定就可以了。"刘国栋说完之后，气冲冲地离开了会议室。

在克林电子公司，岗位职责制定得非常详细，在"营销总监岗位职责"一节，非常清楚地规定了营销总监的工作范围与职权："一、制定公司的营销战略；二、制定公司的营销政策；三、制定新的营销模式；四、制订公司的广告投放计划；五、制定新产品的宣传策略；六、负责市场部内部人员工作安排；七、制订市场开拓及维护计划，并组织执行……"

尽管"营销总监岗位职责"罗列得非常详细，但是在实际工作中，李大志的职务是营销总监，却没有办法行使营销总监的职权。

李大志曾将一份《2000—2001年克林电子公司产品市场营销总体方案意见书》交给刘国栋，之后也没有得到回复。2000年7月，李大志询问刘国栋他写的那份报告哪些需要修改和完善时，刘国栋却说："克林电子公司的有关产品营销总体战略、营销模式设定，以及市场总体开发计划的重大事宜不是你这位营销总监考虑的。这些重大的营销战略都是由我来统一制定。你只需要执行这些营销战略就可以了。不过,记住,你这位营销总监的任务只有一个——按照克林电子公司统一的营销策略提高销售额。"

李大志问刘国栋:"刘总,既然您认为我还是营销总监,可以给您提几个营销战略的建议吗?"

刘国栋说:"那是当然的,我非常欢迎。"

李大志又问:"刘总,我的那份报告就算一份建议书,为什么交上去之后一个月还没有答复呢?"

刘国栋说:"你报告中的内容不符合克林电子公司的实际销售情况。"

李大志又问道:"刘总,具体是哪部分内容不适合,我修改和完善一下?"

刘国栋瞪了李大志一眼,说道:"李总,营销方案应该由总经理来做,这不是你分内的工作,所以不需要如此麻烦。"

李大志一气之下拿出公司的《营销总监岗位职责》,指着条款给刘国栋说道:"刘总,这上面写得明明白白,营销方案的工作,都是市场总监分内的工作。为什么您说不是我分内的工作呢?"

刘国栋知道李大志急了,缓缓地对李大志说道:"李总,你不要那么教条和死板嘛,制度是死的,人才是活的,什么事情都不能那么僵化。"

李大志听到刘国栋这样的回复,只觉得无言以对。

2006 年 4 月,我到深圳给 A 企业做内训时,再次见到了李大志,李大志已经在 A 企业做销售总监。据李大志介绍,克林电子公司已经倒闭快 3 年了,倒闭的原因就是刘国栋独裁,听不进高层干部的谏言,导致公司的产品没有市场,资金大部分压在库存,从而资金链断裂,最终崩盘。

案例评点

客观地讲,中国多数中小企业最滞后和落伍的,绝对不是厂房、设备、技术,以及营销模式,而是中小企业领导者的管理手段,尤其是那些刚愎自用、暴政独断的企业领导者。

在上述案例中，总裁刘国栋听不得一点反对意见，甚至从不考虑员工意见的可行度。其实，李大志是一个非常称职的营销总监，但是其特长和才能得不到发挥，导致业绩黯然无光，这也就为克林电子公司的倒闭埋下了伏笔。

当然，在一些中小企业领导者队伍中，像刘国栋这样的企业老板为数不少。

就像克林电子公司这样，企业内部虽然表面上强调建立团队、鼓励合作，但在实际管理过程中，往往无法充分发挥团队精神。在管理团队时，许多公司高管不知该如何下放权力，他们往往事必躬亲。这种个人英雄主义的表现就会成为公司发展的障碍。

对此，资深管理专家周广生坦言：“一般来说，领导者最容易犯的错误就是独断专行，一言堂，一个人说了算。然而，只可惜，凡喜欢独断专行的人：一是没有不犯错误的；二是能成就大事者不多；三是往往得不到下属的拥护。”

从周广生的观点中不难看出，在企业管理中，企业领导者“刚愎自用，暴政独断”的管理方法将危害企业的生存和发展。原因是，“刚愎自用、独断专行”的企业领导者往往极端化、片面化、武断化，这些特征无疑更加激化了员工对企业领导者的不满。因此，企业领导者必须知道极端化、片面化、武断化行为会导致极其严重的结果，甚至要为之付出惨重的代价。一般地，刚愎自用、独断专行的企业领导者主要体现为以下 4 种类型，如表 3-1 所示。

表 3-1　“刚愎自用、独断专行”领导者的 4 种类型

类型	特征
明君型领导者	此类刚愎自用、独断专行的企业领导者通常主动关心员工、尊重员工，而且“君臣之道”的思想非常严重。
昏君型领导者	此类刚愎自用、独断专行的企业领导者是不合格的领导者，他们喜欢拉帮结伙，善搞公司政治，很少真正关心员工。
事必躬亲型领导者	此类刚愎自用、独断专行的企业领导者，常常坚持自己的决策，就像情景再现案例中的刘国栋一样，他们不会接受下属的意见。

续表

类型	特征
身边人才匮乏型领导者	此类刚愎自用、独断专行的企业领导者由于下属们的工作能力不够，不会提出解决问题的方法，从而需要领导者自己事事拿主意。

从表 3-1 可以看出，企业领导者必须坚持民主决策，在这样的前提下，作出错误决策的概率会小很多。而刚愎自用、独断专行的行为，不仅无益于企业领导者日常的管理活动，而且会危害企业业绩的提升，甚至危害企业的生存和发展。

实战技巧

如前所述，企业领导者"刚愎自用、暴政独断"的领导风格，不仅会影响下属充分地发挥自己的工作才能，而且还会制约企业的生存和发展。

当企业进入成熟成长期后，其市场竞争更为激烈，无疑对企业领导者的综合素质要求更高，此刻的企业更需要团队合作。基于此，只有解决了企业领导者刚愎自用、暴政独断的这个问题，才能保证企业的生存和发展。

在"传统企业到底该如何转型"的培训课上，一位学员问道："周老师，既然解决企业领导者刚愎自用、暴政独断的问题如此重要，那么如何才能解决企业领导者刚愎自用、暴政独断的问题呢？"

这位学员的问题问得好。要解决企业领导者"刚愎自用、暴政独断"的问题就必须坚持制度化管理。

例如，某集团公司是一个执行力非常强的公司。其创始人举例说："我们公司开会决不允许迟到。我们规定，会议不管大小，迟到的必须罚站 1 分钟，那个姿势是像默哀一样的，很难受。从 1989 年到现在，这么多年，来这么多人，制度就是制度，必须贯彻。一开始还有人不太当回事，后来，如果有人开会迟到没被主持人罚站的话，那主持人就要罚站 1 分钟。"

从这家公司的罚站制度可以看出，只有坚持用制度的强制力，才能解决企业领导者刚愎自用、暴政独断的问题。

　　虽然许多中国企业领导者已经认识到企业进行制度化管理的重要性，但是许多企业制度依然形同虚设。就像情景再现中的克林电子公司一样，其制度管理停留在口头阶段。对此，企业领导者进行有效的制度化管理有如下 8 个方法，见表 3-2。

表 3-2　企业进行制度化管理的 8 个方法

方法	具体内容
不能让企业制度凌驾于国家的法律法规之上	当企业领导者在制定制度时，必须依据国家的相关法律法规，制定符合自身实际的制度，决不能让制度凌驾于国家的法律法规之上。否则，再"完美无缺"的企业制度都将无效，甚至会给企业惹上不必要的麻烦。
制定完善的公司规章制度	制定一个完善的公司规章制度，用来指导和制约其他制度的制定和管理，一旦其他制度与公司规章制度冲突，立即宣布其他制度无效。
明确各个制度的效力	在制定制度时，必须明确各个制度的效力。比如某一个制度的生效和废止时间；该制度对某一范围内的员工有效等。
制定相应的程序制度	在制定制度的同时，还必须制定相应的程序制度。
设置专门部门负责制度管理	在制定制度时，就必须设置专门部门来负责企业制度管理工作。比如，在制定某一企业制度时，由专门负责人协调各个部门制度的制定；汇编企业的各种制度；发现新旧制度发生冲突甚至矛盾时，要及时宣布废止旧制度，确保新制度的执行。
明确企业的制定制度和执行制度主体	在制定制度时，必须明确企业的制定制度和执行制度主体。这就明确了什么部门有权制定制度、制定企业的哪些制度，及制度由何人来执行与监督。
管理层要重视企业的制度化建设和管理，并且要带头执行	如果没有企业领导者和管理层的重视和带头执行，企业的制度化建设和管理也是形同虚设。这就要求，企业领导者和管理层重视企业的制度化建设和管理，并带头执行，从而达到上行下效的效果。
制度制定完毕要进行培训	当制度制定完毕后，必须对员工进行培训，从而让员工先"知法"。通常情况下，领导者可以建立员工手册，手册中可以将企业的制度收编进去。这样也可以确保新进员工能很快适应企业文化，进入工作状态。

　　从表 3-2 中不难看出，只有完善的制度化建设和管理，才能彻底解决企业领导者"刚愎自用，暴政独断"的问题。

错误 4　不能够驾驭自己的情绪

> 情绪是一种巨大的神奇力量,也是一把双刃剑,既可以使最精明的人变成疯子,也可以使最愚蠢的傻瓜作出精明之举;既可以成为点燃才智、引爆潜能的火把,也可以成为使人自暴自弃、自戕自焚的烈焰。
>
> ——哈佛大学积极心理学教授
> 泰勒·本-沙哈尔(Tal Ben-Shahar)

情景再现

2011 年 9 月 5 日,北京某连锁店昌平店,不知从何时起,从店长办公室传来的争吵声越来越大。为了查看究竟,许多店员纷纷离开岗位,前往店长办公室。

当店员到达店长办公室后发现,原来是店长和副店长为了业绩的事情吵了起来。在工作期间,作为领导者的店长和副店长吵架,其影响是极恶劣的。

为了让店长和副店长尽快平息下来,给店员一个良好的工作环境,与店长关系不错的业务部主管张娜娜在关键时刻挺身而出,张娜娜首先要做的事情就是让店长和副店长停止争吵。

等张娜娜跌跌撞撞小跑到店长办公室时，店长和副店长已扭打在一起。据了解，店长率先指责副店长在日常经营中管理过于松散。沟通不畅，直接导致此次冲突的发生。

面对店长的批评，副店长自然不服，他扬言说："店长也别充当什么好汉，有本事自己试试。"

其后，店长和副店长越吵越凶，双方都拍起了桌子。店长见副店长不服劝告，盛怒之下，竟然骂起了人。

副店长是一个急脾气，当听到店长骂人后，跑过去直接对着店长的脸上就是一拳。

被副店长击打后，店长也打了副店长脑袋几拳。

店员们都知道店长和副店长是火暴脾气，因此都只是围观，没人敢上前劝架。

此刻，张娜娜试图上前将两人拉开。她试了几次，但都没有成功。

由于店长与张娜娜关系融洽，怕伤着张娜娜，拳头尽量从张娜娜头顶挥过去，由此吃了不少亏。副店长可没那么多顾虑，为此张娜娜"伤痕累累"。

张娜娜见无法将店长和副店长拉开，只好放弃，无奈地站在一旁口头制止。当张娜娜大声呵斥时，正在打架的副店长不乐意地说："滚一边去，有你什么事，惹急了连你一块收拾。"

此刻，急眼的店长也冲着张娜娜发脾气："哪凉快哪待着，和稀泥也不看看时候。"

一刻钟过去了，店长和副店长打累了，纷纷自动住手。

张娜娜看了看店长和副店长后居然忍不住哈哈大笑起来，平时很讲仪表的店长和副店长，此刻像两只斗败的公鸡，店长的领带歪了，鼻子里正流着血。副店长的眼睛瘀青，脸上也有几道血痕，头发乱蓬蓬的，全没有了平时文质彬彬的良好形象。

店长和副店长被张娜娜笑得莫名其妙，异口同声问："有啥好笑的，没见过打擂台吗？"

见店长和副店长都发火了,张娜娜只好憋住笑说:"你们自己去照照镜子,太有意思了。"

店长和副店长对着镜子一照,都自言自语道:"我怎么成了这模样。"

案例评点

作为店长来说,在日常的经营管理中不能因为级别越高,权力越大,脾气就越大。

通过走访我们发现,有些店长有时甚至不把店员当作人看,不是狠批,就是破口大骂。店长这样做存在两种可能:

第一,店长把店员当作自己的心腹,从关心的角度出发,往往"恨铁不成钢"。凡是此情况,店员通常还可以接受,尽管挨了店长的骂,但店长还是关心店员的,只是店长脾气大一点而已。

第二,店长升职后,改变过去一贯的谦虚做法,肆意欺压店员。

在这两种情况下,不管是哪种情况,店长将店员当成自己的出气筒,也是店长缺乏修养的具体表现。一般的,很多店员晋升为店长后,其自身权力的增加也会导致自我膨胀,控制欲望越来越强,再加上需要完成越来越高的销售业绩,压力增大,很容易拿店员当出气筒。

店长这样的做法当然是不正确的。因此,作为企业领导者,必须控制自己的情绪,否则难以领导整个团队提升公司业绩。

众所周知,在经营管理中,驾驭情绪是优秀领导者必备的自我管理能力的体现,特别是情绪作为人在特定情况下的心理体验,是使人产生某种行为的活力性因素,因而也是企业领导者成功领导下属的一个关键因素。应当说,善于驾驭组织成员和整个组织的情绪,是新时代企业领导者必备的一项技能。

在西方管理学中,情绪管理已经作为一个重要的管理方法被用在企业管理当中。而一些企业领导者认为:"20%的智商＋80%的情商＝100%的成功。"

情商管理为越来越多的领导者所关注。在这个等式中,领导者把情商作为预测一个下属能否成为伟大领导者的重要因素。

既然情商管理如此重要,那么何谓情商呢? 所谓情商就是指情绪控制能力或情绪管理能力,即驾驭情绪的能力。关于情绪,在西方国家研究得相对较多,一些研究者认为,情绪具有顿然性,当消极情绪爆发时,人往往很难理智而有效地驾驭它。当然,这些研究者的看法还是不够全面的。

在很多时候,人是可以驾驭情绪的,特别是成年人。我们从小加强自我修养的完善,到我们成年后,为什么能够有效地驾驭自己的情绪? 主要还是我们的自我控制能力强。尽管影响情绪的因素很多,但最主要的因素不是外界因素,而是大多数人自己能不能战胜自我、驾驭自己的情绪。因此,有人将驾驭情绪称为整个人生的"第一管理",这是很有见地的。

实战技巧

哈佛大学积极心理学教授泰勒·本-沙哈尔认为,"情绪是一种巨大的神奇力量,也是一把双刃剑,既可以使最精明的人变成疯子,也可以使最愚蠢的傻瓜作出精明之举;既可以成为点燃才智、引爆潜能的火把,也可以成为使人自暴自弃、自戕自焚的烈焰"。

从泰勒·本-沙哈尔教授的观点中不难看出,有效驾驭情绪是优秀领导者的一个硬素质。这对于企业领导者,特别是某些企业老板来说,任何时候都能够驾驭自己的情绪就显得尤为重要。

在"传统企业到底该如何转型"的培训课上,一个公司部门经理说,公司领导脾气非常暴躁,经常对下属发火,严重影响了整个公司员工的心情,工作进度无疑也受到了影响。不可否认的是,人非草木,作为领导者,面对的压力肯定比员工要大很多。一般地,公司领导一旦发火,绝大多数都是因为员工没有按时完成工作任务,或者犯了巨大的错。但是,在经营管理工作中,作为领导者,更应该学会控制自己的情绪。

研究人员发现,不论是领导者的正面情绪,还是负面情绪,都会影响到公司所有员工的工作效率,但领导者正面情绪的影响更加强烈。在很多时候,领导者非常有魅力,其号召力和影响力会非常大,情绪的传播速度更快、范围更广。

如果领导者所传达出的是一种正面的情绪,那么公司所有员工的工作效率往往也会非常高。相反,如果领导者不能驾驭自己的情绪,在大小场合下,领导者若随便发火或训斥下属,这种负面情绪会很快弥漫到公司的所有员工中去,必然会影响到公司所有员工的心情,最终影响工作效率。

因此,一名优秀的企业领导者不单单是某个方面的能手,还应该是一个全面、综合的将才。在驾驭情绪方面,企业领导者更应该是高手。企业领导者要驾驭组织成员和整个组织的情绪,首先必须学会驾驭自己的情绪。企业领导者驾驭自己的情绪,最根本的是要树立革命的乐观主义。

错误 5　把责任推卸给下属

> 80/20 原则在管理观念上是一个重要的原则,是指关键的少数制约着次要的多数。干部对出现的问题,肯定要负主要的管理责任。出了问题,只责怪下面,只处理下面,可下面根本就不明白你为什么指挥他这么干,这样你处理下面对解决问题又有何益处? 一把手在一个企业,就是旗帜,就是方向,如果自己不先认真起来,不能把一件事一抓到底,抓出结果,没有通过自己的工作树起一种工作作风,又怎能要求下面认真起来呢?
>
> ——张瑞敏

情景再现

位于中关村的 L 公司,不仅有着便利的地理位置,而且销售的是国际知名品牌笔记本电脑,生意异常火爆。

一般情况下,L 公司在销售达成后,都是先送笔记本电脑,再快递发票。2012 年 4 月 11 日,该门市部门销售经理刘迪,让店员王晓燕打电话叫快递将20台笔记本电脑的发票送给位于长安街的D公司财务部总监何启。

王晓燕先和刘迪确认了D公司的具体地址及D公司财务部总监何启的姓名、联系方式。

然后,王晓燕就打电话叫快递员过来取快件,5分钟后,给D公司财务部总监何启快递笔记本电脑发票的事情就办妥了。

然而,两天后,D公司财务部总监何启打电话给刘迪,说他没收到20台笔记本电脑的发票,让刘迪向快递公司查询一下。

刘迪放下电话,马上询问王晓燕是否将发票快递出去,王晓燕再次说明发票已经按照刘迪确定的地址寄出,并拿出快递回执单证明。

刘迪对照了快递回执单和自己给出的地址后,马上意识到是自己把地址搞错了。但是他却说:"小王,你一个女孩子,交给你的工作一点也不细心,真够马虎的,地址错了却没发现!"

王晓燕不知所措地回答道:"邮寄之前我跟您确认过地址,当时您说肯定是正确的。"

"推卸责任,狡辩!小王,你这样做是不行的!"刘迪马上批评王晓燕。

王晓燕知道,无论自己如何解释也没有用,只好委屈地说:"刘经理,我知道'错'了,今后一定改正。"

"这就对了,小王。工作就应该像你这样,要勇于承担责任。"刘迪得意地说。

案例评点

作为企业领导者,本应当担负更多的责任,而不应该把责任推卸给下属,像刘迪这样的做法肯定是错误的。

关于责任,不管是在《管理实践》一书中,还是在《管理:任务、责任、实践》一书中,彼得·德鲁克都多次介绍过责任的重要性。

在《管理实践》一书中,彼得·德鲁克对"责任"、管理人员的"责任"、一线员工的"责任"以及企业的"责任"谈得很多。在《管理:任务、责任、实践》

一书中,更是以其简洁而浓缩的书名道出了管理学的真谛。

从彼得·德鲁克的两本著作中可以看出,管理就是管理任务、承担责任、勇于实践。而承担责任则是管理的核心。

在《管理:任务、责任、实践》这本书中搜索"责任"这一词条时,你会发现该书索引中有多达 36 处谈到"责任",但没有一处谈到管理是靠"权力"来维持的。在彼得·德鲁克看来,权力和职权是两回事,管理当局并没有权力,而只有责任。足见管理大师对责任的重视。

反观上述情景再现案例,我们只能看见 L 公司门市部门销售经理刘迪在推脱责任,这样的门市销售经理没有丝毫承担责任的担当。

更加荒唐的是,作为门市销售经理自己做错了事情,居然还训斥并教导自己的属下要"勇于承担责任"。

事实上,作为企业领导者,刘迪的做法在中国企业中还是比较常见的,似乎领导者就不应该承认自己做错。可以肯定地说,这样的企业领导者是极其不负责任的,也是不具备领导资格的。

在"传统企业到底该如何转型"的培训中,经常讲到刘迪式的高层经理,他们不仅将责任推卸给下属、同级别的同事,而且还将责任推卸给老板。

这样的现象必须引起中国企业高层领导者们的高度重视。从长期来看,如果领导者没有担当,逃避承担相应的责任,下属也会仿效领导者的行为。这样就直接导致企业形成一种"谁都不承担责任"的企业文化,从而使得企业所有人员都对企业"不负责任",都把责任推卸给其他人。当企业所有人员都"不负责任"时,这样的企业是不可能真正为顾客着想的,因而也就不可能生产出顾客真正需要的产品,最终必被市场抛弃。

实战技巧

在"传统企业到底该如何转型"的培训中,一个大型企业的高级主管说:"把公司的资产全部拿走,只要把所有人员留下,五年之内我就能使一切恢复旧观。"从这个高级主管的话中不难看出,任何企业的成功绝不是偶然的,它主要建立在责任的基础之上。

同样,在彼得·德鲁克看来,管理其实就是管理人员、员工和企业共同承担责任的结果,没有什么捷径可言。

其实,在所有企业中,公司的高效率都源于管理,而又止于管理。对此,美国第 33 任总统哈里·S.杜鲁门(Harry S.Truman)曾经在椭圆办公室挂了一个牌子:"责任止于此处。"每位领导者都应该记住哈里·S.杜鲁门的这句座右铭。

研究发现,像杰克·韦尔奇一样伟大的管理者在管理下属时,往往不会使用公司给他的权力,而通常只使用责任。可能读者会问:什么样的领导者才会主动地承担责任,而不是把责任推卸给下属、同级别的同事,及其老板呢?答案是只有优秀领导者才会做到。通常,优秀领导者具有以下 9 种品质,见表 5-1。

表 5-1 企业领导者的 9 种优秀品质

优秀品质	具体内容
敢于承担全部的责任	在经营管理中,无论企业领导者的权限范围有多大,企业领导者都应该在自己的权限范围内,承担起相应的、最大的领导责任,更应该心甘情愿地去承担下属的过错与缺点。反之,如果企业领导者把责任推卸给下属,那么,他就不能胜任领导者的岗位,因为他不具备一个领导者所具备的最基本的素质。
关心下属,尽可能帮其解决所遇到的难题	伟大的领导者大都富有同情心,当下属遇到困难和问题时,要尽可能地帮助其解决在工作中遇到的问题。这些问题也可能来自工作条件、工作环境、同事之间的矛盾等。
良好的感召力	对于任何一个领导者而言,仅仅具备领导者的专业素质当然是远远不够的,还必须具有感召力。在企业竞争中,领导者就像是企业的一面旗帜,当下属看到领导者,就充满战斗力。
卓越的领导特质	领导特质的卓越与否将决定一个人是否能够成功地领导下属。领导者在领导下属的过程中,必须不断地运用他的特质来影响下属,这是成为伟大领导者的必备条件。

续表

优秀品质	具体内容
明辨是非	作为领导者,应该明辨是非、去伪存真,特别是在日常管理中,领导者难免会听到不同意见,这就要求领导者有明辨是非的能力。如果领导者是非难以辨明,不仅得不到员工的拥护和尊敬,而且还会影响企业的发展。
很强的自控力	通常,优秀的领导者都具有很强的自控能力。试想一下,一个自我控制能力不强的领导者,在实际的管理中,肯定没有下属听从他的指挥。
合作意识	优秀的领导者都具有很强的合作意识,而且善于运用合作的原则激发团队力量。
熟练管理中的细节	在实际的管理中,一个称职的领导者往往熟悉企业管理中的各个细小环节。
做事有计划性	通常,优秀的领导者对于要做的每件事都有一个周详的计划,并按照计划行事。

错误 6　不敢向下属承认错误

> 作为领导者应该坦然地接受自己辉煌的成功和痛楚的失败，只有这样，领导者才能真正成功。的确，商场如战场，没有什么常胜将军，失败并不可怕，关键是失败后做什么。
>
> ——史玉柱

情景再现

部门经理罗德尼·布鲁斯和快递员泰姆·威廉斯就职于美国纽约联合快递公司。他们两个不仅是上下级，还是非常好的工作搭档，两个人工作都非常认真，也都很敬业。

公司总经理罗尼·布莱恩特对这对搭档非常满意，然而一件事却改变了他对罗德尼·布鲁斯的看法。

2011 年 12 月 5 日，库尔兹公司老板戴维·库尔兹让美国纽约联合快递公司快递一件非常重要的货物到码头。

在电话中，戴维·库尔兹告诉美国纽约联合快递公司总经理罗尼·布莱恩特这件货物非常贵重，是一个中国清代的青花瓷，价值 50 万美元。

总经理罗尼·布莱恩特非常重视这项业务,于是让部门经理罗德尼·布鲁斯和快递员泰姆·威廉斯这一组铁杆搭档负责。

在出发前,罗尼·布莱恩特反复叮嘱罗德尼·布鲁斯和泰姆·威廉斯要非常小心。

尽管罗德尼·布鲁斯和泰姆·威廉斯非常细心,但是让他们没有想到的是,送货的车辆在半路上坏了。

罗德尼·布鲁斯对泰姆·威廉斯说:"车辆坏了怎么办,出门之前你怎么也不检查一下货车,一旦我们没按规定时间把货物送到,我们两个人都拿不到奖金。"

面对问题,泰姆·威廉斯主动请缨说:"罗德尼,我的力气比你大,我先把货物搬走,这里距离码头也不是很远。况且这条路上的车也较少,等我们把车修好,船可能就开走了。"

"那好吧,泰姆,那你就搬走吧。"罗德尼·布鲁斯说道。

泰姆·威廉斯熟练地背起货物,小心翼翼地往码头小跑过去,总算按照规定的时间将货物送到了码头。

按照常理,这趟差事算是完成了。然而,最后交接的关头却出现了意外。当时,罗德尼·布鲁斯高喊:"泰姆,货物我来搬吧,你去叫货主过来签名。"

当泰姆·威廉斯把货物递给罗德尼·布鲁斯时,一件意想不到的事情发生了,罗德尼·布鲁斯走神了,没接住泰姆·威廉斯交给他的包裹,包裹径直掉到了地上,哐当一声,那个价值 50 万美元的青花瓷器被打碎了。

"泰姆,你是怎么搞的,我明明还没接住,你居然就放手了。"罗德尼·布鲁斯发疯似的大喊道。

"罗德尼,这就是你的不对了,我明明把包裹递给你了,是你没接住。"泰姆·威廉斯辩解道。

此刻,不管是泰姆·威廉斯,还是罗德尼·布鲁斯,他们二人都知道,打碎古董意味着什么——丢了工作不说,甚至还有可能背上沉重的债务,50万美元可不是小数目。

总经理罗尼·布莱恩特知道事情后,也非常着急,虽然购买了包裹损毁的保险,但是这严重影响了快递公司在客户中的信誉,于是他严厉地批评了泰姆·威廉斯和罗德尼·布鲁斯。

"总经理,这的确不是我的错,此次事件主要还是因为泰姆·威廉斯不小心。"作为部门经理的罗德尼·布鲁斯,趁着泰姆·威廉斯不注意,偷偷来到总经理办公室对罗尼·布莱恩特汇报道。

罗尼·布莱恩特异常平静地说道:"罗德尼,谢谢你告诉我'真相',我知道了,你出去吧。"

随后,罗尼·布莱恩特把快递员泰姆·威廉斯也叫到了总经理办公室,问道:"泰姆,这究竟是怎么一回事?"

泰姆·威廉斯详细地把事情的原委告诉了总经理罗尼·布莱恩特。汇报结束后,快递员泰姆·威廉斯不安地说道:"总经理,打碎古董这件事情是我们的工作失职,我愿意承担责任。另外,罗德尼·布鲁斯的家境不大好,如果可能的话,他的责任我也一起承担。我一定会赔偿我们造成的损失的。"

泰姆·威廉斯和罗德尼·布鲁斯在焦急不安中等待老板的处理结果,结果却出乎他们二人意料。

罗尼·布莱恩特把泰姆·威廉斯和罗德尼·布鲁斯二人都叫到总经理办公室,对他们二人说:"公司对你们二人一直都十分器重,想从你们两个人中挑选一个人担任公司副总经理,没想到此次古董事件却让我们更清楚哪一个人是副总经理的合适人选。"

听到罗尼·布莱恩特的介绍,作为部门经理的罗德尼·布鲁斯一阵窃喜:一定是我担任公司副总经理了。他甚至还情不自禁地笑了出来。

罗尼·布莱恩特郑重地宣布:"集团公司一致决定,聘请泰姆担任公司的副总经理。泰姆作为一个能够勇于承担责任的人是值得信任的。泰姆,我要告诉你的是,古董的运输,我们已经购买了商业保险,不用你赔偿。罗德尼,你不用等到合同到期,对了,你明天不用来上班了,你被解雇了。"

"总经理,为什么?"部门经理罗德尼·布鲁斯歇斯底里地反问道。

"罗德尼,我实话告诉你,其实,古董的主人已经看见了你们两个人在递接青花瓷时的动作,他跟我说了他看见的事实。更为重要的是,出现这个事件之后,我也看到了你们二人处理此问题的态度,尤其是你,罗德尼,你撒谎了,因为上帝是不会原谅一个撒谎的人的。"罗尼·布莱恩特最后解释说。

得知谎言被揭穿后,罗德尼·布鲁斯瘫坐在总经理办公室的沙发上。

案例评点

人非圣贤,孰能无过。对于任何一个领导者而言,偶尔犯错误也是难免的,关键在于领导者怎样正确处理自己的错误。实践证明,伟大领导者之所以能够成为伟大的领导者,是因为他们比一般人更懂得正确对待自己在领导下属过程中的失误。

在上述案例中,泰姆·威廉斯直接被提拔为副总经理,而部门经理罗德尼·布鲁斯则被解雇。这样的结果说明,承担责任不仅是一个领导者应有的素质,同时也是具体的表现。

在该案例中,作为快递员的泰姆·威廉斯和作为部门经理的罗德尼·布鲁斯,他们两个人都被总经理看中,也都被作为副总经理的人选培养考察,而对这次危机事件的不同应对态度却让他们分出了胜负。

事实上,在下属面前犯错并不可怕,要敢于承担责任。在很多企业中,都非常强调责任的作用,甚至把责任放在能力水平之上,是因为能力或许可以让员工胜任工作,责任却可以让员工创造奇迹。

就像上述案例中的快递员泰姆·威廉斯,他并没有什么特别的工作技能,但是他勇于承担责任。

在上述案例中,部门经理罗德尼·布鲁斯总是强调,如果不是快递员泰姆·威廉斯,自己肯定不会把青花瓷打碎的。作为部门经理的罗德尼·布鲁斯,这样做的目的就是想把失误的责任推到快递员泰姆·威廉斯身上,从而减轻自己需要承担的责任。

当然,这个案例非常典型,罗德尼·布鲁斯属于投机取巧的那种部门经理,在自己犯错误时总是推卸责任,从不主动承担责任。实际上,与其挖空心思找各种理由来推卸责任,还不如承担起责任,反倒可以把损失降到最低。

实战技巧

在很多中国企业中,领导者不敢面对自己的错误,特别是在下属面前。读者可能会问:是什么原因导致企业领导者在下属面前不能正确对待自己的错误,甚至有的领导者不能从自己的错误中吸取教训呢?我们经过研究发现,主要有以下几个方面的原因,见表 6-1。

表 6-1　企业领导者不敢向下属承认错误的 4 个原因

原因	具体表现
怕员工说自己无能	在中国企业中,企业领导者的面子观念非常浓厚,有时候面子比订单都重要。于是领导者任何时刻都非常在乎在员工面前的形象,特别是在员工面前不能坦言失败。这些领导者认为,领导者一旦在员工面前承认失败,会降低领导者在员工中的威信,以后很难对员工发号施令。
认为自己能够应付得了这种局面	在企业中,大多数领导者往往都过分相信自己的管理和经营能力。在这部分领导者看来,没有什么事情是他们做不到的,总是刚愎自用,从不征求其他人的意见。
认为失败一次没什么大不了	有句话说:"从不在同一个问题上犯两次错误。"然而,有一部分领导者往往从不深刻反省其失败的严重性,当然也就不会及时总结失败的经验教训。这部分领导者不知道总结失败教训对公司的长远发展的重要性。如果能及时总结失败教训,从而有针对性地采取措施弥补失误,那么就能避免自己的失败给公司带来毁灭性的打击。
怕被失败击倒	有些企业领导者太过一帆风顺,没有遭遇过什么大的挫折。一旦遭遇失败,由于心理素质较差,经受不了失败的打击,往往也不敢承认自己的失败。

错误 7　心态失衡

> 心态失衡是心理失衡的一种持续性表现。一般来说，很多人在某种特定情况下都有过不同程度的心态失衡经历。同时，由于人与人之间存在着诸多的个性差异，其心态失衡的具体状况也会迥然不同。
>
> ——也予

情景再现

胡志标，这个具有争议的中国第一代企业家，曾一度被评为 20 世纪末中国商业历史上永远不能被遗忘的商界奇才，中国家电业鼎盛时期当之无愧的风云人物。

可以肯定地说，胡志标是中国第一代企业家中的佼佼者，不仅有着敏锐的市场眼光，还有着敢想敢干的勇气。

1995 年，26 岁的胡志标在一家小饭馆里吃饭时，听到有人谈论"数字压缩芯片"的技术。谈论者说，"数字压缩芯片"的技术可以播放影碟。

敏锐的胡志标嗅出了这里面的大商机。于是在 1995 年 7 月 20 日，他正式成立广东爱多电器有限公司，并出任爱多企业集团董事长、总裁。

广东爱多电器有限公司的股东有 3 个,分别是:(1)胡志标;(2)胡志标儿时的玩伴,也是胡志标的好朋友陈天南;(3)广东省中山市东升镇益隆村。胡志标和陈天南各占 45% 的股份,广东省中山市东升镇益隆村以土地入股获得 10% 的股份。

不可否认,胡志标的确是中国企业界的一个经营天才。在 20 世纪 90 年代,胡志标用广告策略造就了爱多 VCD 的品牌奇迹。

当广告策略拉动爱多 VCD 大卖以后,胡志标采取了更加大胆的策略,以 8200 万元人民币获得了中央电视台广告招标电子类的第一名,从而使爱多的产值从 1996 年的 2 亿元,一年之后猛增至 16 亿元。爱多的名声在全国迅速打响。

随着爱多 VCD 的销量与日俱增,常在媒体聚光灯下的胡志标心理开始有些不平衡了。在胡志标的心里,陈天南尽管是大股东,却从来不过问爱多公司的事,他只不过和自己一样出资 2000 元,每年便可获得爱多 45% 的红利。

这样的想法促使胡志标作出有利于自己的举动,他先是指使财务总管林莹封锁财务,不让陈天南查账。

而后,胡志标挪用广东爱多电器公司的资金在中山市成立了几家由自己担任大股东的公司。

其实,新成立的几家公司与广东爱多电器公司毫无关联。但是,胡志标仍用"爱多"的品牌。

胡志标在中山市成立几家由自己担任大股东的公司,目的不言自明,就是利用关联交易转移资产。

当然,胡志标的这些举动也引起了大股东陈天南的不满和强烈反对。

陈天南也采取策略来维护大股东的权利,先是发"律师声明",后又与股东益隆村联合起来声讨胡志标。

在强大的压力下,胡志标不得不在 1999 年 4 月辞去广东爱多电器公司董事长和总裁一职。

在胡志标辞去广东爱多电器公司董事长和总裁一职后,由于陈天南和益隆村都没有经营广东爱多电器公司的能力,同时迫于经销商的强大压力,仅仅过了 20 多天,他们又将胡志标扶上马。

　　谁也没有想到的是,在股东内耗之后,广东爱多电器公司元气大伤。

案例评点

　　在爱多的这场风波中,胡志标曾经有许多办法可以化解与股东之间的矛盾。比如,胡志标可以与陈天南协商,收购陈天南持有的股份。陈天南后来曾经提出以 5000 万元向胡志标转让自己持有的股份,可是胡志标没有答应;胡志标也完全可以与股东陈天南、益隆村摊牌,亲兄弟明算账,清盘爱多的资产,然后各走各的路;胡志标还可以将自己持有的股份转让给陈天南、益隆村,抑或是其他人,然后自己再去创建一个新公司……

　　办法其实很多,可惜的是,胡志标一个都没有采纳。可能在胡志标心里就是不满陈天南什么都不干,却拿走那样多的利润。他的心理失衡,导致爱多不复从前。

　　虽如此,但是在中国企业家群雄榜上,胡志标也是一个绕不过去的名字。对于吃亏,相信胡志标深有体会。有人说胡志标的失败和爱多的没落,是因为争夺标王。其实不对,胡志标的失败是一个典型的心态失衡而导致行动错误,最后招致失败的案例;而爱多的没落,同样是源自一个企业家的心态失衡。

　　胡志标并不是唯一一个失败的企业家,从诸多领导者的反思著作中,我们随处可以看到"心态失衡的现象"。

　　对此,学者也予撰文坦言:"心态失衡是心理失衡的一种持续性表现。一般来说,很多人在某种特定情况下都有过不同程度的心态失衡经历。同时,由于人与人之间存在着诸多的个性差异,其心态失衡的具体状况也会迥然不同。"

　　从也予的观点中不难看出,作为一名合格的企业领导者,必须要保持良好的心态。因为只有摆正心态,做什么事情才会优先考虑整体的利益。

事实上,有很多问题都可能直接诱发领导者的"心理失衡",比如薪酬、职位等相关利益。所以,领导者在面对涉及利益格局和利益分配的问题时,必须要正确对待。最好是通过不断的思想升华来提高对财富的文明认识,进而学会享受财富、处理财富,这样才能真正地坦然面对。

实战技巧

众所周知,失衡的心态无论是对企业领导者自己,还是对他人来说,都是极端不利的。过于强烈追求某些私欲必然会导致心态失衡,而心态失衡就容易犯下致命的大错。因此,对于任何一个领导者而言,对待任何事情都必须要有平常心。

那么对于领导者来说,如何才能使自己保持平常心呢?方法有以下 3 种,见表 7-1。

表 7-1 解决领导者心态失衡问题的 3 种办法

办法	具体内容
在制度上体现公平原则	解决领导者心态失衡的首要办法就是在制度上体现公平原则,这才能从根本上化解领导者心态失衡的问题。其实领导者心态失衡并不是孤立存在的,只有在制度设计上体现了公平,才能降低领导者心态失衡的概率。
要使心理疏导手段更加现代化	随着企业规模的发展,一些领导者的心理压力非常大。在这样的背景下,必须运用现代科技手段对企业领导者进行心理疏导,有效缓解领导者过大的心理压力。
切实增强领导者的自我心理调适能力	很多企业领导者缺乏心理健康常识,让这些领导者进行心理健康的自我调适与心态的自我平衡就成为无稽之谈。作为一名合格的领导者,不仅要把心理健康作为领导者的必修课,更要学会自我心理调适,力求防患于未然。

从表 7-1 来看,领导者心理上暂时失衡的情况是完全可以避免的,这就需要领导者个人平时的努力。因此,领导者在实际的企业管理中,必须懂得调适自己的心态,避免心态失衡问题的出现。

错误 8　眼中只有自己

> 领导者通过别人来完成要做的事情,不管领导者要做什么,如果没有下属来执行,领导者注定要失败。
>
> ——王石

情景再现

美国西海岸公司的采购经理玛丽·麦卡利斯办事能力强,事事都尽可能考虑周到。某天,玛丽·麦卡利斯在审核供应商艾克米公司的资料时却遇到了几个问题。

为了消除疑虑,玛丽·麦卡利斯通知该公司的总经理约翰·克林顿召集艾克米公司的员工开会,并询问他们许多自己关心的问题。例如,"如果工厂发生火灾怎么办?""如果制造零件的机器坏了怎么办?"等诸如此类的问题。

让玛丽·麦卡利斯没想到的是,虽然艾克米公司的所有员工都在场,但是玛丽·麦卡利斯提出的每一个问题都是总经理约翰·克林顿回答的。

当会议接近尾声时,玛丽·麦卡利斯询问主持该会议的约翰·克林顿最后一个问题:"如果遇到上述问题,恰巧你不在公司的话,该怎么办?"

如此单刀直入的问题的确不好回答。玛丽·麦卡利斯之所以提出此问题,是因为她觉得,约翰·克林顿似乎是艾克米公司的精神支柱,一旦他不在现场,那可能引发难以想象的危机事件。因此,玛丽·麦卡利斯也想借此机会了解该公司员工对危机事件的处理能力。

当玛丽·麦卡利斯把问题提出后,在场的员工都在静静地等着总经理回答。约翰·克林顿耸耸肩膀坦言:"玛丽小姐,您说得一点都没错,我的确是这个公司的灵魂人物。"

就这样,约翰·克林顿错过了一笔大生意。

而另一家公司的董事长也曾被问到同样的问题,该董事长则认为这个问题很有趣。他说:"我只希望有人会注意到我不在这家公司了。"并赞扬了他的员工是"美国第一",最后该董事长说:"我想应该有人会怀念我,但是这家公司会一如既往地运作。"

案例评点

随着企业管理制度的普及和完善,人本主义管理无疑将成为管理中的一个新亮点。对于领导者来说,像通用电气前 CEO 杰克·韦尔奇一样培养伟大的管理者是他们应尽的责任。

杰克·韦尔奇曾在接受《华尔街日报》采访时坦言:"领导者的成功必须建立在下属成功的基础上。"在杰克·韦尔奇看来,领导者的真正目的是创造明星,而非自己当明星。

与之相反的是,一些领导者常常利用自己的领导地位"挺身而出,当仁不让",似乎这样才能表现出自己的高大形象,才能说明自己的成功。

殊不知,一个领导者是否真正成功,主要还得看其员工是不是成功,只有员工成功了,才表明该领导者也成功了。请记住:"不要当既想当教练,又想进球的那个人。"

可以肯定的是,在上述案例中,后者成为基业长青的公司的概率要比前者大许多,在公司的发展过程中,领导者的影响力将是巨大的,不仅影响着企业本身的发展,还影响着全体员工的成长。因为伟大的领导者与一般领导者的区别主要体现在——伟大的领导者能够将下属培养成伟大的管理者,而一般的领导者,只是将权力集于一身,向下属发号施令。

就像上述案例中的领导者那样,一名懂得创造明星的管理者,会让不同的下属来回答不同的问题,并赞扬他的部属,但艾克米公司的总经理约翰·克林顿却没有做到这一点。

其实,约翰·克林顿的部属也都非常能干,完全能够在他不在公司的时候担负起重要的工作,但约翰·克林顿却白白地浪费了这个机会。

上述案例警示中国企业,将下属塑造成伟大的管理者不仅是优秀领导者,也是企业老板应尽的义务,而且还是优秀领导者应有的责任。对于企业领导者而言,最重要的责任就是支持部属的工作,帮助部属成功。

在"传统企业到底该如何转型"的培训课程中,一名年轻学员在课上说:"为了取得大学学历,我参加成人高考,因为非常珍视这个机会,当然也格外用功。当老板得知这个情况后,立即给予我许多工作上的方便,对我鼓励良多,我因受其恩惠才能实现,老板也为我高兴,我实在感激他,也下定决心要好好地报答他。"

而该公司老板却对我说:"其实,这些都是我应该做的,也没有什么大不了的。"

从上述员工的表述来看,员工为那些支持自己、信赖自己、为自己成功而欢呼的老板而感动,这样的员工在工作中肯定是以一抵十,做任何工作时都会认真到位。

对于任何一个企业来说,没有下属,领导者也就没有任何意义;下属不执行,再好的决策也只能束之高阁。因此,下属是企业老板经营成功的保证,同时也是企业老板把企业做大的奠基石。但是在很多企业中,部分老板不重视下属,不亲近下属,特别是对部属的功劳只字不提,甚至眼红。

一家公司的营业员就曾对人说:"我与 S 公司谈一笔生意,在几乎大功告成的时候,我请我们公司老板为我出面以增加分量,但是我们老板并未采纳我的建议,因此,成功率已达99.9%的交易在最后一分钟意想不到地失败了。像我们这种工作随时都需要公司老板的帮忙,但是公司老板却不关心我们,因此做起事来我也没什么动力。"

实战技巧

对于任何一个领导者而言,让下属发挥其工作才能,使其成为伟大的管理者这个过程,绝对不是仅仅靠几句鼓励的话就可以做到的,必须建立在领导者工作中长期指导下属,同时自己以身作则的基础之上。

遗憾的是,很多企业领导者常常眼中只有自己,从未表彰过对企业有贡献的中坚人物。

而实际上这些中坚人物才是推动企业发展的重要力量。因此,将下属培养成伟大的管理者是领导者成功的关键所在,培养管理者也是全部管理过程中最关键的步骤之一。

实践证明,领导者很有必要为培养优秀的管理者以及估计现在和将来对下属的要求情况做一个系统的规划。培养成就下属是优秀领导者的一项硬素质。这就要求领导者必须从自己当明星转变到创造明星,这也是一个一般领导者向伟大领导者的转变。

培养成就下属也是领导者个人影响力的一个重要体现,同时也是赢得下属信任的重要因素。因此,领导者的目标不是让自己伟大,而是使下属有优秀的表现。培养成就下属必须注意以下几点,见表 8-1。

表 8-1 培养成就下属的 4 个要点

序号	要点内容
(1)	无论在什么场合下,领导者尽可能把功劳分给下属,绝对不能把下属的功劳据为己有。
(2)	在一个或者几个项目中,部分下属可能没有取得预期的效果,领导者也不能就此否定下属的创意。领导者必须找出真正的原因,为下属制订一个可行的、长远的计划,从而渐渐地为培养成就下属打下基础。
(3)	领导者时刻认可下属的劳动成果,并真诚称赞下属,哪怕只取得一个小小的订单,也要表扬。
(4)	领导者要根据下属在工作中的所有表现,作出正确的评价。

错误9　过于看重权力

有85.27%的人依靠权力来管理企业,也就是说,有不少领导者并非靠"影响力",而是靠"权力"来工作。

——美国古典管理学家
弗雷德里克·温斯洛·泰勒

情景再现

2008年7月,热爱餐饮工作的张文浩大学毕业后,加盟了M连锁餐饮企业。由于张文浩办事认真负责,M连锁餐饮企业总经理孙云龙安排张文浩当办公室文员,主要负责一些文件的收发,同时还负责和处理一部分闲杂事务。

在M连锁餐饮企业办公室文员的职位上,虽然工作琐碎繁杂,但张文浩兢兢业业,做得都非常到位,也很出色。

M连锁餐饮企业总经理孙云龙觉得,张文浩的工作表现非常积极,将其列为M连锁餐饮企业的重点培养对象。

尔后,孙云龙经常让张文浩列席该企业的大小会议。三个月后,M连锁餐饮企业营运部总监被派往华北地区,孙云龙就破格提拔张文浩为该企业营运部的总监。

得到提拔的张文浩在工作方面更加积极主动,但摆在张文浩面前的问题是,毕竟张文浩没有从事餐饮服务一线基层工作的经历,这使其在管理店员方面遇到不少困难,特别是在制定各项制度的时候,由于考虑得不够周全,制定的各项制度往往不科学、不合理。

而且,这样的事情在张文浩就职运营部总监的第三天就发生了。那天,张文浩在检查餐厅卫生时,看见部分店员的白色工作制服已经有明显的污渍。

在下午一点的会上,张文浩就制定了一个规章,并下发到各部门负责人,限令全体店员在上岗前必须按规章检查仪容仪表,没有达到要求的,一律不许上岗。

部门经理钱文学收到该规章后,第一时间向张文浩汇报:"部分店员的白色工作制服很脏是因为咱们公司的洗衣机脱水缸坏了,后勤部已经打电话给厂家了,厂家还没有派人来修。再加上南方梅雨季节,天天阴雨绵绵,有的白色工作制服已经洗过了,还没有晾干,所以有的店员只好穿着脏的白色工作制服上岗了。"

听完钱文学的汇报,张文浩心里却认为,这件事是相关部门负责人故意找借口不服从自己的安排。

下午两点,与张文浩关系甚好的传菜部部长王蕴涵私下解释说:"……其实,各个部门负责人都认为您这样做是对的,也不是各个部门负责人不执行您的命令,关于部分店员的工作制服很脏的问题,我已经找过其中几个店员单独了解过了,而且我已经和后勤部长吴跃协调过了,尽快解决这个脏工作制服问题。不过,我得提醒您,目前临近春节,本店许多店员都要求请假回老家过年。然而最近一段时间正是餐饮旺季,店员们劳动强度都比较大。原本店员们的对抗情绪就大,已经怨声载道了。现在就急着去处理因工作制服脏而上班的店员们,一旦把握不好尺度,就会引起店员的怠工情绪。"

但张文浩没有接受王蕴涵的建议,并说:"你们怕承担责任,我下午开例会亲自给店员讲。"

让张文浩没有想到的是,在开完例会的第二天 10 点,上岗的店员缺少近 20 人,仅传菜部一个部门就有 6 人因为工作制服很脏没有上岗;而区域值台有 3 人因为工作制服很脏没有上岗,配菜部也有 5 人因为工作制服很脏没有上岗。

此刻的张文浩才意识到问题的严重性,后悔昨天没有接受王蕴涵的建议。于是张文浩一边组织后勤二线部门店员顶替,一边安排管理人员找旷工店员谈话。

而后勤人员只熟悉后勤的服务流程操作,不熟悉传菜的服务流程操作,结果在传菜中频繁出错,引来顾客不断投诉。这给企业造成了不小的损失。

案例评点

很多时候,有些领导者为了让员工尽可能无条件地服从自己的命令,会采取强硬的管理方式来训导员工,就像上述案例中的运营总监张文浩。

在张文浩看来,管理就是将权力看得比什么都重要,其实这样的观点是不正确的,当发现工作制服脏的问题后,他不积极主动地解决问题,也不听取下属的建议。

当然,洗衣机坏了,厂家没有来维修,并不等于作为领导者的张文浩没有责任。因此,像张文浩这种不顾员工立场、不考虑企业的实际情况,就采取强制命令的方式,是一名合格领导者所要绝对避免的。就像张文浩一样,仅仅因为自己的一个不合理的规章,导致近 20 名店员没有办法上岗,这样的做法无端增加了员工的反抗情绪,结果可想而知。

张文浩的案例说明,在实际的企业管理中,有些领导者非常喜欢将权力紧紧攥在自己手中,生怕员工们不知道他是领导者。

实战技巧

众所周知,作为一名优秀的领导者,其领导影响力主要取决于自身的领导风格、领导方式,以及自身的综合素质、开发下属潜能的能力、合理授权的程度、设岗定帅的准确性等多个因素。

其实,在实际的企业管理中,优秀领导者是很少用企业硬权力来管理企业的,因为他们知道,企业硬权力只是领导力的一个很小很小的部分。

对此,通用电气前 CEO 杰克·韦尔奇在接受《华尔街日报》记者采访时,很坦然地说出了自己的成功之道。他说:"一个成功的领导者,必须有着英雄或者明星般的魅力,让全体员工真心喜欢和信服,而不是以权威的方式使下属唯命是从。过时的组织动作的方式,宛如老旧的城墙在逐渐倒塌。"

杰克·韦尔奇的话总结了作为优秀领导者的经验,值得中国企业领导者学习和借鉴。当我们回顾杰克·韦尔奇的经历时,我们就很容易发现杰克·韦尔奇的领导才能。

1960 年,年仅 24 岁的杰克·韦尔奇加盟通用电气塑胶事业部。

在加盟通用电气 11 年后的 1971 年年底,杰克·韦尔奇成为通用电气化学与冶金事业部总经理。

1979 年 8 月,杰克·韦尔奇成为通用电气公司副董事长。

1981 年 4 月,年仅 45 岁的杰克·韦尔奇成为通用电气公司历史上最年轻的董事长和首席执行官。

在 20 世纪 80 年代初,自杰克·韦尔奇主政通用电气公司起,到 2001 年 8 月杰克·韦尔奇离任,在短短的 20 年间,他将一个官僚主义弥漫、发展迟缓的公司,打造成了一个充满朝气、富有生机的世界 500 强企业巨头。

在杰克·韦尔奇的领导下,通用电气的市值由他上任时的 130 亿美元上升到了 4800 亿美元,排名也从世界第十提升到第一。

杰克·韦尔奇在 2001 年 9 月退休时,被誉为"最受尊敬的 CEO""全球第一 CEO""美国当代最成功、最伟大的企业家"。可以说,杰克·韦尔奇改变了通用电气,同时也展现了伟大的领导力。

错误 10　不提升自身能力

> 领导者领导能力不高是导致企业员工岗位效率不高的一个重要原因。当然,要改变这种现状,较为有效的方法就是提升领导者自身的管理能力。
>
> ——哈佛大学商学院教授
> 罗莎贝斯·莫斯·坎特(Rosabeth Moss Kanter)

情景再现

陆丰初中毕业后,跟村里的长辈们一起到广东去打工。在人才招聘市场上,M 酒店人力资源部人员看见陆丰虽然学历不高,但是很懂礼仪,于是,询问陆丰有没有兴趣到 M 酒店从一名普通服务员做起。

只有初中文化而又刚进城的陆丰没有什么特长,于是就入职了 M 酒店。入职 M 酒店后的陆丰踏实肯干,工作兢兢业业、任劳任怨,总是把上级安排的工作执行得非常到位,得到了 M 酒店管理层领导者们的高度肯定。

就这样过了半年,M 酒店开拓新市场需要人手,便让陆丰担任该分店的部门经理。

成为部门经理后的陆丰和升职前一样,工作兢兢业业、任劳任怨。对于

M 酒店总经理安排的工作任务,陆丰总是以身作则。

在陆丰的带领下,该分店员工的工作积极性非常高,工作执行得非常到位。但是,不到一个月,大家的工作积极性突然降温了,甚至工作激情也没有了。

刚到分店时,陆丰只要安排任务,店员们都认真地执行,而现在就只剩下陆丰自己一个人完成了。

下班后,陆丰来到 M 酒店总经理办公室,把自己在工作中遇到的管理问题都汇报给总经理,并主动提出辞去部门经理的职位,要求返回服务员岗位工作。

总经理笑着对陆丰说:"你在工作中还是表现得很好。不过,你作为领导者,不仅要懂得关注工作任务的进展情况,还要解决执行过程中做得不到位的问题。另外,告诉你一个好消息,M 酒店开会研究决定,下周派你和其他两个部门经理去外地学习进修一段时间,学习一些管理的工作方法和技巧。"

案例评点

在企业管理中,领导者能力的大小主要体现在领导者在面对问题时,分析问题和解决问题的熟练程度。当然,这也是评价领导者在实际的经营中领导能力大小的一个依据标准。

企业领导者的综合素质越高,对企业未来的判断就会越准确,该领导者对企业的贡献也就越大。反之,如果领导者能力比较低,往往很难判断企业未来面临的挑战,也就不可能制定相应的战略决策来应对。由此可见,领导者能力的高低将影响到企业的生死存亡。

这就要求领导者必须持续提高自己的综合素质,以此来提高自己的领导能力。对此,哈佛商学院教授罗莎贝斯·莫斯·坎特(Rosabeth Moss Kanter)研究发现,"领导者的领导能力不高是导致企业员工岗位效率不高的一个重要原因。当然,要改变这种现状,较为有效的方法就是提升领导者自身的管理能力"。

作为领导者,提升领导效率就必须提升管理能力。对于领导者来说,无论是完善激励制度还是提高领导者的管理能力,其目的还是把企业做强做大。从陆丰的管理困境可以得知,要提升领导者的领导效率,提升领导者的管理能力势在必行。

实战技巧

当前,在中国中小企业中,许多企业领导者文化素质较低,能力缺乏,科学的管理方法也较为缺乏。因此,要提升中国整体的企业管理水平,就要尽快提高领导者的能力水平,这既是当务之急,又是百年大计。

可能有读者会问,作为领导者,需要提升哪些能力呢?领导者主要需要提升以下几个方面的能力,见表 10-1。

表 10-1　领导者需提升的 6 个能力

能力	具体内容
洞察力	有时候,发现问题比解决问题更重要,这就要求领导者提升洞察力,敏锐地、迅速地、准确地抓住问题的本质。作为领导者,应在工作中敏锐识别各种危机问题,制定应对策略。
预见力	在经营管理中,领导者如不能对产品研发方向的发展规律和趋势作出准确的判断,那么这样的产品将与市场背离。
决断力	当面对战略机遇或者危机时,领导者必须迅速作出选择。尽管领导者在决策过程中作出的选择都存在机会、风险、利弊、压力、责任等问题,但是领导者必须当机立断。一旦优柔寡断、患得患失、瞻前顾后、举棋不定等,可能就会错过机会,从而使危机更加不可收拾。
推动力	一般地,领导者的推动力具体表现为领导者的感染力、吸引力、凝聚力、号召力、影响力。这就是最佳的激励下级以实现创新意图的能力。
应变力	当危机发生时,领导者必须有应对的能力。不可否认,领导者的认识能力和预见能力再强,也不可能完全预见危机的发生,这就要求领导者必须具备处变不惊、临危不惧、随机应变的能力。
辨才力	作为领导者,必须要有辨才能力,这里指善于识别和起用人才的眼力。企业领导者要有"不拘一格降人才"的胸怀。

第二部分

三流领导造就 四流下属

公司坚持从成功实践中选拔干部。干部队伍要有使命感与责任感,要具备战略洞察能力、决定力,要富有战役的管控能力,要崇尚战斗的意志和自我牺牲精神。

公司的高层干部要多仰望星空,多思考公司的战略方向。高级干部不仅要具备业务洞察能力、决定力,还要强调视野、见识、知识。

爱因斯坦对周有光有句话:"人生的差异在业余。"我们在业余时间里其实能增强很多见解。比如三星电子的 CEO,一年中有半年时间在全世界与别人做交流、沟通,通过战略的洞察,确定三星的战略方向。在战略洞察能力上,我们与之还有一定差距。我们是作出了成绩,但还是在低层次的追赶之中,战略布局还不够。例如,采购现在是以深圳为中心,以中国人为中心,甲方心态,为什么不在采购集中地建立能力中心,为什么不用当地人?我认为,我们不要求基层干部做战略布局这些事情,但我们的高级干部要抬头仰望星空,看一看这个世界,否则容易迷失道路,走错了方向可能会拖垮整个公司。

我们还强调干部要有牺牲精神,否则如何团结到人?选拔制永远要坚持,这是真理性的,我们要制定各级干部的实践经验要求,没有这个经验,就不能再往上一级晋升,不能形成一大堆"空军"司令。在白皮书里面一定要体现出来排他条件。机关干部要循环下去,再上来。我们还有新人要提拔,不要过于担心一个人辞职就迁就落后。我们还要大胆拉开差距,明年重点在 15、16 级中,显著拉开优秀人员的差距,也要关注 17、18、19 级中的特优秀人员快速走上岗位。

干部可以分两层管理,使用者拥有提议权,上层管理者具有批准权,不一定要层次太多去审查干部。作战部队的主官要管干部,有干部使用的提议权、编战权,HR 提供支持服务。HR 的主管也应是本业务的优秀人员出身。招聘选拔工作主官要多担责,HR 要多起秘书作用。作战指挥中心如果没有权力挑选干部,怎么去组织这个作战单元? 如果形成帮派、小集团,脱离平台管理,我们可以干预,不要老是怕形成小集团。

——华为创始人　任正非

错误 11　倾向起用能力不如自己的下属

当一位经理人容许对爱的需求盖过他的责任，他就变成一个软弱的人，对不可接受的行为视而不见，而且接受任何未产生绩效的借口。他会这样做，因为他畏惧变成一个要求严格的监工。

情景再现

对作为 A 出版集团分公司部门主管的陈翰来说，他经常熬到午夜，名副其实的劳累过度。在陈翰看来，自己的工作的确太多了。

解决陈翰劳累过度的问题，方法有如下 3 个：第一，辞职；第二，让同事康维分担一部分工作；第三，向总编辑申请，要求江霍科和柳大珠来当自己的助手，分担自己的部分工作。

按照通常的做法，陈翰毫无悬念地要选择第三种解决办法。如果辞职，陈翰不得不另外去找工作；如果请级别与自己相当的同事康维来分担，等到日后上一级的龙敏俊退休后，康维就是自己晋升道路上的对手，显然，这是下下策。

基于此，陈翰决定，向总编辑打报告，直接调入江霍科和柳大珠作为自己的助手,而对于江霍科、柳大珠两人来说,这是一次提职。这样的话,陈翰可以把工作分成两份,分别交给江霍科和柳大珠,而陈翰自己却成了唯一掌握全局的人,这样的如意算盘还是很好的。

说到这里,有必要强调一下,陈翰为什么要调入江霍科和柳大珠两人,而不是其中之一。据了解,如果仅仅补充一个江霍科分担陈翰的工作,江霍科就充当了康维的角色,甚至成了唯一一个可以接替陈翰的人。

陈翰想了想,要找助手的话,还是找两个或者两个以上最佳。一旦这样,他们之间才可以相互制约、相互牵制,甚至对陈翰的晋升没有任何威胁。

当江霍科和柳大珠成为陈翰助手后,作为助手的江霍科,渐渐地向陈翰抱怨,他也开始疲劳过度,能否给他也配上两名助手。

由于江霍科作为助手时,工作较为出色,陈翰毫不犹豫地答应了。鉴于柳大珠和江霍科两人的地位相当,同时也为了避免矛盾升级,陈翰主动给柳大珠也增配了两名助手。

曾经的三人组合,一下子成为七人组合。在补充了刘芬、罗小虎、林红、孙霖四个后,陈翰觉得,自己的晋升已经是十拿九稳的事情了。

此刻,陈翰之前一个人的工作,由七个人来完成,照理来讲,陈翰应该非常轻松,结果却是每个人都忙得不可开交,陈翰竟然也比过去更辛苦。

读者可能会问:为什么会出现这样的问题呢?答案是,他们彼此之间制造出许多麻烦事情来。例如,陈翰嘱咐起草一个文件,新助手刘芬认为,该文件的起草是罗小虎管辖范围内的事情,应该由罗小虎负责。

于是,罗小虎起草了一个文件初稿。当初稿送到江霍科办公室,江霍科大加修改后,再送柳大珠办公室签字。

柳大珠本想把江霍科修改过的文稿交给林红办理,不巧的是,林红请假不在办公室,文稿就转到孙霖手里。

孙霖认真阅读后,写上自己的意见,经柳大珠同意后,再送还给江霍科。江霍科采纳了同事的修改意见,再次修改了文件草稿,然后才把文件修改稿送呈陈翰审阅。

按照通常的做法,陈翰可以不加审查,签发了事。可是陈翰想到的是更多其他问题。

陈翰盘算着,等到明年自己接了龙敏俊的班后,必须在江霍科和柳大珠之间物色一位接替自己目前的位置。

严格来讲,林红根本就够不上休假条件,可是柳大珠却批准了,孙霖的健康状况虽然不佳,从她苍白的脸色就可以看到,部分原因出自家庭纠纷。照理说,应该让孙霖休假才对;此外,陈翰考虑到罗小虎参加会议期间增发工资的事情,还有刘芬申请调往养老金部去工作的事情;坊间,陈翰还听说柳大珠对一个女打字员有好感,可打字员有丈夫;林红和罗小虎之间已经闹翻,甚至到了互不理睬的程度。

当江霍科把修改的文件送来时,陈翰本想签字发了完事。但是同事间相互制造了诸多矛盾,也给他增加了不少烦心事,让他心烦意乱。

在岗位这块,陈翰办事极为认真,绝不敷衍塞责。于是,陈翰仔细阅读文件,删去江霍科和孙霖加上的啰唆话,把稿子几乎恢复到罗小虎最初起草的样子,又改了改几处文字,最后定了稿。

这份定稿,如果没有那六个员工的话,按照陈翰的写作能力,压根就不费事。可是人多了,办同样的事情,花费的时间反而比过去更多了,虽然没有谁闲着,也都尽了最大的努力。

等到陈翰离开办公室回家时,依然还是午夜,昏暗的路灯下是陈翰长长的身影,他两肩下垂,脸上泛起一丝苦笑。

案例评点

对于任何一个不称职的领导者来说,摆在面前的通常有三条出路:一是申请退职,担任可以胜任的工作,把领导岗位让给能够胜任的继任者;二是让一位能够胜任领导岗位的继任者来协助自己工作;三是聘用两个领导水平比自己更低的继任者当助手。

在这三条路中,领导者绝对不会选择第一条路的,这样选择不仅会使自己丧失许多关乎自己的切身好处,甚至会失去更高的晋升机会;通常领导者也不会选择第二条路,如果招聘一个能干的下属协助自己,就等于变相在培养继任者接替自己的位置,甚至可能成为未来强有力的晋升对手;领导者如果选择第三条路,那么就不用担心下属取而代之,也不担心自己的不称职了。

基于此,领导者会招聘两个平庸的助手分担自己的工作,也相应减轻了自己的工作负担。领导者们都十分清楚,两个助手的能力平庸,不会对自己的领导岗位构成威胁,也不会成为未来晋升的对手,不称职领导者从此也就可以高枕无忧了。

如此类推,就形成了一个机构臃肿、人浮于事、相互扯皮、效率低下的领导体系。英国历史学家、政治学家西里尔·诺斯古德·帕金森(Cyril Northcote Parkinson)在长期调查研究后将这种现象称为"帕金森现象"。所谓"帕金森现象",是指在行政管理中,行政机构会像金字塔一样不断增多,行政人员会不断膨胀,每个人都很忙,但组织效率却越来越低下。

把一个不称职领导者摆在一个错误的位置上,不仅是人力资源管理中的一个失败,还会给所在企业带来更多负面影响,甚至是为之付出惨痛的代价。

研究发现,领导者喜欢起用能力不如自己的下属,原因有两点:第一,有利于管理。能力不如自己的下属,不管是工作技能,还是领导技能都比下属强,就不可能被下属取而代之。第二,"教会徒弟饿死师傅"。很多领导者认为,如果招聘两个能力超过自己的下属,其岗位安全系数就非常低。例如,A公司总经理怕副总经理超过自己,所以80分的总经理就用了一名72分的副总,72分的副总怕下属超过他,又打了一个9折,用了64.8分的部门经理,以此类推,最后一线工作员工既不忠诚,又没有责任心,整个公司岗位效率非常低下。

在很多企业中,我们发现一个奇怪的现象,公司标志是领导者亲自设计的,规章制度也是领导者亲自编写的……既然公司的大小事务领导者都做了,那么下属往往只能盲目服从领导者的命令,根本不可能发挥自己的工作能力。

实战技巧

在许多中国企业中,很多企业领导者常常碍于人情和面子,提拔工作能力较低的下属。

其实,这些企业领导者不清楚管理的目的,而是将管理与比谁更受欢迎画上等号。有些企业领导者怕能力较强的下属超越自己,更是压制有能力的下属的长远发展。因此,一旦把不称职领导者放在一个错误的位置上,可能导致这个企业无法成长,没有进步,更谈不上发展。

可能读者会问:领导者如何才能避免提拔能力不如自己的下属呢? 以下 4 个方法就可以解决,见表 11-1。

表 11-1　领导者避免起用能力不足下属的 4 个方法

方法	具体内容
搞懂管理的真正含义	在企业管理中,领导者必须清楚,懂得管理并不是人缘好,也不是比在公司哪一个领导者最受欢迎。其实,真正懂得管理的领导者大都会了解公司的政策,掌握公司的资源,将人力、物力还有财力进行妥当的分配,以达到企业的目标。
拒绝提拔不学习的下属	新技术和新知识的不断更新,要求每个企业员工必须不断吸取新的知识。对于那些从不学习的下属坚决不予以提拔,这样才对团体更加公平。因为拒绝提升工作技能的员工是永远不受企业欢迎的。
敢于让下属超越自己	许多领导怕能力较强的下属超越自己,所以想方设法地阻挠下属被提拔。其实领导者应该摒弃这样传统僵化的思维,敢于提拔那些能力超过自己的下属,因为伟大领导者都是让最优秀下属在为自己做事情。
负起领导者的责任	作为企业领导者,必须负起领导者的责任来,不能只自扫门前雪。作为一名领导者,仅仅知道管好自己是不够的,除自己以身作则、率先垂范之外,还需要提升下属的工作技能,从而把下属培养成优秀的领导者。

错误 12　职责不清导致下属互相推诿

> 不能死搬硬套其他企业的管理模式，必须根据企业自身规模和经营性质等实际情况来设置必要的、合理的组织架构，同时还要结合企业产品的工艺流程、工序特点。因此，在对职责范围进行规定时，应避免玩文字游戏，并应按小企业"一人数岗"的做法（在小企业里很多管理人员是"包山包海"的），尽可能地细化到：让每个人知道自己应该做什么，知道这件事应该找谁，谁应该对这件事负责，从本质上改变因职责不清造成执行力低下的问题。
>
> ——彭达生

情景再现

F 文具实业公司是一家规模很小的文具品生产公司，主要生产各类中性笔和办公学习用品。由于金融危机的影响，F 文具实业公司的订单越来越少，已经陷入困境，濒临倒闭。

想不到的是，好运还是降临了，该区教育局决定向 F 文具实业公司采购一笔考试专用笔。然而,就是这批考试专用笔彻底暴露了 F 文具公司职责不清的大问题。

F 文具公司销售部经理马占山接到该教育局考试办主任林学文第二天就需要考试专用笔的电话后,立即打电话通知仓库库管张康将考试专用笔准备好,但张康却说这批考试专用笔根本就没有入库。

马占山意识到问题非常严重,就十万火急地到后道车间去查看。结果却发现这批考试专用笔放在装配机旁。马占山还发现,后道车间装配组已通过装配机把这批考试专用笔的笔芯装进了笔杆,同时还装在塑料筐里。

其实,"后道车间装配组"只需要将笔装进小纸盒后,再装进外包装纸箱,再打上胶带就可以发货了,其时间最多花费 20 分钟。

当马占山发现问题后,马占山告诉后道车间主任方军:"教育局 10 时会亲自派人来提货。"

方军自信满满地说:"这项任务我来处理就行了,不过是小事一桩,你准备接待教育局的同志。"

于是,方军找到综合组长高魁,让高魁赶快派员工把考试专用笔包装好,而高魁却说:"你没有看见装配组的员工都在玩手机,而我们组的员工非常忙,就连上厕所的时间都没有。"

方军觉得高魁说得有道理。于是,方军又找到装配组长姜平,说:"你们组的员工现都在休息,赶紧派几个人把笔给包装了,最多 10 分钟的工作量。"

没想到姜平说:"我这组的工人都是开机器的,不懂得如何包装,更何况包装笔的工作是综合组的事情,我们组不能抢他们组的饭碗。"

不得已,方军又回头找到高魁,说:"装配组的工人对包装的事情的确不太熟悉,加上包装笔的工作又是你们负责,还是你找几个工人把笔包装好。"

高魁怒气冲冲地说:"尽管平时包装货物是我们组在做,但只不过是我们工人的积极性高,有时其他小组也包装过。在岗位职责里,又没有规定综合组负责包装,我觉得你这样安排不太合理。"

方军又找到姜平,说:"公司的确没有规定综合组负责包装,在平时,你们组也包装过，这次你还是安排几个人把笔包装了吧。"

姜平却回答说："说好听点，我们有时那样做，完全是在发扬部门之间互相配合的精神；说不好听点，那完全是我们看在你的面子上。你知道吗？包装平时那些产品，由于是大众用笔，出点错误也无所谓。而这批是政府考试用笔，万一出点差错，我们可担当不起这样的责任。更何况岗位职责里也没有规定装配组负责包装，一旦我们这样做了，不仅是吃力，同时还不讨好的。在我们公司里还是多一事不如少一事，多做多错。"

此刻，方军不知所措了。当晚 10 时整，区教育局来提货的面包车到了，马占山把车带到仓库，却发现笔还是没有入库。

马占山一路小跑冲进后道车间，发现刚才那批笔还是静静地地躺在装配机旁。两头着急的马占山不得已拨通了老板的电话求助。

随后，老板驱车前来，直接指挥各部门工人一起包装，终于把这件事完成了。就这样，一件 10 来分钟就可以解决的事情，居然在两个小时后、在老板的干预下，才得以解决。

老板握着考试办主任的手说"对不起"的同时，还一边大声地批评下属："你们执行力太差了！这点小事情都执行不到位，大事小事都要我过问后才能解决，你太让我失望了！"

案例评点

执行不到位是中国企业的常见病。在很多企业中，经常发生职责权限混淆的问题，各个部门、岗位的人员责权不清，这样不但容易引起人事制度和管理上的混乱，使企业生产力得不到有效保证，严重的还会使企业付出惨痛的代价。那么，什么是职责？所谓职责就是"某一职务需要或应该承担的责任"。

事实上，任何一个部门的职责不明，或任何一个职务的职责不清，往往都会造成执行不到位的现象。职责不清主要体现在两个方面：一是某些工作没有做；二是某些工作出现了内容交叉的现象。

在上述案例中，由于职责不清引起的推诿，才导致了该次事件的执行不到位。F 文具公司就是中国企业目前执行不到位的一个缩影。

从这个案例中我们可以看到，F 文具实业公司尽管在后道车间的组织架构上设置了装配组和综合组，同时也将人员分配给了这两个组，但却没有将这两个组能预见的岗位职责进行明确的规定，从而出现了因职责不清导致执行不到位的现象。至于后道车间主任方军现场管理上的失控，那是因为职责不清的原因造成的，这也是执行不到位的另一个根源所在。

上述案例警示中国企业，在设置岗位时应明确其职责，千万不能模棱两可，不然很可能给部门与部门之间、员工之间提供推诿的机会。对此，西南财经大学彭达生撰文指出："不能死搬硬套其他企业的管理模式，必须根据企业自身规模和经营性质等实际情况来设置必要的、合理的组织架构，同时还要结合企业产品的工艺流程、工序特点。因此，在对职责范围进行规定时，应避免玩文字游戏，并按小企业'一人数岗'的做法（在小企业里很多管理人员是'包山包海'的），尽可能地细化到：让每个人知道自己应该做什么，知道这件事应该找谁，谁应该对这件事负责，从本质上改变因职责不清造成的执行力低下的问题。"

另外，对于以项目组的方式工作的企业而言，必须实行项目经理负责制，因为职务是由一定的个体担任的，虽然获得或授予职务的方式多种多样，但可以肯定的一点就是职务是由"人"担任的，而不是由机构或部门担任的。

在本案例中，执行不到位的一个重要因素就是部门与部门之间没有明确的职责范围。不可否认，职责划到部门曾经是管理史上最伟大的创新，也是科层管理的基石。在很多企业中，当部门规模很小时，部门经理会自觉担负起全部职责，从而提升管理效率。然而，当企业规模、部门规模日益扩大之后，部门壁垒产生，管理沟通成本也就相应增加。

在这样的背景下，简单的制定公司制度已经不能适应企业发展的需要了，企业在适当的时机变革管理自己的管理手段就势在必行。对此，20 世纪 90 年代最杰出的四位管理思想家之一的迈克尔·哈默（Michael

Hammer)在接受美国《商业周刊》采访时强调："创造价值的是流程而不是部门。"他的观点正被越来越多的企业家和管理人士所接受。

其实,迈克尔·哈默建议企业家采用流程来管理企业,其目的还是更好地明确职责。在企业管理中,如果企业各个部门都是静止不变的,一旦设置,它就存在一定的岗位职责,而当企业规模增大时,其岗位职责依然不变,必然会阻碍企业的发展。因此,实施流程管理必须转变观念,转变思维方式,将职责划到岗位,任何工作。如果不能落实到岗位的职责,就是虚伪的职责,扯皮推诿、职责不清的根源就在此处。

实战技巧

可能读者会问:作为领导者,面对像 F 文具实业公司因职责不清造成的执行不到位问题,该如何解决呢? 对此,业内专家指出,理清企业的责权关系,方法有以下 3 点,见表 12-1。

表 12-1　理清企业责权关系的 3 个方法

方法	具体内容
重新审定组织结构和职责划分	在企业经营中,领导者必须根据企业自身的战略,科学合理地重新审定企业管理结构和职责划分。比如,一些企业发展比较快,但是企业管理跟不上,特别是组织结构设置不合理、人员配置不到位,作为领导者,就必须要求人力资源部了解组织结构滞后、职责切分混乱的真实原因,为企业的组织结构调整和各级职责进行划分提供科学的依据。
运用科学合理的原则和标准进行职责划分	在企业经营中,领导者必须运用科学合理的原则和标准设计组织结构和职责划分。
科学地运用职位分析工具厘清职责划分	在很多企业中,由于企业职责划分混乱,作为领导者要解决这样的问题,科学地运用职位分析工具厘清职责划分。

错误 13　给团队制定业绩目标不切合实际

> 我后来发现定宏伟的目标是很可怕的,必然会违背经济规律,会让自己浮躁,让企业大跃进。
>
> ——史玉柱

情景再现

2011 年年初,在 G 家电连锁公司,为了追赶竞争者,G 家电连锁公司总经理陈亮大胆地提出了"三年超苏宁,五年超国美"的计划。

该计划提出后,G 家电连锁公司华北地区兼北京地区分公司总经理李大奎在第一时间召集运营部分管的各分店经理们开会。

李大奎不仅传达了 G 家电连锁公司总部"三年超苏宁,五年超国美"的发展计划,还针对此计划制订了北京地区运营部 2011 年的工作计划:"单店销售额从原来的 25% 增加到 75%,单店利润率从原来的 15% 增加到 30%,单店市场占有率从原来的 3% 增加到 35%。"

在李大奎看来,要想提高市场占有率就必须保证销售额和单店利润。李大奎当场点名表扬了几个分店的经理。

之后,李大奎大声鼓励分店经理们说:"革命尚未成功,同志仍须努力。

有没有信心完成集团公司总部分配给我们的任务？下面，我就请各位同仁根据各个分店的实际情况，说说 2011 年每个分店能够实现的单店销售额、单店利润率、单店市场占有率。"

当李大奎传达了集团公司分派给北京地区的任务后，分店经理们都沉默了。

面对这样的僵局，李大奎拍桌子大声说："我们必须完成集团公司给我们的任务，这是命令。"

一分店经理站起来很冷静地说："2010 年，我们分店边上增加了好几个竞争者，促销力度也比我们大，实力也比我们强，更致命的是，商品价格比我们要低。我敢肯定 2011 年的销售额不会增加 3 倍。"

二分店、三分店、四分店、五分店……各分店经理都强调其目标不可能达到，制定这样的目标没有基于各分店实际的情况。

但是，李大奎经理还是坚持自己的意见，将目标设置为：单店销售额从原来的 25％增加到 75％，单店利润率从原来的 15％提高到 30％，单店市场占有率从原来的 3％提高到 35％。到了年底，他们果然没有完成计划。

案例评点

从上述案例可以看出，领导者要想完成公司的业绩增长，就必须依据企业的自身情况，制定一个切合实际的业绩目标，而在这个过程中，目标要符合实际情况，不能天马行空、随意而行。

对此，中国人寿秦皇岛分公司第七营销部经理张群在接受媒体采访时说道："我在给团队制定业绩目标时，首先要考虑的是现阶段我团队在分公司要达到的排行名次，要通过以往历次竞赛我团队的排名情况，来判断我这个团队的真正实力与可待挖掘的潜能；其次再考虑这个阶段团队要达到的业绩与人力的规模，其中还要考虑文化以及声誉等因素，综合多项指标来为我的团队制定切实可行的目标。在制定目标时，我还要做到长期目标和短期目标的统一、总目标和阶段目标的衔接、团队目标与分支团队目标的协调、团队目标与个人目标的结合、目标管理与活动管理的配合等方法原则。"

　　从张群的话中不难看出,对于领导者来说,给团队制定任何一个业绩目标都必须切合实际,同时还要考虑业绩目标的相关性,因为目标从来都不是孤立存在的。因此,领导者在制定目标时,要多考虑所制定目标的可执行性,从而保证更有效地完成所制定的目标,如果领导者所制定的目标不切合实际,那么这样的目标就毫无意义。如果目标制定得过低,那么这样的目标很容易实现;如果制定得过高,就像情景再现案例中的李大奎那样,其目标根本就不可能实现。因此,制定目标必须切合实际,否则,目标定得越高,达到的效果也就越差。

　　事实证明,如果领导者制定的目标不合理,或者不切合实际,那么这样的领导者永远也不可能将企业做成世界上最伟大的公司。因此,对于领导者来说,制定切合实际的业绩目标最为重要的,这是领导者评估自身领导能力的一个标准。

　　研究发现,善于制定切合实际的业绩目标,不仅体现了一个优秀领导者的管理水平,而且也体现了他有将企业做强做大的能力。领导者在制定目标时,必须根据企业的实际情况,正确评估目标与企业自身的现实有多大的距离,只有这样才有可能实现自己制定的目标。

　　世界 500 强零售业巨人杰西·潘尼公司创始人、美国著名企业家杰西·潘尼(J.C.Penney)曾说:"没有任何一件事可以比得上决心达成最高目标更能激发人的意志力。"因此,领导者在制定团队业绩目标时应考虑以下 3 个因素,见表 13-1。

表 13-1　领导者制定团队业绩目标应考虑的 3 个因素

严密分析和掌握团队自身现状	领导者在制定团队业绩目标之前,应尽可能考虑分析整个企业团队自身的情况,这些情况包括:团队人员的自身素质、执行力、工作态度等。
制定的目标具有可执行性	领导者在制定目标时,不能盲目地随意而定,必须依据企业的实际情况,制定的目标具有可执行性。
制定几套实现目标的有效方法	如果制定的目标没有方法实现,那么这样的目标毫无价值可言。因此,领导者在制定目标时,应该同时制定几套可以实现目标的有效方法。

实战技巧

对于企业领导者而言，要想制定一个合理的业绩目标，必须先了解企业领导者的能力，以及评估自己有没有能力完成这一业绩目标。

基于此，一旦企业领导者不立足于企业自身的实际情况而制定一个不可能实现的目标，那么无疑就像徒手去抓天边的彩虹。

天边的彩虹尽管绚丽多姿，但是无论如何，企业领导者也无法把它摘下来。因此，企业领导者在制定切合实际的业绩目标时，不能局限于空想，也不能好大喜功，更不能把某种不切实际的目标当作牺牲一切都要付诸行动的目标。

既然如此，企业领导者如何才能制定一个合理有效的目标呢？企业领导者可以借助 SMART 原则，所谓 SMART 原则，见表 13-2。

表 13-2　制定目标的 SMART 原则

S	Specific——明确性
M	Measurable——衡量性
A	Attainable——可实现性
R	Relevant——相关性
T	Time-Based——时限性

从表 13-2 可以看出，企业领导者在制定目标时，必须遵循五个原则，如表 13-3 所示。

原则一：明确性	制定的目标必须是具体的。所谓明确性是指绩效考核需要明确特定的业绩指标，不能过于笼统，或者不明晰。
原则二：衡量性	制定的目标必须是可以衡量的。所谓衡量性是指绩效指标是数量化或者行为化的。
原则三：可实现性	制定的目标必须是可以达到的。所谓可实现性是指绩效指标在付出努力的情况下完全可以实现，这样的目标可以避免设立过高或者过低。

续表

原则四:相关性	制定的目标必须和其他目标具有相关性。所谓相关性是指绩效指标是的确存在的,可以被证明和观察的。
原则五:时限性	制定的目标必须具有明确的截止期限。所谓时限性是注重完成绩效指标的特定期限。

基于此,作为企业领导者,无论是制定团队业绩目标,还是企业战略目标,都应该符合上述五个原则,缺一不可。

错误 14　不愿意让下属展露才华

> 领导者就是能使人展露才华的人。一位成功的领导者,除非具备了相当程度的魅力与影响力,否则,很难实现领导艺术以及赢得下属的信赖和忠心。
>
> ——徐冠巨

情景再现

北京小黑羊连锁店是一家较小的百货连锁公司,在北京地区拥有较高的知名度。

时值小黑羊连锁店稳步发展时,让人没有想到的是,一次看似很小的事件,却差点毁了小黑羊的海淀分店。

海淀分店原业务主管刘玉娜深受该店店长张红艳的器重,工作非常卖力。正因为如此,该店店长张红艳在公开场合多次称赞刘玉娜,甚至还坦言,刘玉娜为该店做出了巨大的贡献。

张红艳的赞扬是有依据的。据张红艳介绍,刘玉娜的确通过自己出色的工作能力为该店开拓了多项业务——开发新客户、维护老客户、疏通各方面的关系,使得该店的业绩蒸蒸日上。

为了有效奖励刘玉娜,张红艳除了给她加薪,同时还多次提拔她。刘玉娜很快由一个促销部的小组长被提拔为该店主管。

但刘玉娜升任该店主管后,店长张红艳却感觉到了刘玉娜的威胁。张红艳害怕刘玉娜因过硬的工作能力而被老板提拔为店长取代自己。因此,张红艳总是把刘玉娜安排到不太重要的位置上,刘玉娜也觉察到店长张红艳的变化,非常清楚地知道自己晋升的空间已到尽头。

经过一番权衡后,刘玉娜向张红艳递交了辞职信。辞职信上说,自己很感激张红艳的器重和栽培,但是,由于自己性格的原因,决定离开该店了。

据知情人讲,刘玉娜已经跳槽到一家更大的连锁店当店长了,让张红艳没有想到的是,刘玉娜利用自己在北京小黑羊连锁店海淀分店建立的客户和社会关系网络,直接与北京小黑羊连锁店海淀分店竞争。

刘玉娜的离职,刚开始让张红艳觉得欣慰,因为自己被取代的威胁已经解除。但是没过多久,张红艳后悔了。因为原来刘玉娜在海淀分店"独当一面",许多团购大客户和重要信息都由刘玉娜一手掌握。

刘玉娜离开后,该店的其他店员既不熟悉这些大客户信息,又暂时无法担当其业务主管的职责。

在这样的背景下,北京小黑羊连锁店海淀分店原来的大客户也纷纷转向与刘玉娜加盟的连锁店进行合作。北京小黑羊连锁店海淀分店的业绩急速下滑,面临经营困境。

案例评点

在情景再现案例中,店长张红艳可以说是一个不合格的领导者,仅仅因为担心店员刘玉娜取代自己的位置,就不愿培养刘玉娜。

在这样的思维支配下,店长张红艳就不可能与刘玉娜分享知识和关键信息,更不会将重要工作交给她。

殊不知,张红艳越是这样做,她自己也越不可能升到更高的职位。能干的店长,不仅懂得培养接班人,而且也不惧怕店员超过自己。这些能干的店长深知，只有培养出合格的能取代自己的店员，自己才有可能获得进一步发展和晋升的机会。

在很多时候，当店长发现一名非常能干的店员时，会给他很多工作去做。当然，也有店长的确不会这样做，他们担心有才能的店员会"功高盖主"，害怕给店员太多的机会，会使店员的威望超过自己，结果导致有才干的店员纷纷离开。作为店长，永远别忘了店长的职责，店员工作成绩中的很大一部分会记在店长头上。如果店员果真有能力，那么店长就阻挡不了该店员晋升的路径，就像情景再现中的刘玉娜一样，不仅当了店长，而且是一家更大的连锁店的店长。

正如飞机、坦克、军舰和士兵不能成为一支有效的军事力量一样，工厂、设备、原材料，以及工人也不能组成一个企业。为什么呢？因为缺少了重要的元素——有效的领导者。领导者的才能是决定一个组织不断取得成就的最重要因素，同时领导者的影响力由他的团队来完成，因此，将下属培养为伟大的领导者是优秀领导者的职责之一。在西方很多企业中，一些企业造就了许多伟大的领导者，比如：通用电气公司造就了艾尔弗雷德·斯隆（Alfred P.Sloan）、杰克·韦尔奇、杰夫·伊梅尔特（Jeffrey R.Immelt），福特汽车和克莱斯勒造就了李·艾科卡（Lee Iacocca），法国雷诺汽车公司和日本日产汽车公司造就了戈恩·卡洛斯，等等。

不管是杰克·韦尔奇，还是戈恩·卡洛斯，他们能够展露才华，主要还是源于他们的领导，要不是艾尔弗雷德·斯隆，杰克·韦尔奇不会成为伟大的 CEO。对此，美国《纽约时报》的记者问杰克·韦尔奇："是什么原因促使你成功？"

杰克·韦尔奇回答道："造就伟大的领导者。"

尽管杰克·韦尔奇的回答非常简单，道理却非常深刻。作为领导者，就是通过别人来完成自己想要做的事情。不管领导者要做什么，如果没有下属来执行，领导者注定要失败。

可能读者会问：我怎么知道下属是不是一个潜在的伟大领导者呢？其实，伟大领导者通常具备以下特征，见表 14-1。

表 14-1　成为伟大领导者的 3 个特征

特征	具体内容
善于自我管理	潜在的伟大领导者善于自我管理,往往能够独立思考。他们能独立工作,从来不需要严密的监督。
建立自己的竞争力,集中全力以达到最好的效果	潜在的伟大领导者掌握着对组织有用的技能。他们的绩效标准也比工作或工作团队要求的高。
独立自主、有判断力	潜在的伟大领导者独立自主、有判断力。

实战技巧

众所周知,有效地挑选和培养伟大的领导者是优秀领导者的职责。当然,在这之前,优秀领导者必须对职位所要求的条件进行客观分析,并尽可能地为每一个下属设计适合他们的工作岗位,从而适应企业和个人发展的需要。

当优秀领导者为每一个下属设计出适合他们的工作岗位后,还必须公正、平等地对待任职者。

对此,全球最著名的管理学大师汤姆·彼得斯在研究了 1435 家企业后得出这样的结论:"造就伟大的领导者不仅是成功领导者的责任,同样还是衡量一个领导者成功与否的标准。"

事实证明,培养和造就伟大的领导者,是优秀领导者的一项硬素质,同时也是成为优秀领导者的前提条件。作为领导者,特别是优秀的领导者,不仅仅需要培养有作为的下属,还需要培养一批能够改写企业历史的下属。

这就要求企业领导者在发掘下属潜能的基础上,能够科学地、合理地规划好员工的职业生涯,让下属更好地、最大限度地发挥自己的价值。因此,成功的领导者不仅是领导下属完成当前的工作任务,更重要的是发掘下属的潜能,让下属展露才华。

错误 15　不能包容下属的错误

　　公司要宽容"歪瓜裂枣"的奇思异想，以前一说"歪瓜裂枣"，就把"裂"写成岁等的"岁"。你们搞错了，枣是"裂"的最甜，瓜是"歪"的最甜，他们虽然不被大家看好，但我们从战略眼光上看好这些人。今天我们重新看王国维、李鸿章，实际上他们就是历史上的"歪瓜裂枣"。我们要理解这些"歪瓜裂枣"，并支持他们，他们可能超前了时代，令人不可理解。你怎么知道他们就不是这个时代的凡·高，这个时代的贝多芬，未来的谷歌？

——任正非

情景再现

　　位于京郊的 P 印刷公司，规模不是很大，但是在总经理陈天剑的经营下，即使金融危机也没有改变公司业绩蒸蒸日上的势头。

　　陈天剑上任的第一件事情，就是招聘能人。不管有无工作经验，只要能为 P 印刷公司贡献力量，一般都可以在 P 公司施展才华。

2008 年毕业于某印刷学院的郑天桥一毕业就顺利地进入了 P 公司。在 P 印刷公司,郑天桥从一线业务员已经做到了业务总监,不过这个阶段用了郑天桥三年的时间,即从 2008 年到 2011 年。

在 P 印刷公司的 3 年间,郑天桥在工作中一直兢兢业业、勤学上进,每年业绩都位列 P 印刷公司第一名,是 P 印刷公司其他业务人员学习的标杆。

顺理成章,郑天桥也深受总经理陈天剑的赏识。

然而,在 2011 年 11 月下旬的一天,郑天桥像往常一样从客户那里收回 P 印刷公司的货款时,却接到了父亲郑友朋的一个紧急求救电话。郑友朋在电话里说,郑天桥的母亲不幸得了癌症,现在是癌症早期,医生说急需手术。尽管已经变卖了家里的很多物资,但也凑不够手术费,父亲让郑天桥想点办法借钱医治他母亲的病。

郑天桥闻此信息,以他干练的业务素质马上给总经理陈天剑打电话说借钱的事情,可是总经理陈天剑的电话一直无人接听,5 分钟后,郑天桥决定从刚收回的 P 印刷公司的货款里先挪用一万元给母亲治病。

作为业务总监的郑天桥十分清楚挪用公款是业务人员的大忌,更何况是业务总监,轻则退赔开除,重则绳之以法。

10 分钟后,郑天桥主动地走进了总经理陈天剑的办公室,将剩余的货款和一张邮电局汇款收据摆在了陈天剑的办公桌上。

郑天桥和陈天剑足足谈了一个多小时,而陈天剑的表情始终是冷峻的。最后陈天剑说:"你先休息一下,叫张助理通知业务部全体人员,20 分钟后召开紧急会议。"

在这次会上,陈天剑宣布免去郑天桥业务总监的职位,业务总监的职位由原业务副总袁林暂代。

两天后,得知此事的 U 印刷公司总经理周文儒以年薪 80 万元的高薪将郑天桥聘请过去,同时还预付 10 万元给郑天桥为其母治病。

在 2012 年 4 月,U 印刷公司的销售额增长了 600%,而 P 印刷公司的业绩却一落千丈。

案例评点

在上述案例中,陈天剑就犯下了一个不能包容下属犯错的错误。业务总监郑天桥,不仅业绩出色,而且还是因为母亲急需一笔手术费,在给总经理陈天剑打了 5 分钟电话无人接听后,才不得已从公司货款中借了 1 万元,并且在最短的时间内到陈天剑办公室说明情况。这一切至少说明郑天桥的职业操守还是非常强的。然而,陈天剑却不这样认为,还是按照公司制度处理了郑天桥。

而 U 印刷公司总经理周文儒却从中看到了郑天桥的能力和操守,以年薪 80 万元的高薪将郑天桥聘请过去,同时还预付 10 万元给郑天桥为其母治病。这两个领导者,面对同一件事情,处理的方式却有天壤之别。

就如前所述,下属犯错误在所难免,只要是情有可原,就没有必要深究不放,陈天剑犯下了错误,使得 P 印刷公司业绩一落千丈,而 U 印刷公司销售额却增长了 6 倍。

事实上,关于犯错误,雪落飘香在《史布克的忠告》一文中做了这样的论述:

"每个人在生活中总要犯错误。我们不怕犯错误,而是怕犯同样的错误。不容忍犯错误的人,往往成不了大的气候。因为总是有无形的东西在束缚着他,当他要突破重围或者有所创新时,总会有一个潜意识的念头在心里告诫他,不要犯错误,或者小心做错。这样,他再也无法放开手脚去大干一番了。这样的人没有冒险精神,也就缺乏开阔的眼界和思路。因为你没有丰富的经历,你就没有发言权,更没有决策权。所以,人重要的是在犯错误中学习和积累,犯错误是为了以后不犯错误;假如年轻的时候不犯错误,那么以后犯的错误就是致命的,无法挽回点。作为领导、长者或者企业的负责人要允许自己的下属犯错误,同时也给他们一定的自由让他们犯错误,这样才能成长起来,达到少犯错误和不犯错误的境地。到了这个地步,他就成熟了,也具备了丰富的经验和分析事物、判断事物的素质和能力,而这个时候也就可以担当重任，独当一面了，从而也就不用你操心了。”

从《史布克的忠告》一文中的论述不难看出，容忍下属的错误是一个优秀领导者应具备的重要条件。

在日常管理工作中，领导者对下属犯的错必须正确评价，力戒失误。当下属犯错时，领导者必须分析其犯错的原因，及其是否影响企业生存与发展的重大问题，这有助于领导者避免在下属犯错时评价失误。

实战技巧

作为领导者，当下属犯错时，要尽可能地包容下属所犯的错误。因为在日常的管理中，工作能力越强的下属，经常犯错的概率就相应要大一些。

这就要求领导者在领导下属奋斗时处理好在企业中的“双强”关系。这里的“双强”主要是指能力较强的领导者和能力较强的下属。在中国企业中，很多领导者，特别是企业创始人，他们的能力都非常强。

在这样的背景下，就必须要求领导者在增强自身领导魅力的同时，更应该给能力较强的下属以充分的发展空间，让其能力得到最大限度发挥，使其自身价值得到最大程度实现，这样，既有利于提升员工的工作积极性，同时又培养了公司急需的人才。

可能读者会问：作为领导者，如何才能领导好这些下属呢？方法有以下四个，见表 15-1。

表 15-1　领导部属的 4 个方法

方法	具体内容
领导者时时处处严格要求自己	在经营管理中，领导者必须“身教重于言教”、“处处模范带头，以身作则”、时时处处严格要求自己，然而在一些企业中，由于受“论资排辈”等心理的影响，一些相对年轻的领导者往往被资格老的部属认为资历浅和缺乏经验。如果年轻领导者不注意自己的言行，就会引起一些工龄长、年龄大的部属的不满。

续表

方法	具体内容
充分看到每个下属的闪光点	发现下属的长处其实是一个优秀领导者的一个硬素质。在实际的管理中,领导者就必须充分看到每个下属的闪光点,特别是下属的特长、下属的工作经验、下属的能力。在重大决策时,主动听取下属的意见,同时尊重下属的意见,依据有效的建议制定出符合自身企业发展的决策,从而调动他们工作的积极性。
主动地放下架子	有些领导者往往爱摆架子,以为这样就可以管理下属了。其实不然,领导者只有放下架子,以宽广的胸怀对待下属,做到小事不计较、大事能论理,才能有效地激发下属的工作积极性。
提高自身的素质和本领	对领导者来说,提高自身的素质和本领,是有效提升领导力的一个非常重要的方面。这样做既能树立威信,又能增强自信心,同时工作中还要尽量减少失误,多出成绩。

错误 16　惯以成败论下属

> 作为一个管理人员,你应该懂得,雇员个人的成功与失败是企业荣辱的组成部分。你们的任务是不断地充实集体的力量,而不是人为地制造分裂。
>
> ——刘永好

情景再现

在三国时代,时局动荡加剧了战争的频发。

蜀国对外与东吴联盟,对内改善和西南各族的关系,实行屯田,加强战备。蜀建兴五年(公元 227 年)三月,蜀丞相诸葛亮率诸军北驻汉中(今陕西汉中东),准备北伐中原。

在临出师前,诸葛亮向蜀帝刘禅上疏《出师表》,并开宗明义指出:"先帝创业未半,而中道崩殂。今天下三分,益州疲弊,此诚危急存亡之秋也。"

诸葛亮还表明自己心迹:"受命以来,夙夜忧叹,恐托付不效,以伤先帝之明。"于是,诸葛亮认为"今南方已定,兵甲已足,当奖率三军,北定中原"。

在这样的战略判断下,诸葛亮觉得统一中国的时候到了。于是放下狠话,扬言要从斜谷道经陕西郿县(今陕西眉县北),直捣长安。

诸葛亮平定南中之后,经过两年准备,于公元 227 年冬天,带领大军驻守汉中。汉中接近魏、蜀的边界,可以随时找机会进攻魏国。

诸葛亮的整体部署是:命赵云、邓芝率领部分军队进据箕谷(今陕西太白县境内),虚张声势,佯攻的目的是吸引魏军主力。同时,诸葛亮自己则亲率二十万主力大军北出祁山(今甘肃礼县东),以便先取陇右,最后夺取长安。

诸葛亮到了祁山后,决定派出一支人马去占领街亭(今甘肃庄浪东南),作为据点。当时诸葛亮身边还有几个身经百战的老将,可是诸葛亮都没有用,单单看中参军马谡。

可能读者会问:诸葛亮为什么会重用马谡呢?据了解,马谡是襄阳人,随刘备自荆州入蜀,平日"好论军计",在蜀汉平定西南少数民族叛乱时,曾献过"攻心为上,攻城为下"的计谋,因此得到诸葛亮的器重。

众所周知,马谡没有实战经验。刘备在临死前,曾告诫诸葛亮:马谡"言过其实",对他不可重用。

然而,诸葛亮却没有听从这个劝告。诸葛亮采用声东击西的办法,故意传出要攻打郿城的消息,并且派大将赵云带领一支人马,进驻箕谷,似乎全力攻打郿城。

当魏军得到情报后,果然把主要兵力派去守郿城。诸葛亮趁魏军不防备,亲自率领大军,突然从西路扑向祁山。

蜀军经过诸葛亮几年的严格训练,阵容整齐,号令严明,士气高涨。

自从刘备死后,蜀汉多年没有动静,魏国毫无防备,这次蜀军突然袭击祁山,守在祁山的魏军抵挡不了,纷纷败退。

当诸葛亮的主力部队突然到达祁山时,打了曹魏军队一个措手不及。汉阳、南阳、安定三郡(今甘肃的甘谷、陇西、镇原一带)的吏民纷纷起兵反魏归蜀,战局对蜀军十分有利。蜀军乘胜进军,祁山北面天水、南安、安定三个郡的守将都背叛魏国,派人向诸葛亮求降。那时候,魏文帝曹丕已经病死。魏国朝廷文武官员听到蜀汉大举进攻,都惊慌失措。刚刚即位的魏明帝曹叡比较镇静,当曹魏政权主人明帝(魏太和元年,曹丕的儿子曹叡登基为明帝)得知诸葛亮率领的蜀国大军进攻的消息后,积极应战:一面派重兵驻扎在郿城一带;一面又抽出精兵 5 万步骑,由宿将张颌带领,赶往西线,驻防陇右,还亲自到长安去督战。

让诸葛亮没有想到的是,马谡却掉链子了。当马谡率军进至街亭时,遇到了魏将张颌所率主力部队的抵抗。

面临困境,马谡先是违背了诸葛亮原先的战略部署,其后又没有听从部将王平的建议,在寡不敌众的形势下,居然不下据城,而舍水上山,结果被张颌军队切断水道,最终落败。

当街亭失守的消息传到诸葛亮牙帐时,诸葛亮才感觉到事态严重。诸葛亮明白,此刻已是十分被动了,一场十分有利的战局顿时变成败局。尽管诸葛亮随后用空城计智退了司马懿,但是,在败局已定的大背景下,诸葛亮将马谡斩首了。

案例评点

在经营管理中,很多企业领导者往往把"成则王,败则寇"作为评价下属工作完成与否的一个重要标准,在那些追求短期效率的企业中,领导者这样的做法尤为显著。

遗憾的是,很多中国企业领导者不知道,下属的成功与否与领导者的领导方式、领导风格、领导魅力都有着非常紧密的联系。领导者不称职,或者不能胜任,那么下属是很难取得优秀业绩的。

事实证明,一个领导者之所以优秀,是因为其摒弃了传统的管理模式,采用与时俱进的创新管理理念来指导企业,以自身的领导魅力来影响下属。当然,这样的领导者往往也会非常坦然地接受下属的失败和挫折。

当然,任何一个企业要想有所发展,都必须拥有优秀的员工。毫无疑问,业绩出色的员工往往容易受到领导者的偏爱。

相反,领导者往往对那些曾经有过失败、有过失记录的员工或多或少会存在某些偏见。而企业领导者的这种用人观往往会导致业绩出色的员工和曾经有过失败、有过失记录的员工之间的对立,导致那些业绩出色的优秀员工也许会在企业中成为众矢之的。

然而,任何一家企业都不可能做到永远不败,一个伟大的企业都是经过多次的失败后才达到了其最大的边界,企业的员工也是如此。因此,领导者只有容许下属失败,才是激发下属创造力的一个重要手段。这也是企业领导者用人的一种原则策略。

当员工取得好业绩时,领导者让所有员工分享;当员工失败时,领导者耐心劝解,绝对不能由此滋生一种强烈的个人偏好和憎恶情绪。

其实,员工在工作中遭遇失败,就如同生老病死一样不可避免,但是,作为企业领导者,必须正确地、客观地看待和处理下属的失败,这不仅关系着激发员工的创造力,更关乎着企业未来的生存、发展和壮大。

反观上述案例,蜀国军师诸葛亮与魏国军师司马懿为了争夺街亭,双方都损失惨重,不过,损失最严重的还是诸葛亮的蜀国。

从领导的角度来看,诸葛亮虽有众多兵马,但在对人的领导上没有听取刘备生前的忠告,在战时的领导决策失误,导致街亭丢失、马谡被斩,这是诸葛亮一生中的败笔。虽然诸葛亮随后用空城计智退了司马懿,但是依然无法弥补失地、斩将的损失。由此看来,"失街亭"的主要责任不在马谡,而在诸葛亮,诸葛亮因不了解部属的"能力""意愿"水平而做了错误的判断,并采用了不恰当的领导模式,最终导致了巨大的损失。

在今天的企业管理中,作为一名领导者,依然还用"成则王,败则寇"的成败论思维模式来评价下属,那么下属永远都不可能成功。因此,领导者要尽可能宽容下属的失败,尽可能让那些下属从失败的阴影中走出来,特别是对一个有创新意识的下属,更应该尊重和鼓励。

很多创新项目的风险往往都比较高,一旦下属创新成功了,领导者当然应该奖励他;反之,如果下属失败了,领导者也应该尊重他、安慰他、鼓励他,绝对不能因为创新失败而嘲笑、打击、为难他。

当然,对于那些失败的下属,领导者则更应该宽容地对待。身为领导者,绝不能回避下属的失败,也不要轻视任何一个失败者,而应该积极地尊重下属的努力。因此,中国企业领导者在下属失败时,应给予充分的肯定,如果领导者不善于从失败中吸取教训,那今天的中国企业就没有一件属于自己企业的新产品。所以,作为领导者,面对下属的失败,更多的应该是表现出尊重和宽容,而不应该斥责和谩骂。

实战技巧

对于下属的失败,一些企业领导者通常会认为,如果不正视下属的失败,势必会滋生下属不进取的惰性情绪。

事实证明,企业领导者如果过分地看重下属的失败,那么下属便会自觉或不自觉地犯下不可避免的错误。

可能读者会问:作为领导者,如何处理下属的失败呢?技巧有以下 4 个,见表 16-1。

表 16-1 领导者处理下属失败的 4 个技巧

技巧	具体内容
绝不批评动机良好而无心犯了错误的下属	领导者在处理下属失败时,没有必要批评动机良好而无心犯了错误的下属。领导者只需纠正他的方法就可以了。反之,如果因下属恶意、懒惰所造成的失败,就须从严处罚。
弄清楚责任所在,批评其责任人	在很多时候,一些项目因为部门经理指导方法的错误而造成失败。这就必须弄清楚责任所在,批评其相关责任人。
原因尚不明确,不能胡乱批评下属	某些项目失败,但是原因尚不明确,作为领导者不能胡乱批评下属,否则,下属就没有勇气再尝试下去,就可能让某些项目无果而终。
下属没有责任,就不能批评下属	由于不可抗力的外在因素的影响,使得项目失败,这种情况下,领导者是不能批评下属的。

错误 17　关键岗位上用错人

在中国大陆目前人才流动机制基本形成、人才信用机制严重缺乏的情况下,特别是在现代职业经理人队伍尚不成熟、缺乏有效的信用机制的情况下,民营企业家必须能够正确地评估企业的用人风险,并具备相应的风险承担能力。民营企业如何找到合适的人才,有效地降低用人风险是一个非常重要的课题。长期而言,民营企业必须通过建立完善的内部管理体系和人才梯队来降低企业对个人的依赖,以从根本上降低用人风险。

——陶大宇

情景再现

在高楼林立的北京中关村,科技公司多如牛毛。刘东经营的东科科技公司就是这众多科技公司中的一个。

1998 年,北京某大学计算机科学与技术专业毕业的刘东就进了诺基亚公司。两年后,刘东独立创业,主要经营业务就是手机短信。

在刘东的意识中,只要有了好的产品,市场是不用发愁的。在这样的思维下,刘东更加专注于技术和产品的完善和研发。

由于刘东本身"不关注市场"这种不正确的观念,再加上他缺乏管理企业的能力,从而导致公司管理非常混乱,大部分能力较强的员工都另觅高枝。而且刘东坚持做的产品也没有做好,客户并不接受刘东非常看好的产品。

此刻,东科科技公司已经濒临倒闭。公司的困境让刘东非常发愁。然而一个 IT 技术研讨会让东科科技公司燃起了一丝复活的希望。

刘东偶然认识了作为发言嘉宾的王刚。在该 IT 技术研讨会上,王刚的发言给刘东极深的印象。刘东觉得王刚不仅有着很丰富的 500 强企业管理经验,还非常了解手机短信市场。

于是刘东以年薪 80 万元聘请王刚担任东科科技公司副总经理,主管销售和行政。而刘东自己仍然担任总经理,主抓技术。

为了改变公司的颓势,刘东把所有的希望都寄托在这个对手机短信市场业务非常了解的王刚身上。因此,刘东对王刚也非常信任,对王刚充分放权。

王刚上任之后,经过对东科科技公司一些了解之后,马上大刀阔斧、信心十足地干起来:"重新进行产品定位、制定销售策划、招聘销售人员、建立销售网络,再不断地对公司员工培训,建立绩效管理体系等。"

功夫不负有心人,王刚的到来使得东科科技公司业绩倍增。他不仅提高了东科科技公司的岗位效率,还对东科科技公司进行制度化管理。

在王刚一年多时间的艰苦奋斗下,东科科技公司发展势头非常迅猛,公司规模也一步一步扩大了。

然而,东科科技公司的危机再次袭来,刘东和王刚之间的矛盾也浮出水面。王刚挽救了东科科技公司,在公司里威信较高,刘东开始担心东科科技公司失控于王刚。

以前从不过问公司大小事务的刘东渐渐地都要亲自过问处理,包括由王刚分管的事情最后都要经过刘东批准。

刘东的突然收权使得王刚的工作很被动。加上王刚是东科科技公司的首功之臣,他也开始对自己的待遇和职位不满意了。

而刘东的收权更加激化了两个人的矛盾,他们不仅对东科科技公司目前的运作管理,还对东科科技公司今后的发展方向看法各异。

半年之后,王刚辞职了,而且随同辞职的还有东科科技公司的技术部经理陈跃、销售部经理袁军,以及刚刚策划好的企业产品和市场机密。

这一次,刘东的东科科技公司彻底垮了。

案例评点

对于任何一家企业领导者来说,都必须关注核心员工的风险防范。中国企业中往往不重视核心员工的风险防范,而实际上在人力资源管理中都存在着诸多风险。领导者在进行人力资源决策时稍有不慎,就有可能给企业带来不必要的损失,甚至灾难性的后果。

就像东科科技公司的刘东一样,当刘东在高薪聘请王刚时,就应该评估其中的风险,从而有针对性地放权。

然而,在企业管理中,像刘东一样的领导者只知道解决公司的困难,而忽略了风险的防范,这就引发了东科科技公司的彻底垮塌。因此,如果领导者在人力资源管理中,自身缺乏法律风险防范意识,再加上法律风险控制不当,那么就可能给企业带来不少劳资争端,甚至会付出惨重代价。

上述案例中的东科科技公司,就是一个典型的人力资源风险案例。在"传统企业到底该如何转型"培训课上,一个学员问:"周老师,人力资源风险防范那么重要,我们日常的企业有哪些风险呢?"

研究近 20 年,加上经常与企业老板们接触,我发现人力资源往往存在着三个风险,我们主要以情景再现的案例来说明,见表 17-1。

表 17-1　人力资源存在的 3 个风险

风险	具体内容
(1)缺乏核心人才风险防范意识	刘东非常匆忙地拍板决定以 80 万元年薪聘请王刚,只关注了王刚的管理能力和市场经验,却没有考察王刚的工作经历、人品等因素,这就埋下了王刚离开东科科技公司重新陷入更大危机的种子。 王刚在跳槽的时候,将东科科技公司的先进技术和科研成果带走,尤其是带到企业的竞争对手中去,不仅将企业的宝贵财富拱手相让,还可能改变市场竞争格局,间接使企业损失巨大。
(2)用人风险控制不当	为了改变东科科技公司的颓势,刘东把所有的希望都寄托在王刚身上,当王刚加盟时,刘东对他的过分信任和无限制的放权也加剧了用人风险。 当东科科技公司的经营状况有所好转时,刘东突然亲自过问的做法激化了他与王刚之间的矛盾。
(3)缺乏用人风险的驾驭能力和解决办法	对刘东来说,在聘请王刚时,就必须知道自己对用人风险的驾驭能力和解决办法,即刘东在放权的同时必须监控王刚的职责。

从表 17-1 可以看出,企业老板一旦处理不好人力资源存在的 3 个风险,那么将付出惨重的代价。因此,企业老板在引进人才时,应把好人才招聘选拔关,为解决风险问题起到良好的防护作用。一旦招聘、筛选一个与企业价值观不相同的员工,那么企业就要为日后的员工流失留下隐患。如果从人才选聘这一入口就把好关,起到过滤层的作用,引进合适的、拥有与企业价值观相同的人才,在成功选聘人才的同时,又能保持人才在企业发展的可持续性,为防止与企业价值观相同的人才流失起到防微杜渐的作用。

目前,大多数管理者已经意识到关注人才选聘的战略思想的重要性。在选聘时从战略上考虑到人才在企业的持续发展性,为杜绝招聘那些既缺乏责任心、又与企业价值观不相同的人才起到了第一层过滤网的防范作用。因此,在选聘人才过程中,除了关注人才个体的素质外,还应认真分析是否认可企业价值观等特点,如人才的学历、性别、年龄、观念、价值取向等。

在中国古代及其近现代商业史上,中国商人在招聘选拔人才问题上非常慎重。商家在选择学徒时非常严格,通常选取年龄 15 至 20 岁的年轻人,不录用五官不端正以及家世不清白者。商家要求店员能够熟练使用算盘,同时还能够写出端正的楷书。不仅如此,店员必须懂得察言观色,端茶倒水,小心翼翼侍奉掌柜。即"五壶四把"——所谓"五壶"是指茶壶、酒壶、水烟壶、喷壶和夜壶;所谓"四把"是指笤帚、掸子、毛巾和抹布。

可能今天的读者无法理解中国商人在招聘选拔人才问题上近乎苛刻的条件,但正是这样的历练和塑造,才造就了很多中国古代、近现代商业史上的奇迹。

在近现代商业史上,令中外研究学者惊叹的一个商家——号称中国第一家票号的日陞昌。在日陞昌的人力资源管理中,倡导避亲用乡、慎重选人的原则。何谓避亲用乡、慎重选人呢? 避亲,即用人回避戚族,包括财东与掌柜也不能荐用自己的亲戚("三爷"绝对忌讳,舅爷、姑爷和财东家少爷)。用乡是指录用本乡本土之人,因为同乡之间最为知根知底,所谓"同事贵同乡,同乡贵同心,苟同心,乃能成事"。

在此基础之上,日陞昌在引进人才时遵循以下几个原则,如图 17-1 所示。

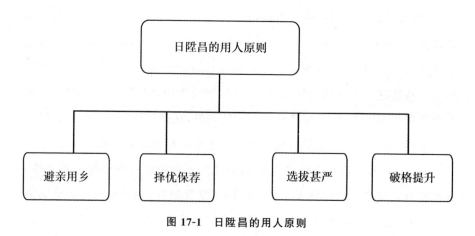

图 17-1 日陞昌的用人原则

(1)避亲用乡。尽可能地避免任人唯亲,使人才能够最大限度地进入日陞昌。

(2)择优保荐。在进入日陞昌工作的人员中,被录用者必须有保证人推荐,否则不予录用。这样就能保证被保荐者入号后一旦有越轨行为,当初推荐的保证人承担所有责任。

在推荐人中,一般由日陞昌的掌柜或者其他人向财东推荐,或由财东直接考察。派往各地分号的老帮和副帮这样的管理者必须由掌柜遴选。公开资料显示,选择老帮和副帮的条件必须满足 4 个,见表 17-2。

表 17-2　担任老帮和副帮的 4 个条件

序号	内容
(1)	多谋善断,能攻善守,德才兼备,精明干练。
(2)	善于交际,能说会道,能写会算。
(3)	人品端正,无恶习。
(4)	出身正派、善良,不要皂隶之子或鼓手后代,必须是孝子。

(3)选拔甚严。日陞昌的管理者对票号从业者的要求非常高,而且选拔甚严,尤其是在招聘掌柜时,不仅考察应聘者是否具备驰骋商场的雄才大略,同时还打听应聘者为人处世时的道德品行。

在招聘学徒时,首先对意向录用的学徒上查三代,了解前三代从事何种行业,以示出身贵贱;其次,要询问应聘者本人履历、资历。

一旦通过上述考核,还必须通过面试、口试和笔试。具体的内容如下:

第一,五官端正,身材适中,背直足小。在日陞昌厅内,时常备有铁鞋一双,以查看应聘者的足大足小。对于不合要求的应聘者,掌柜就会拿出铁鞋和铁帽让这些应聘者试穿、试戴,以"祖宗旧例,晚辈难违"为名加以婉言谢绝。

第二,口齿伶俐,思维敏捷。

第三,书写、打算盘。通过者,入号以后还有三验:一验是否人品端正,遵守号规;二验是否勤劳俭朴,谦恭好学;三验是否忠诚廉洁,专心敬业。

(4)破格提升。一旦发现人才,通常就会打破常规,破格提拔,委以重任。

在日陞昌近 100 年的商业经营中,日陞昌的疆域拓展至新加坡、俄罗斯等国家。不仅如此,日陞昌还经历了中国社会动荡及战乱时期,仍然能活跃在金融界 90 余年，这自然与其任人唯贤、选贤用能的人力资源管理分不开。日陞昌是晋商的代表之一，在晋商数百年的辉煌中浓墨重彩地书写了一笔。日陞昌的选人策略值得中国企业经营者学习和借鉴。

实战技巧

"21 世纪什么最贵？人才。"电影《天下无贼》中盗贼头目黎叔谈到管理的难度时说了这句话，很难想象这句话出自一个盗贼之口。不过，却从侧面说出了中国企业经营的要义，而让成千上万的中小企业老板们无奈的是，他们何尝不知道这句话的分量，但是却无能为力。

随着科学技术的迅猛发展，核心科技成为决定一个国家或企业是否具有竞争优势的重要因素。作为核心科技，只有核心人才才能完成。因此，核心科技的较量归根结底就是核心员工的较量。

基于此，那些掌握核心科技的核心员工，日益成为各个跨国企业争夺的目标。尤其在中国加入 WTO 之后，跨国企业几乎都在中国拓展，这意味着中国企业不可避免地要与实力雄厚的跨国企业争夺核心员工。

大兵压境之下，如何留住本企业的核心员工，尽量不让本企业的核心员工流失，降低流失风险，已经摆在中国企业老板面前的一大课题。

不可否认，当企业做强做大后，招聘更多有能力的人才也就成为一种趋势，特别是近年来随着世界 500 强企业进入我国，企业对人才的需求也相应增加，再加上我国严重缺乏人才信用机制，企业领导者找到合适的人才、有效地降低用人风险就成为工作的重心之一。

面对用人风险，企业领导者就必须调整人力资源管理思维，依据用人风险程度，有针对性地改进企业在人力资源方面的管理方法，从而完善其人力资源体系，以达到控制用人风险的目的。

既然如此，读者可能会问：作为企业老板，面对企业存在的诸多用人风险，企业老板可以用哪些策略降低企业用人的风险呢？我们经过长期的观察和总结，得出以下几个策略可以借鉴和参考，见表 17-3。

表 17-3　降低企业用人风险的 9 种策略

策略	具体内容
(1)正确认识与人才的关系	很多老板认为,老板与人才之间的关系是简单的雇佣和被雇佣关系。其实,这样的看法是不全面的,老板与人才的关系是一种合作共赢的关系。只有老板充分认识到这一点,给予人才更多的重视和认可,才可能建立其良好的合作基础。
(2)制定符合公司发展需要的人事政策	企业老板必须依据企业的发展阶段、发展战略,及内外环境、文化等因素,确定企业的基本人事政策,书面确定企业引进何种技能的人才、怎样激发和留住人才等原则性说明,从而更好地指导企业的人才引进、使用及其他人力资源工作。
(3)根据企业发展需要对人力需求做系统分析	企业老板依据企业人力资源和工作岗位的匹配程度,对人力需求做系统分析,从而了解哪些岗位需要何种技能人才、哪些岗位人才需要从外部引进储备等。
(4)制订用人计划	在制订用人计划时,企业老板根据本企业发展的实际需要,再确定何种岗位需要引进人才,以及人才引进的时机、数量、方式等,从而有效地减少了盲目及应急地引进人才,降低了用人风险。
(5)健全人才选拔机制,用适当的方式选择适当的人才	在很多公司中,企业老板在引进人才时往往借助猎头公司提高选人的成功率。尽管这一方法可以规避一部分用人风险,但是要想彻底解决用人风险,还必须依靠健全和完善人才的招聘、选拔机制,从制度流程上降低和避免企业的用人风险。
(6)建立合理的激励约束机制	要降低用人风险,企业老板就必须建立合理的激励约束机制。在实际的管理中,企业老板和人才是合作的关系,必须建立在具有相应的激励约束机制来明确双方的权利义务、维护双方的利益的基础上。
(7)保持适当的期望	不可否认的是,有些企业老板打算通过高薪聘请一个或几个人才来解决所有问题。这样的观点是不正确的,也是十分盲目和不现实的。企业老板对引进人才的期望过高,往往会失去信心。因此,在引进人才时,企业老板要保持适当的期望值。
(8)合理地使用人才	当人才引进后,企业老板必须善用各种激励约束机制,合理地使用人才,最大限度为人才提供发挥的空间和余地,达到人才合理使用的目的,从而降低用人风险。
(9)必要、适时、有效的沟通	必要、适时、有效的沟通可以降低企业老板的用人风险。这就要求企业老板对人才工作目标、工作进度等问题进行沟通,适时地解决问题,给予适时激励,对偏差给予适时的控制和纠正……以避免问题的堆积和矛盾的激化,最大限度降低用人风险。[①]

---

① 王启军,王军爱,宫照馥.高薪下的陷阱[J].人力资源开发与管理,2008(12).

错误 18　任人唯亲来提升团队忠诚度

一直有这样一种观点：中小企业管理是中国民营企业走向兴盛的瓶颈，因为裙带关系会产生任人唯亲现象，优秀职业经理人难以进入决策管理层，而家族中不称职者会占据要职；产权界定不清还会导致中小企业的所有权与经营权不分。

情景再现

M 公司是一个典型的家族式企业，也是一个标准的家族企业，该企业在管理方面比较随意，甚至都没有制定任何现代企业管理的规章和制度。

该家族企业创始人的名字叫宁建新（化名），D 地人，高中毕业后独自创业，他也是该家族企业的董事长兼总经理。在该企业的管理层结构中，宁建新的儿媳是 M 公司经销部经理，宁建新的女儿是企划部经理，宁建新的妻子是财务部经理，宁建新的女婿是办公室主任，宁建新的父亲是库管部经理，宁建新妻子的弟弟是库保管员，宁建新的堂弟是品管部主管，宁建新的高中同学是技术部总监，宁建新的侄女是出纳员，宁建新的外甥是司机……

M 公司创立于 20 世纪 80 年代，其主业是经营瓜果蔬菜种子，且发展势头较为良好。到 1991 年时，M 公司已经是一个拥有固定资产数百万、员工 250 人、产品行销全国 15 个省份的中型企业。

20 世纪 90 年代中后期，M 公司的发展更是如日中天，产品遍及全国大部分种子市场，每年营销瓜菜种子 3000 万～4000 万元。由于经营规模的扩大，还获得中国农业部第一批注册 3000 万元资证的种子公司之一，在 20 世纪 90 年代曾笑傲市场。

然而，由于公司高层经理个人的工作能力有限，特别是在 21 世纪初期，瓜菜种子的竞争日趋激烈，而 M 公司又由于管理不善而导致种子质量等多方面的因素，公司产品销售疲软，失去了中国南方地区的市场份额，企业也因此亏损严重。

当家族成员无力挽救颓势后，宁建新才有了聘请一位总经理来拯救 M 公司的想法。

然而在 M 公司召开的管理层会议上，财务部经理说："老公，请总经理的事情能不能缓缓再说？"

企划部经理说："爸爸，您请总经理的方法不好使。"

办公室主任说："爸爸，请来个总经理让人家怎么工作呀？"

……

这样的管理层会议简直就是十足的家庭议事。

然而，宁建新毫不掩饰地说："周老师，您说得没错。就是一个家庭会议，要不请您给出个主意。随着企业规模的不断壮大，儿子、闺女、儿媳、女婿等，成为家族企业管理队伍的主力军，毕竟都是自家人，其他人关键是我也不相信他。"

针对 M 公司的现状，我给宁建新提出几点建议：第一，建立规范的规章和完善的企业管理制度；第二，公开新聘各职能部门管理人员；第三，建立科学、合理的全员考核制度，整顿之前混乱的管理秩序；第四，有针对性地让家族成员退出。具体的方式是，根据家族成员的工作能力，把能力差、工作态度差的家族成员请出家族企业，尤其是管理层。

当聘请的职业经理人进入家族企业后，部分放权、部分授权、部分留权，最后再提拔或者招聘一位执行副总经理。

当培训结束时,宁建新拒绝了我的建议。

2004 年 4 月,当我到 D 地做培训时,宁建新的手机已经换号了,M 公司办公室的座机也停机了。

在 D 地,很多人都不知道 M 公司到底发生了什么事。据邀请我讲课的企业家介绍,由于种子市场萎缩很厉害,该公司销售急剧下滑,持续亏损,最终资不抵债,积压的种子竟然达到 500 多万公斤,应收账款高达 9000 多万元,欠债 2500 多万元。最后,这个注册 3000 万元的种子公司竟然莫名其妙地蒸发了。

案例评点

M 公司是中国家族企业的一个典型代表,尽管 M 公司因经营不善而倒闭了,但是作为一种类型,家族企业本身还是具有远大的生命力的,只不过做到一定规模后没有引进人才和制度化管理,以及社会化而已。

在给很多家族企业做内训时,我都拿上述案例来分析。但是作为 M 公司老板宁建新,他也是有苦衷的,毕竟在艰苦创业时职业经理人是不可能与自己同甘苦共患难的,只有家族成员才能把自己的命运与企业的命运紧密地联系在一起。

但当 M 公司规模做大后,引进人才的时机已经成熟,宁建新依然坚持让家庭成员来担任高层经理,这个决策是错误的。

在诸多中国家族企业中,任人唯亲的现象非常严重。像宁建新一样的老板通常都不会承认自己会任人唯亲。当我向他提出重新聘用各职能部门人员、改变公司的家族形象时,从宁建新的表情来看显然是不愿接受的。从宁建新经营 M 公司的情况来看,老板对家族成员的过分倚重是任人唯亲的重要原因之一。

针对企业老板任人唯亲的问题,《华尔街日报》引述一份研究报告的数据显示,在 15000 个样本中,有 92％的受访者坦言,在他们公司,老板任人唯亲的事情经常发生；有 3% 的受访者承认，在提拔员工时，自己曾经有过任人唯亲的做法；有 5% 的受访者明确表示，在他们上一次提拔员工时，"唯亲"就是一个考虑提拔的因素，见图 18-1。

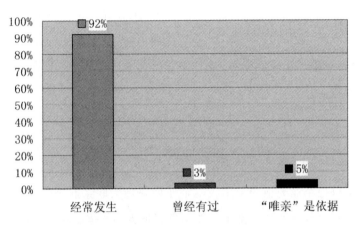

图 18-1　任人唯亲的调查数据显示

从图 18-1 可以看出，尽管仅有 8% 的受访者承认，在提拔员工时，曾经有过或者"唯亲"是提拔依据。但是不管老板承认与否，在企业经营管理中，老板任人唯亲的现象的确是存在的。

世界经济一体化的纵深发展，必然会加剧人才市场的竞争。尽管很多任人唯亲的老板不愿意引进优秀人才，但是在这样的背景下，企业对人才的需求依然越来越高。

从 M 公司的发展就能看出，在企业自身的成长过程中，对于任何一个企业而言，都不可能拥有数量如此庞大的"优秀可靠"的人才。

在公开场合，一些家族企业坦言，家族成员的忠诚度极高，但是他们却忽视了一个重要的问题，那就是一些家族成员缺乏管理企业的能力。如果从这个角度上来看，既忠诚而又具备才干的人才就不多了。

之所以说很多企业人才匮乏，是因为很多企业老板的人才观念落后，只相信自己的家族成员。我在很多地方都碰到过这样的老板，在给 K 企业写企业案例时，K 企业老板就跟我说，他在各省市都有分公司，但是分公司的负责人和财务总监必须是从总部派过去的。当我到 K 企业的分公司一看，结果这些分公司经理们都是 K 企业老板的亲戚。

反观 K 企业，老板首先考虑的是，外派的分公司经理必须是自己的亲戚。在 K 企业老板看来，只有亲人才不会背叛自己。

这样的认识虽然存在一定的合理性，但是忽视了家族企业社会化的必要性。人才，不管是自己培养，还是从外部招聘，都不能局限在家族成员内部。因此，要想把企业做强做大，企业老板就要善于用人，否则不可能将规模做得很大。

实战技巧

之所以把企业老板善于用人与企业做强做大联系起来，是因为任何一个企业老板及其家族成员都不可能担负起世界 500 强企业的岗位职责。就算某些家族人员拥有数量相对较多的人才，但是把这些人才安排到世界 500 强企业的高管职务之后，就未必胜任世界 500 强的岗位职务。因此，作为一个企业的老板，由于所处位置的特殊性，就必须要有一支可以冲锋陷阵的得力员工，而这些员工可能是来自世界各地。

反观世界 500 强企业，为什么这些企业能够成为世界 500 强企业？就是因为这些企业的老板懂得知人善任，很少任人唯亲。

基于此，适当地培养和引进职业经理人，尤其对于家族企业来说，无疑是一种人才补充模式。在这里，要提醒家族企业创始人的是，由于职业经理人的综合素养参差不齐，引进人才时，应该把"德"的考核放在首位，这里的"德"包括社会道德、职业道德。其次还要从企业安全经营的角度考虑，但凡从外部引进的职业经理人，必须按照管理岗位和信息的机密程度逐步地任命。做到先"知"，后"用"。这样的做法，既可以让刚加盟的职业经理人熟悉企业的价值观、企业文化，同时企业也可以对他进行观察、考核，合格后再予以进一步重用。[①]

---

① 曹建海.突破家族企业发展局限向现代企业制度过渡[J].四川经济研究,2003(1).

在引进人才上,万向集团创始人鲁冠球就探索出一套引进职业经理人理论。2001 年,鲁冠球就颁布了一套关于企业接班人的标准。该接班人标准如下:

"有德有才,大胆启用、大胆聘用,可以三顾茅庐,高薪礼聘;有德无才,可以试用,通过教育培训,视其发展而定无妨;无德无才,可以不用,因为一看就知道,不易混入;有才无德,绝对不能用,让其伪装混入,后患无穷。"

鲁冠球的这个接班人标准,思路清晰,方法得当。可能读者会问:作为企业老板如何才能做到知人善任呢? 要想做到知人善任,企业老板一定要牢记 4 个用人原则。

(1)用人所长

作为企业老板必须清楚,在经营管理中,特别是在提拔员工时,尽可能懂得用员工之长,避员工之短。就像骏马能日行千里,然而用骏马来耕田时还不如用一头老黄牛。

在考察人才的过程中,如果能够最大化利用骏马和老黄牛的优点,规避其缺点,那么骏马和老黄牛都能发挥最大的岗位效率。

正如鲁迅所言:"倘要完全的人,天下配活的人也就有限。"这就需要老板在用人时,一定要反对那种论亲疏的错误做法,需要多渠道、多层次、多视角、多方位了解和考察员工后,再将其放到最适合、最能发挥其作用的岗位上。

(2)不求全责备

作为企业老板,在启用员工时,尽可能避免为求"完人",把事业心和责任心较强、工作技能较为全面,又有若干缺点的员工辞退,把那些企业老板眼中"完美无疵"但事业心和责任心较差、工作技能较为一般的员工提拔到重要岗位上。企业老板这样做,不仅能避免组织蒙受损失,还能提升企业的竞争优势。作为企业老板,在用人时,一定不要求全责备,宁用有缺点的能人,也不要用"人人都视为好人"的庸人。

(3)善于揽过

员工无论多么聪明能干,都不可能不犯错误。对员工而言,犯错与破产、税收一样,都是不可避免的。

既然不可避免犯错误,那么当员工犯错误时,企业老板就尽可能地指出犯错误的原因,促使其改正。对于员工所犯的错误,企业老板主动承担其过错,不能推卸责任。

值得注意的是,企业老板在员工犯错时应主动承担其过错。当然,给员工揽过绝对不是简单的、无原则的纵容,而是要分清员工犯的是什么样的错误,分清错误的大小。对事关大局的重大问题,就必须严惩不贷,绝不能姑息迁就。

从这个角度上来看,善于揽过不仅是企业老板的领导艺术,而且更是有效提升岗位效率的重要手段。

(4)明责授权

作为企业老板,在用人时必须明责授权,同时还必须监控其职责。如果不能明责授权,那么就很难重用员工了。

就像古人所说的那样:"非得贤难,用之难,非用之难,信之难也。"这句话的意思是说,企业老板在用人时常犯想用而又不敢放手使用的错误。

因此,企业老板在用人时,要敢于"用人要疑,疑人敢用"。所谓"用人要疑,疑人敢用",就是既然用他就需要充分地予以信任,在职权范围内,应放手让其大胆地工作。前提是,企业老板必须明确人才的授权,权责统一,但是又要时时对其监控,一旦出现问题,企业老板能够立马制定出相关的应对策略,否则等到事件不可控时,那就已经晚了。在这里,我们以巴林银行的倒闭为例。

1995 年 2 月,具有 230 多年历史、在世界 1000 家大银行中按核心资本排名第 489 位的英国巴林银行向外界宣布倒闭。

巴林银行倒闭的消息传开,震惊国际金融界。事后的调查发现,巴林银行的倒闭,是由于该行在新加坡的期货公司交易形成巨额亏损导致的。

查阅相关资料发现,巴林银行创始人弗朗西斯·巴林爵士于 1763 年创建的巴林银行(Barings Bank),是一个拥有 230 多年历史的、显赫的英国老牌贵族银行。

截至 1993 年底,巴林银行的资产总额达到 59 亿英镑。1994 年,巴林银行的税前利润高达 15 亿美元。巴林银行的核心资本在全球 1000 家大银行中排名第 489 位。连英国伊丽莎白女王都是巴林银行的长期客户,足以说明巴林银行拥有较高的信誉度。

然而,正是这样一个银行,因为监控不到位,被一个员工毁掉了。毁掉巴林的员工叫尼克·李森(Nicholas Leeson),被国际金融界誉为"天才交易员"。

28 岁的尼克·李森时任巴林银行驻新加坡巴林期货公司总经理、首席交易员。熟知尼克·李森的人都知道,尼克·李森以稳健、大胆著称。在日经 225 期货合约市场上,曾经被誉为"不可战胜的李森"。然而,天才也有失误的时候,正是因为一个"88888"账户,尼克·李森为掩饰交易员的失误而设立的独立于银行清算系统之外的交易账户,最终毁掉了巴林银行。

1992 年,28 岁的尼克·李森被巴林银行总部任命为巴林期货(新加坡)有限公司的总经理兼首席交易员,负责该行在新加坡的期货交易并实际从事期货交易。

此刻,尼克·李森可谓志得意满,终于可以再次大显身手。1992 年 7 月 17 日,一名刚加盟巴林的交易员出了差错,该交易员将客户的 20 份日经指数期货合约买入委托误为卖出。

尼克·李森在当晚清算时发现了此笔差错。尼克·李森知道,要想矫正这笔差错,就须买回 40 份合约,按当日收盘价计算,损失大约为 2 万英镑,并应立即报告巴林总部。

然而,尼克·李森却在种种考虑后,决定利用错误账户"88888"承接 40 份卖出合约,以使账面平衡。由此,一笔代理业务便衍生出了一笔自营业务,并形成了空头敞口头寸。

数天以后,日经指数上升了 200 点,这笔空头头寸的损失也由 2 万英镑增加到 6 万英镑。在当时,尼克·李森的年薪还不足 5 万英镑,而且先前已经存在隐瞒不报的违规做法。此次,尼克·李森更不敢向巴林银行总部上报了。

此后,尼克·李森频频地利用"88888"账户,不断地矫正下属的交易差错。仅仅在其后不到半年的时间里,该账户就矫正了 30 次差错。

尼克·李森为了应付每月底巴林总部的账户审查,不得不将自己的佣金收入转入账户,以弥补亏损。由于这些亏损的数额不大,结果倒也相安无事。

1993 年 1 月,尼克·李森的一名交易员再次出现了两笔大额差错:一笔是客户的 420 份合约没有卖出,另一笔是 100 份合约的卖出指令误为买入。

面对此种错误,尼克·李森再次决定,依然用"88888"账户保留了敞口头寸。由于这些敞口头寸的数额越积越多,随着行情出现不利的波动,亏损数额也日趋增长至 600 万英镑,以致无法用个人收入予以填平。

在这种情况下,尼克·李森被迫尝试以自营收入来弥补亏损。幸运的是,到 1993 年 7 月,"88888"账户居然由于自营获利而转亏为盈。此刻,倘若尼克·李森就此收手,巴林银行的倒闭也许得以幸免。然而,正是此次成功地转亏,使得尼克·李森继续利用"88888"账户吸收差错增添了信心。

1994 年下半年,尼克·李森开始看多日本股市。1995 年 1 月 26 日,尼克·李森竟用了 270 亿美元进行日经 225 指数期货投机。

始料不及的是,日经指数从 1995 年 1 月初起一路下滑,尼克·李森所持的多头头寸损失惨重。1995 年 1 月 16 日,日本关西大地震,引发股市暴跌,尼克·李森所持多头头寸遭受重创,损失高达 2.1 亿英镑。

为了反败为胜,尼克·李森继续从伦敦调入巨资,增加持仓,即大量买进日经 225 股价指数期货,沽空前日本政府债券。到 1995 年 2 月 10 日,尼克·李森已在新加坡国际金融交易所持有 55000 份日经股价指数期货合约,创造了该所的最高记录。

尽管此刻的情况相对糟糕,但还不至于让巴林银行倒闭。为了反败为胜,尼克·李森再次大量补仓日经 225 期货合约和利率期货合约,头寸总量已达十多万手。这是以"杠杆效应"放大了几十倍的期货合约。当日经 225 指数跌至 18500 点以下时,每跌一点,尼克·李森的头寸就要损失两百多万美元。

1995 年 2 月 23 日,日经股价指数急剧下跌 276.6 点,收报 17885 点,由此，造成的损失则激增至 86000 万英镑，正是巨大的亏损数额，最终导致巴林银行的倒闭。

当天，尼克·李森已经意识到，自己再也无法弥补其巨额的亏损，不得不仓皇出逃。最终查明，巴林银行最后的损失金额高达 14 亿美元。面对巨额亏损难以抵补，这个曾经辉煌的巴林银行就这样倒塌了。

1995 年 3 月 2 日，警方将尼克·李森拘捕。1995 年 12 月 2 日，新加坡法庭以非法投机并致使巴林银行倒闭的财务欺诈罪名判处尼克·李森有期徒刑 6 年零 6 个月，同时令其缴付 15 万新加坡元的诉讼费。1995 年 2 月 26 日，由于未能筹集到足够的款项，这个拥有 200 多年历史的银行以 1 英镑的象征性价格被荷兰国际集团收购。

巴林银行倒闭，其管理层难辞其咎，因为存在监控不到位的问题。巴林银行倒闭给中国企业的启示是，即使是排名世界银行第 489 位的巴林银行，一旦对关键岗位的高管监控不力，或者不到位，依然会轰然倒塌，更何况经营者自身管理水平一般的中小企业。

这就要求企业经营者尽量完善企业内部的各项监控措施，发现监控中的疏漏之处，即监控的盲点。一旦发现了监控中的盲点，有针对性地采取相应的措施解决存在的问题。倘若企业经营者发现不了监控中的盲点，那么企业内部就可能存在着永远都无法解决的问题，种种潜在的危机便会接踵爆发，企业的生存都可能受到严重的威胁。

上述四点说明，对于企业老板而言，知人善任绝不是一句时髦的口头禅，也不是足以显示企业老板权威的一个代名词，而是一个有效的管理措施。这就要求企业老板能够合理地搭配好人才，用其所长。

错误 19　不懂得尊重下属

尊重下属就是在以 10000％的速度发展。

——杰克·韦尔奇

情景再现

作为北京某连锁店东城店店长的郭啸，一向刚愎自用，而且绝不听下属建议。某天，郭啸致电设计员万瑞说，最近要做一个大型的促销活动，必须马上出一个海报蓝图。

接到电话后，万瑞在星期六和星期日两天假日赶出来一张很有创意的海报图。

星期一早上 7 点 40 分，万瑞准时地把海报图交到郭啸手中。让万瑞没有想到的是，郭啸却说："这件事你不必做了，因为星期六我自己做了一下，结果还很不错，所以把你的海报图拿回去吧。我的海报图就在这儿，你拿去打印就好了。"

郭啸虽然觉得万端做得不错，但是却没有向其说明，这就激化了他与万瑞的矛盾。此后，万瑞但凡接到设计海报的电话，均不再像以前那样加班加点制作，而是能拖就拖。

案例评点

不懂得尊重下属的领导者,肯定不是一个好的领导者。反观上述案例,郭啸就是那个不懂得尊重下属的"领导者"。

据悉,私下店员们都管郭啸叫"太上皇"。言外之意,一切都是郭啸说了算。在对该店的内训中,一个店员私下说:"没办法,店长是一把手,我们敢怒不敢言,店长还说不行你可以调走。到现在还没有人敢拍案而起辞职不干了的!谁叫咱在人屋檐下呢?还没民主到可以'弹劾'的地步,那就只能忍了。"

从店员的口中得知,郭啸不仅不懂得尊重下属,而且还经常出口伤人。客观地讲,店员们在这样的氛围下工作,多数是慑于店长的权威,而不是心甘情愿地工作。表面上看店长好像高高在上、颐指气使,可实际上店员们对他都怨气冲天。

历史的成功案例都证明,伟大的领导者都是懂得尊重下属的,而那些不懂得尊重下属的领导者肯定不会成为一个伟大的领导者。

在经营管理中,企业领导者必须充分了解每位下属,懂得维护下属的自尊,使下属在执行工作任务时作出巨大的贡献。因此,领导者绝对不能以盛气凌人的态度来面对下属的建议,相反无论提议怎样,领导者都必须尊重下属所提的建议。

当然,领导者必须清楚,懂得尊重下属是激发下属工作激情的一个有效手段。当领导者突然下达指示时,很多时候,下属们都不得不对原来的工作计划加以调整。如果这只是偶发的现象,问题一般不会很大。但是如果这样的事情如果经常发生,那么下属就会产生不满。因此,领导者在下达临时任务时,不妨多加几句话。

"小张,我知道你在忙 A 项目,不过……"

"小李,你可能是头一次做相关的工作,不过……"

尽管这样的话,没有华丽的辞藻,也没有煽情的语句,但能让下属感到领导者是站在下属的立场着想,从而能够心甘情愿地接受新任务。因此,只有当企业领导者尊重下属时,下属才会把工作任务执行到位。相反,领导者如果不尊重下属,甚至故意排挤下属,势必会影响领导者在下属心目中的形象。对此,杰克·韦尔奇说道:"尊重下属就是在以 10000% 的速度发展。"

杰克·韦尔奇的话体现了一个深刻的道理:在企业管理中,领导者应注意自己的领导风格,特别是注意尊重下属。

实战技巧

在企业管理中,领导者尊重员工不仅是必要的,而且还能体现领导者的领导能力。人都有这样或者那样的缺点,即使犯过错误的员工,也同样有着极强的自尊心,有时甚至比其他员工更渴望得到领导者的理解和尊重。

作为一名合格的领导者,应该充分考虑到员工的这种心理需要,真心诚意、不掺半点虚伪地尊重他们。尊重员工,可以从以下五个方面出发:

第一,尊重员工的人格。尊重员工的领导者往往表现为——慎重与理智地运用权力。如果领导者能理性对待问题,往往就能够尊重事实,善用逻辑推理,得出较客观结论。相反,如果领导者不能理性对待问题,往往就会无视事实,看问题往往比较偏激。

研究发现,领导者在管理员工的过程中,要尽可能保持克制、冷静、理智。当员工对领导者布置的工作任务执行不到位时,领导者必须耐心开导,而不能强迫员工;当员工工作效率提升不了时,领导者必须多加具体帮助,而不应当抱怨员工的能力;当员工工作有过失时,领导者必须主动承揽责任,而不应当在所有员工面前当众训斥;当员工对领导者有意见时,领导者必须注重感化,而不应当为难提出问题的员工。相反,如果领导者总是摆架子,对员工采取居高临下的态度,即使领导者的决策科学合理,也不能使员工心悦诚服,甚至会引起员工们的集体抵制,甚至拒不执行领导者的决策。

第二,尊重员工的意见。在实际的工作中,领导者要尽可能采纳员工所提的正确合理的意见;若员工所提意见不是很科学,瑕瑜参半,领导者要充分肯定员工所提意见中正确的部分；若员工所提意见非常明显有错，领导者可以予以否定，但也要平心静气地说明道理。特别是员工提出对领导者个人意见的时候，领导者要有一种"闻过则喜，从谏如流"的态度，切不可耿耿于怀、挟嫌报复，甚至粗暴地以言治罪。有些领导者自信心、好胜心都非常强，只按自己狭窄的视野、固有的定式、有限的知识和经验考虑问题。对员工所提的意见，凡是不符合自己看法的或者看不懂的，或者没有听说过的，都漠然置之，甚至藐视、排斥，这必然不可能激励到员工。领导者只有在尊重员工所提意见的基础之上，员工才会以积极主动的心态去工作，才会发挥更大的才能。

第三，尊重员工的权限。在企业管理中，领导者必须要注意的是，尊重员工，应尊重他们的权限，这样不仅控制了员工整体的工作进度，而且又发挥了员工的团队精神，特别是员工都有各自明确的职权范围，在这个范围内尽职尽责地完成工作，员工自己也会有成就感。因此，领导者在给员工布置工作时岗位责任要清楚，岗位权限要明确，不要随意干预或代替他们干职责内的工作；领导者既严格要求员工，又充分信任员工，才能充分发挥员工们的主动性、积极性、创造性。领导者如果不放心、不放手、不放权，每件工作都事必躬亲，不仅精力和时间不够，甚至受累不讨好，而且会助长员工们的依赖、推脱、扯皮的作风，同时还会因为压抑和窒息员工们的聪明才智而招致不满，挫伤其积极性。所以，领导者放手让员工积极主动地工作，所有员工的才能得到充分发挥。

第四，尊重员工的创造精神。在世界 500 强企业中，这些 500 强的领导者都非常重视员工的创造精神，而且也充分尊重员工的创造精神，这就使得像苹果、谷歌这样的伟大公司立于不败之地。因此，要想使中国企业跨入世界 500 强企业，作为中国企业领导者，同样必须尊重员工的创造精神，多为员工创造良好的工作环境和外部条件，使他们的积极性和创造性得以充分发挥。在有的中国企业中，部分领导者喜欢传统保守型的员工，这部分领导者认为，员工如果思想非常活跃会对本企业稳定构成影响，这就挫伤，甚至是扼杀了员工的创造精神。因此，领导者必须支持和保护那些思想解放、锐意改革的员工,做到不为谗言所蒙蔽,不以好恶分彼此。

第五,尊重员工的劳动。在企业管理中,领导者还必须尊重、认可员工的劳动成果,当员工完成一件工作、一项任务以后,领导者要充分肯定员工为此付出的努力和所取得的成绩客观分析员工们的失误,把问题讲透。员工的劳动成果既得到承认,员工的不足又得到指点,这样的话,员工就会在以后的工作中扬长避短,提高自己执行到位的工作技能。领导者特别需要注意的是,对那些勤恳工作、超负荷运转和善于创新、勇于开拓的员工要格外爱护。在一般情况下,此类员工失误概率非常大,引起的议论同样也会更多。因此,领导者对这些员工就更需要尊重、关心和理解。对他们的贡献要大张旗鼓地表彰;对他们的偶然失误,要分析原因,共同担负责任,绝不可过分渲染,使这些员工有委屈感,更不能揽功诿过,在无意中伤及员工的工作热情。

错误 20　不用人之所长

一只木桶盛水的多少,并不取决于桶壁上最高的那块木板,而恰恰取决于桶壁上最短的那块木板。

——用友软件集团 CEO　王文京

情景再现

某大学环境学系为我国培养了不少环境方面的人才,由于敢于钻研,多次获得国内外的高度赞誉。

2010 年,该环境学系行政领导班子到届了,该大学党委组织部经过几年对系主任候选人孟德龙教授的考察后,向校党委常委会正式提名。理由是孟德龙不仅年轻,而且学历较高,35 岁就成为该系最年轻的教授,是该系唯一的海归博士,是本校为数不多的"国家有突出贡献的中青年专家"。

当然,这些只是孟德龙作为系主任候选人的优势之一。最重要的是,孟德龙还曾取得过不少突出的科研成果,而且孟德龙在科学普及方面做了许多卓有成效的工作。

该大学党委组织部在考察过程中还了解到,尽管孟德龙教授享誉海内外,但他行事低调、做事非常认真,而且谦虚谨慎,待人和蔼可亲,是该系老师们一直推崇的楷模。

不过,孟德龙的不足之处是没有承担过环境学系的任何管理工作,甚至连教研室副主任的职务也没担任过,而且他过于注重专研,对环境学系建设和管理的事情也不关心。

在该大学党委常委会上,常委们都一致举手赞同孟德龙担任系主任,而且他也是系主任的合适人选。

由于孟德龙担任系主任的呼声最高,校长和组织部部长同意将这个重任交给孟德龙,但孟德龙却推辞了。孟德龙的理由是,自己缺乏系主任管理工作能力,比较适合搞业务。但是孟德龙的推辞没有得到校长的同意。

最后,孟德龙在与校长进行了长时间的谈话后,接受了成为系主任的任命。然而,不久之后,该系的老师发现,孟德龙不仅缺乏对环境系科的建设能力,而且还缺乏做决策的魄力。

在之后的一年多时间里,环境学系的发展处于停滞状况,甚至还错过了很多大好的发展机会。

在这种情况下,深知不能胜任系主任一职的孟德龙向校党委递交了辞呈。但该校党委常委会认为班子组建时间不长,孟德龙又没有过错,也就没有批准孟德龙的辞职申请。

然而,孟德龙辞职之心已定,过了几个月,校党委常委会最终同意了孟德龙辞去系主任职务的申请。

案例评点

尽管中国企业开始重视和关注"用人之长"这个问题,但真正执行起来却还是存在诸多问题。

在"家族企业如何做到久而不倒"的培训课中,当我强调家族企业创始人要用人之长时,在场的每一个学员都非常清楚"用人之长"的巨大作用,然而,他们真正去践行"用人之长"的人却很少。

对于任何一个领导者或者老板而言,他们都希望在企业中"用人之所长"，这不仅有利于员工自身专长能力的不断完善和提高，还有利于实现人尽其才的工作局面。

如果一个企业领导者能把每个员工所擅长的技能有机地整合起来，那么这个企业的核心竞争力将会非常强大。

在很多企业中，"用人之长"在管理实践中是可以实现的，但是领导者们大都无法做到坚持用人之长。尽管领导者们都十分清楚"用人之长"对企业有巨大的作用，但实际在用人上经常出现长短错位的情况。

实战技巧

纵观古今中外，千古兴亡，最终的决定因素还是人的因素。对此，中国明末清初思想家王夫之就谈到过："能用人者，可以无敌于天下。善用者，不恃人。"

这句话的意思是，懂得用人之道的人，能够无敌于天下；善于用人的人，是不需要依赖别人的。从王夫之的用人观中不难看出，作为领导者，就必须懂得用人之长。

可能有读者会问：作为领导者如何才能做到用人专长呢？方法有以下几个，见表 20-1。

表 20-1　做到用人专长的 7 个方法

序号	方法
（1）	只看员工的长处。
（2）	绝对不拿领导者自己的长处作为评价下属的标准。
（3）	时刻告诫自己不可因小过而失大才。
（4）	尽可能激发下属发挥专长。
（5）	根据下属的不同特长让其负责某项工作，而不能求全责备。
（6）	一个下属只分配一个重要的任务。
（7）	真心诚意地使用贤才。

错误 21　事必躬亲

你如果想做一个成功的领导，就必须懂得授权，因为人才潜能的发挥程度取决于领袖的授权能力。

情景再现

在给北京某连锁店做培训时，我们在该连锁店经常看见店长左手移动，右手联通，脖子上还挂着一个小灵通，腰间不用说还有一个对讲机。店长在该分店四处行走，行色匆匆，显得格外忙碌。该店长最常用的口头禅是"忙，太忙了"。

该店长不仅非常敬业，还有一个特长，那就是毛笔字写得非常漂亮，特别是卖点广告书写在该店是数一数二的。据该店的老店员介绍，该店长是从基层店员晋升上来的。在做基层店员时，分店内的大小卖点广告的书写都是他承包的，正是因为这一特长，他被巡视的老板所赏识，晋升比同时入职的其他店员快多了。

当他在做了店长后，还是很喜欢写卖点广告，因为人在干自己最擅长的事情时最有成就感。每到需要写卖点广告的时候，他把店长办公室的门一关，大展拳脚地写卖点广告。这样的店长，他的问题在哪里呢？

一是他不知道自己的角色已经发生转换。作为一家店长，有很多的管理工作需要他去做，写卖点广告这类事情应该安排店员去做，店长从旁指导就可以，放手让店员去成长。

二是他不知道作为店长需要做哪些重要工作，把自己困在琐碎的事情上。

案例评点

我在给该连锁店培训时发现，有些店长习惯性地亲力亲为，生怕店员执行不到位，或者没有那个能力完成某项工作，于是事事都自己做。

在他们的意识中，"亲力亲为"就是所有事情都必须亲自去做，但他们不清楚一个人的能力和时间是有限的，不可能事必躬亲，况且术业有专攻，店长应尽可能地把有些工作交给有能力、有特长的店员去完成，这才是一名合格店长必须要做的事情。

在上述案例中，该店长就犯了同样的错误，工作中事必躬亲，把所有问题都往自己身上揽，像卖点广告书写这样的事情也亲自操刀。而这其实是领导者授权不够的直接表现。

说到底，什么是授权呢？所谓授权就是指领导者将其职权或职责授给某位部属承担，并责令其负责管理性或事务性工作。

在实际的企业经营中，对于任何一个领导者而言，授权其实是一门必须要懂得的管理艺术，只有充分、合理地授权下属去完成各项任务，领导者才能达到管理的目的。领导者如果事事亲力亲为，不把更多的时间用在企业的经营中去，那将是舍本求末。

反观上述案例，领导者事必躬亲、不喜欢授权的原因有以下 4 个，见表21-1。

表 21-1　领导者事必躬亲、不喜欢授权的 4 个原因

序号	原因
(1)	店长偏爱做具体的工作,其实,这些具体的工作完全可以授权给店员去完成。
(2)	部分被升迁的新店长不能胜任店长岗位,往往去做一些非常琐碎的细节工作。
(3)	店长害怕自己的地位被店员取代。
(4)	由于店员工作技能低下,店长本能地不授权给这部分店员。

从以上 4 个原因可以看出,事必躬亲、不喜欢授权是领导者的通病。要想成为一名合格的领导者,必须抓大放小,做好管理工作。

因此,适当的授权是必须的,领导者绝对不能事必躬亲,一个人即使有天大的本事,也不可能完成一个团队的所有工作。这就要求店长除了连锁企业规定的必须亲力亲为的事情之外,其他大部分的任务都可以授权给店员去完成。

实战技巧

对于任何一个企业的领导者来说,授权都不是简单地把任务分派给下属,而是具有很多管理艺术的成分在里面。

这就要求领导者在授权时必须懂得授权的艺术。在企业管理实践当中,领导者对授权尺度的把握必须准确到位,因为这关乎授权的成败。如果领导者授权不当,那么结果往往会适得其反。要想将企业做强做大,领导者就必须学会授权管理,因为企业管理的最高境界是"闲者为上,能者为中,工者为下,智者居侧"。

然而,很多中国企业领导者不愿意授权,这就必须强化领导者的授权意识,让领导者意识到授权对企业发展的重要性。

可能读者会问:作为领导者如何才能真正地做到授权呢? 方法有以下几个,见表 21-2。

表 21-2　真正地做到授权的 4 个方法

方法	具体内容
(1)全方位了解下属	在授权前,领导者通过与下属进行的有效沟通交流,从而更好地了解下属的知识结构、工作技能特点、优劣势;再依据对下属的了解,授权给他。
(2)让下属感到自己非常重要	领导者尽可能做到每一项授权工作都能让下属感到自己非常重要。这样的授权才能真正调动员工的工作积极性和激情,从而按照领导者授权的意图把工作任务执行到位。
(3)明确授权目标和责任的范围	领导者在授权之前,必须明确授权的目标和责任的范围,不仅让下属完成预期的结果和目标,还让下属必须清楚自己的责任。
(4)给被授权者适当的自主权	在给下属授权时,领导者一定要给下属适当的自主权。比如,在项目进行中支配资金的额度、报告预期的进度及报告的时间等。

错误 22　干涉下属的分内工作

> 　　权力是领导者表现自己管理手段的体现,但无数事实证明,过分保护和夸大这种权力就会引起私人欲望,就会产生滥用权力的现象,滥用权力是对权力的破坏。任何权力都有一定的限制和范围,否则会形成"权力扩张",最终会危及企业及员工的利益。
>
> ——"科学管理之父"
弗雷德里克·温斯洛·泰勒

情景再现

　　作为德威公司总经理,尽管规模做大了,但是张大清依旧采用创业初期的小店铺管理方式,对几个大百货商场的业务都亲自指挥:哪个科室主任做什么工作,该怎么做工作;哪个员工做什么工作,该怎么做工作……他事无巨细地布置这些任务。张大清总觉得自己不上点心,心里不踏实。

　　有一次,张大清到贵阳洽谈一笔数目很大的采购,到贵阳还不到 1 天,有关公司问题的邮件和电话就源源不断,而且全是一些企业内的琐碎小事。张大清为此伤透了脑筋,他不得不提前结束原定一周的考察,回公司处理那些琐碎的事情。

案例评点

企业领导者在企业管理中一旦大小事情都插手,就有可能越权指挥,在管理层级上造成一线员工与中层经理之间的冲突,从而导致组织管理内乱。

事实上,领导者越权指挥,管理得过多、过细,往往会打破正常的企业管理秩序,使管理处于紊乱状态,最终影响企业的效益,还很有可能造成更大的负面影响,甚至造成难以收拾的局面。因此,对于员工来说,领导者越权指挥,就有可能造成前后指令不统一或者交叉重复,令一线员工无所适从。所以,作为领导者,只有保持管理的层次性,才能避免越权指挥的现象发生。

从上述案例中可以看出,权力滥用是领导者越权指挥的直接表现,同时也是领导者管理的一大禁忌。假如张大清在管理中能够做到层次分明、职责清晰,怎么会因为各种琐碎的管理问题终止原定考察一周的行程呢?

究其原因,在于张大清的越权指挥,培养了下属的惰性,以至于企业中事无巨细,只要没有张大清拍板,就没有其他人能担负起责任,从而影响企业的正常运转,也造成糟糕的后果。

实践证明,适当放权给有能力的员工是领导者能够将企业做强做大的前提条件。领导者给员工一定程度的自主决策权,并不意味着领导者对部门经理的纰漏、一线员工的执行错误不管不问,听之任之。

关键是领导者采取适当的管理方法来管理部门经理和一线员工,这就要求领导者在涉及某些具体项目的权利和职责时,或者在处理企业中的某些管理问题时,绝不能滥用权力、越权指挥,而必须注意管理的层级次序。特别是对一个制度较为完善的企业来说,领导者更不宜插手大大小小的管理事务。

随着世界经济一体化的深入发展,管理制度也会日趋完善,但是当前权力滥用的现象非常严重,是什么原因导致领导者权力滥用呢?哈罗德·孔茨(Harold Koontz)在《管理学》一书中总结了以下几点,见表 22-1。

表 22-1　权力滥用的 3 个原因

原因	表现
(1)权力欲太强	领导者的权力欲太强,希望自己掌控公司一切方向,并利用手中的权力去指手画脚,并且以此满足领导者的自我威信感。
(2)对员工不放心	领导者认为下属工作能力太差,不足以把一些工作任务交给这部分员工去完成。如果把工作任务交给这部分员工,只会"成事不足,败事有余"。在这样的情况下,领导者就把公司的大小事务都大包大揽。
(3)害怕自己失去影响力	有的领导者认为,如果自己把某些公司领导权下放给某个部门经理,可能由于部门经理的能力较为出色,领导者在某个部门员工中的直接管理影响力就会被削弱。既然某些公司领导权已经下放,那些员工就不会听从领导者的直接指挥了,可能会只听从部门经理的调遣了。基于这样的担心,领导者往往就会亲自到各个部门去指挥一线员工,以昭示领导者的影响力。

实战技巧

由于领导者个人素质参差不齐和思想认识水平的差异,一些企业领导者对公司赋予他的权力的认识也存在偏差。在实际的经营中,有的领导者以自我为中心,把自己凌驾于所有员工之上,处处指挥一线员工,时刻强调权力的主体作用,一意孤行地实施其领导行为。

然而,伟大的 CEO 杰克·韦尔奇却不赞成这样的做法。当《纽约时报》记者采访通用电气公司前 CEO 杰克·韦尔奇,问他成功的奥秘是什么时,杰克·韦尔奇的回答让人有些惊诧。

杰克·韦尔奇说:"作为一个领导者必须以身作则,但是绝不要事必躬亲,绝不越权指挥。"

可以说,杰克·韦尔奇的这句话价值万金,不仅总结了他多年的成功管理经验,而且还告诫那些要成为伟大领导者的人们,领导者必须以身作则,绝不事必躬亲,绝不越权指挥。一个优秀的领导者,不单单是一名优秀的业务能手,还应该是一名善于以身作则、善于沟通、绝不越权指挥、尊重员工劳动成果的上司。然而,很多企业领导者却忽视了他们的职责和应有的素质,从而失去了威信。

　　对于领导者而言,权力就是一柄双刃剑,领导者如果把权力用好了,在实际的管理中必定能够收到事半功倍的效果。领导者如果以强权为核心原则考虑问题,恣意实施所谓"权力性影响",那么权力的破坏作用也是可以想象的。因此,一个真正优秀的领导者,绝不会仅仅依靠权力来行事。

　　实践证明,权力是领导者有效管理员工的辅助手段,也是领导者指挥和影响员工的一个不可或缺的管理工具。因此,正确地使用权力就成为每一个领导者必须面对的问题。

　　对此,美国著名管理实践家、管理学家,科学管理理论奠基人,"科学管理之父"弗雷德里克·温斯洛·泰勒(Frederick Winslow Taylor)认为:"权力是领导者表现自己管理手段的体现,但无数事实证明,过分保护和夸大这种权力就会引起私人欲望,就会产生滥用权力的现象,滥用权力是对权力的破坏。任何权力都有一定的限制和范围,否则会形成'权力扩张',最终会危及企业及员工的利益。"

第三部分

隐性规则主导企业

到 1997 年后，公司内部的思想混乱、主义林立，各路诸侯都显示出他们的实力，公司往何处去，不得要领。我请中国人民大学的教授们，一起讨论一个"基本法"，用于集合一下大家发散的思维，几上几下的讨论，不知不觉中"春秋战国"就无声无息了，人大的教授厉害，怎么就统一大家的认识了呢？从此，开始形成了所谓的华为企业文化，说这个文化有多好，多厉害，不是我创造的，而是全体员工悟出来的。我那时最多是从一个甩手掌柜，变成了一个文化教员。业界老说我神秘、伟大，其实我知道自己名实不符。我不是为了抬高自己而隐起来，而是因害怕而低调的。真正聪明的是 13 万员工，以及客户的宽容与牵引，我只不过用利益分享的方式，将他们的才智粘合起来。

公司在意志适当集中以后，就必须产生必要的制度来支撑这个文化，这时，我这个假掌柜就躲不了了，从 20 世纪末，到 21 世纪初，大约在 2003 年前的几年时间，我累坏了，身体就是那时累垮的。身体有多项疾病，动过两次癌症手术，但我乐观……那时，要出来多少文件才能指导、约束公司的运行，那时公司已有几万员工，而且每天还在不断大量地涌入。你可以想象混乱到什么样子。我理解了,社会上那些承受不了的高管为什么选择自杀。问题集中到你这一点,你不拿主意就无法运行,把你聚焦在太阳下烤,你才知道 CEO 不好当。每天十多个小时以上的工作,仍然是一头雾水,衣服皱巴巴的,内外矛盾交集。

我人生中并没有合适的管理经历,从学校,到军队,都没有做过有行政权力的"官",不可能有产生出有效文件的素质,"左"了改,"右"了又改过来,反复烙饼,把多少优秀人才烙煳了,烙跑了……这段时间摸着石头过河,险些被水淹死。

——华为创始人　任正非

错误 23　喜欢搞公司政治

> 　　没有哪个中国企业家会公开谈论公司内部的政治，更不会承认自己热衷运作"公司政治"。他们嘴上经常说的是那些科学管理、国际惯例、市场规律等东西，而事实上他们所思与所想完全是另一套"规则体系"。
>
> 　　　　　　　　　　　　　　　　——金易

情景再现

在很多企业中，不管是高管，还是员工，争权夺利的现象几乎随处可见。位于北京海淀区的某医药公司，看似一片和谐，其背后的纷争却暗流涌动。

医药总监杨开由于与市场部总监李文津的同事关系不融洽，加上忍受不了该公司的政治派系斗争，无奈只好辞职走人。

杨开的离职并未改变该公司的现状，接替杨开职位的是当年成功把 A 药品做成爆款的岳开成。

岳开成上任时发现，该医药公司有一个重点项目刚进行了一半，他经过多方论证和研究，却发现该项目成功的概率很小，于是他几次征询市场部总监李文津能否停下该项目。

李文津的答案是不行。理由是,该项目如果停下来,将会对 A 药品的声誉产生极坏的影响。

不得已之下,岳开成只好建议李文津,该项目能慢就慢。然而,岳开成不知道的是,该项目是市场部的重点项目,也是李文津重点抓的项目,李文津是没有理由放缓的。

李文津拒绝岳开成后,直接向老板徐筠汇报了具体的情况。在老板徐筠的支持下,李文津大展拳脚,先是按计划邀请所有项目人员参会。然后,把近 40 家医院参加项目的医生和护士请到了杭州。

由于岳开成是医药总监,自然是李文津邀请的主要人物,并且李文津请他做开场发言。

在此次大会上,李文津隆重介绍了岳开成。其后,岳开成发了言。没想到的是,由于对方案有异议,岳开成的发言遭到质疑,甚至有人说,岳开成否定该项目是因为该项目不是岳开成经手的。

当然,这仅仅只是一个不好的开头。后面由李文津助理顾琳琳和统计师讲解项目表格的细则。

统计师对项目表格了如指掌,回答问题也有条不紊、思路清晰,没有出什么问题。其间,某个医院护士提了两个较为刁钻,甚至是难以回答的问题,负责回答医学问题的顾琳琳不知道该如何回答,所以回答时显得有些犹豫和含糊。客观地讲,此类事情以前也常发生。

面对这种局面,坐在一旁的岳开成有些不耐烦了,两次打断了顾琳琳的答话,甚至语气非常不客气,因为顾琳琳的确不了解专业知识。岳开成取而代之回答了护士的提问,他不仅回答得很专业,还做了诸多延伸,护士听后表示很满意。

午餐时,一脸严肃的岳开成找到李文津,建议所有本公司人员在饭后紧急召开一个会议。

按照岳开成的意思,李文津召集所有员工到了会议室。在该会上,岳开成大发雷霆,称自己从来没开过如此混乱的会议,回答问题时不是磕磕巴巴,就是含糊其词,即使在会场布置上也是凌乱不堪,等等。

在此次会议上,除了统计师、顾琳琳和女同事马丽外,剩下的五个人都归李文津管。负责会议杂务的李雯是李文津外聘的专业人士。

在岳开成大发脾气时,李文津却在想办法解决问题。李文津知道,岳开成是冲他发火的,毕竟他是项目负责人。

在岳开成大发雷霆 10 分钟后,作为市场总监的李文津终于忍不住了,开口说道:“岳总,这样的会我不是第一次,也不是第二次开了。小顾回答不了专业的问题,也是经常的。你把我们辛苦准备的会议说得一无是处,我是不同意的。”

“专业问题回答不了,我们可以找一些专业的人员来解答,但是今天的问题暴露了我们自身的问题,同时损害了我们公司的形象,知道吗?”岳开成咆哮着。

面对岳开成的炮火,李文津不愠不火地说:“岳总,你觉得今天的会议损害了我们公司的形象,是吗? 按照你刚才的批评,无非是两个方面:一个是组织者的知识方面,一个是会议的安排方面,既然如此,我们做一个书面的调查,由你我二人来设计 5~6 个问题,让所有与会者给一个评价。这样,你我也好对大家有个交代。好吗?”

岳开成接受了李文津的建议,说道:“好啊,你说调查就调查。”

李文津接着回应道:“好的,问题由我来起草。岳总,你来修改,如何?”

“好。”岳开成说。

随后,李文津宣布散会。10 分钟后,娴熟的李文津起草了一个问卷,递给了正在休息的岳开成。拿到问卷的岳开成根据自己的专业知识,修改了其中问题。

第二天,问卷的结果出来了,五个问题都按 1~5 评价,平均分都超过了 4.5 分。

此次问卷,与会者对李文津工作组的满意度相当高,只有两个满意度比较低是针对岳开成的,认为医学总监工作态度有问题,甚至与整体不协调。

拿到此结果的李文津,极速回到了公司,径直找到了副总经理林炜。副总经理林炜听完李文津的汇报后,什么也没说,就收了所有的原始调查问卷。

由于事态严重，林炜敲开了集团公司总经理何东的办公室大门。

一周以后，岳开成向李文津和顾琳琳道了歉，并请李文津转达给其他成员。三个月以后，以公司业绩为重的岳开成，由于得罪无数人，在与李文津的争斗中黯然离开了公司。

案例评点

在很多企业中，像上述案例中那样的公司斗争天天都在发生，而这些公司内斗不仅损害了企业自身的正常成长，同时也损害了企业员工的积极性。

研究发现，其实，企业中的这种"公司政治"现象源于中国古代官场上的尔虞我诈、钩心斗角、拉帮结派、打击报复等手段，而产生"公司政治"的根源有以下几个，见表 23-1。

表 23-1　"公司政治"产生的根源

序号	根源
（1）	它传承了中国上千年的民族文化糟粕。
（2）	部分领导者热衷公司政治惯性，并从中获得好处。
（3）	有些领导者为了明哲保身、趋利避害。
（4）	有些企业领导者的超强"自卫意识"在作祟。

从表 23-1 可以看出，企业中的"公司政治"是某些隐性文化的人际化反映，它所折射的是企业的文化精神。而这种企业文化精神直接决定着"公司政治"的走向。如果领导者塑造了一个积极、健康向上的文化氛围，那么"公司政治"所造成的内耗现象会得到有效的抑制；相反，在一种人人自危、互相猜疑的文化环境中，"公司政治"就很有可能被畸形地放大，当互相倾轧、钩心斗角代替了对外的团结一致时，那么，挖自家墙脚、离心作用加速的现象就会发生，企业大厦的倾倒也就只是时间问题了。

实战技巧

研究发现,在任何一个企业中,任何一个领导者都不会在公开场合下谈论公司内部的政治,也没有任何一个领导者会承认自己热衷运作"公司政治"。然而,领导者不承认并不等于"公司政治"就不存在,相反,"公司政治"渗透在一部分企业的每一个角落。

当然,这样的现实也就决定了在今天的商业环境中根治"公司政治"恐怕是不可能的。但是作为领导者,特别是一名有志于将企业做强做大的领导者,绝对不能允许"公司政治"蔓延,更不能为了达到自己的某些目的就主动地、刻意地给"公司政治"提供适合生长的土壤。

这就要求领导者以较高的思想高度来认识"公司政治"的破坏性,从而有效地遏制"公司政治"的蔓延和扩大。

读者可能会问:领导者怎样才能有效地遏制"公司政治"的蔓延和扩大呢? 方法有以下几个,见表 23-2。

表 23-2　有效地遏制公司政治蔓延和扩大的 4 个方法

方法	具体内容
(1)树立正确的价值观	作为领导者,要想有效地遏制公司政治蔓延和扩大,首先必须有正确的价值观。对此,领导者就必须向员工宣传正确的企业价值观。
(2)正确的人才观	企业领导者在用人时,必须量化标准,特别要强调员工的"德"与"才"。领导者对用人问题的重视程度,都将可能影响公司内部政治的蔓延和扩大。
(3)制定合理的企业制度	制定合理的企业制度来保障所有企业成员的利益,从而有效缓解公司内部政治的蔓延和扩大。
(4)建立扁平化层级组织	缩短管理链条,压缩组织层级,是抑制公司内部政治斗争的有效手段。特别是在人员少的小公司,如非特别需要,就不能人为地增加层级。

错误 24　视规则为儿戏

> 　　一些中小企业的死，是死于企业自身不守规则。一些中小企业将规则视为儿戏，自己想怎么做就怎么做，自己爱怎么做就怎么做，只图自己一时的私利，把法律、法规全都抛在脑后，最终招致规则的惩罚，并自食其果。
>
> ——金易

情景再现

　　1986 年，陈大川在北京某重点大学毕业以后，顺利地进入商务部工作。到 20 世纪 90 年代初期，在国家干部下海的大潮中，陈大川也下海成了一名公司老板。

　　刚下海的陈大川，利用自己的人脉搞起了餐饮，而后，由于我国改革开放的深入，又经营起广告公司。

　　当商品批发和广告业务进行得如火如荼的时候，陈大川决定转入商贸业务。1994 年 3 月，陈大川和李志敏、林敏君三人成立北京威达商贸有限公司，主要业务就是食品、饮料、酒类产品的代理。

20 世纪 90 年代,威达商贸先后拿下了国内 Y 啤酒和国际 H 啤酒北京地区总经销业务,正是代理 Y 啤酒和 H 啤酒让威达商贸公司赢得了不错的口碑。

过了两年,北京威达商贸又拿下了××酒北京地区的总代理资格。该酒在北京地区的销售价格每瓶可达七八十元至上百元,而威达商贸却拿到了17.5元/瓶的优惠价,并且还能以 1/3 的现款拉走 100% 的现货。

仅仅一年多的时间,威达商贸代理的××酒在北京地区的市场销售额就达到了3000万元。而正当××酒在北京地区销量大增的时候,却发生了一件事,使威达商贸的努力毁于一旦。

××酒在中国大陆地区主要有两个销售成熟地区:一是成都,一是济南。北京地区只是××酒的一个新兴销售区。因为威达商贸所采购的××酒的价格比成都、济南的总经销要低一半,济南地区总经销便向陈大川提出,从威达商贸采购××酒,也就是行业内所称的"窜货"。

按照行规,窜货本是业内大忌。但是李志敏、林敏君,包括陈大川认为,该酒厂远在西南的大山坳里,距离济南非常遥远,而威达商贸总经销的地区在北京,该酒厂应该不会发现他们的窜货行为。

每瓶 16 元的利润和济南总经销方面以现金结账的诱惑巨大。尤其是以现金结算,可以使威达商贸有更多的现金流,一方面可以从酒厂采购更多的货;另外一方面可以补充威达商贸公司的现金流,因为一年来的市场投入,使得威达商贸的现金流已面临断裂,此刻他们急需一笔较大数额的现金流,以维持公司的正常周转。于是陈大川很爽快地答应了济南总经销窜货的要求。

然而,陈大川等人不知道,精明的该酒厂早就提防着他们的窜货行为。就在窜货行为发生后没几天,该酒厂提出三点:(1)协商免去威达商贸××酒北京某地区总经销资格;(2)在第一点未定的情况下,将给威达商贸的××酒价格由每瓶17.5元提高到每瓶33.5元,与济南地区、成都地区代理商一样;(3)取消威达商贸预付 1/3 款资格,从此以后从该酒厂进货必须全款。

让陈大川等人没有想到的是,这三条都打在威达商贸的七寸上,该酒厂

第一条使威达商贸一年多来积累的××酒北京地区市场开拓灰飞烟灭；而第二点直接降低了威达商贸的利润空间；第三点则一下子使得威达商贸面临断裂的现金流彻底断裂了。

这场危机加剧了威达商贸三位股东之间的矛盾，而且急剧恶化。而后又发生了几起事件，使得原本摇摇欲坠的威达商贸在一片挽歌声中彻底解体。

案例评点

其实，威达商贸的死，是死于陈大川等人不守规则。在他们从事的产品销售行业里，窜货本是业内大忌，他们却明知故犯。窜货这种行为，不仅会打乱该酒厂对中国大陆地区的市场部署和市场策略，而且还会给该酒厂造成非常严重的后果。可以说，窜货的行为历来为厂家所不容，所以该酒厂发现威达商贸的窜货行为后，采取了非常严厉的惩罚措施。

当然，威达商贸的分崩离析，就是陈大川等人为自己不守规则的行为所付出的代价。

威达商贸的倒闭警示企业领导者，在全球一体化经济发展的今天，市场经济的实质就是信用经济，参与市场经营的每个人都要遵守市场规则，在规则的框架内诚信经营。

可能有人说，在 20 世纪 90 年代的中国，经济高速发展，不讲诚信也可以做大，那么这样的意识本身就是错误的。不管何时，经营就必须讲信用，遵守市场规则。在很多老字号企业的经营准则里，第一条就是诚信经营。

但遗憾的是，一些中小企业领导者忽视诚信的作用，视市场规则为儿戏，有的中小企业老板急功近利，比如当前的某些企业老板炒楼、炒农产品等行为，甚至有的企业领导者只图自己一时的私利，做假账等，全然把道德准则和法律抛在脑后，当然，他们最终也将遭到规则的惩罚，自食其果。

实战技巧

在实际的企业经营中,领导者必须遵守市场规则。俗话说"无规矩不成方圆",而作为企业领导者,更要讲规矩。企业要想做强做大,就不能只凭自己的小聪明,在很多时候,领导者凭借自己的小聪明,赢得了一些市场,但是一定难以长远。

对此,《科学投资》杂志发表评论文章谈道:"一个人的人品和他的事业是呈正相关的,品性高洁的人不一定能将事业做大,但品行不端的商人,事业一定做不大。"

读者可能会问:作为企业领导者,如何才能遵守规则呢？方法有以下几个,见表 24-1。

表 24-1　遵守规则的 4 个方法

方法	具体内容
(1)做好表率	领导者必须时刻遵守规则,在公司内也必须做好表率,这样不仅可以正确地引导公司员工遵守企业制度,同时也是在培养遵守规则的意识。
(2)奖惩分明	在实际的管理中,领导者必须严格按照相应的奖惩规则处罚那些不遵守规则的员工,哪怕这个员工是自己的父亲。同时也要奖励那些遵守规则的员工。
(3)少用不成文的规则	在企业管理中,领导者必须减少使用,或者不使用不成文的规则。由于不成文的规则容易引起不同人理解上的差异,再加上不成文规则的诸多不确定性,这可能会养成不遵守规则的习惯。
(4)重视诚信	作为领导者,必须时刻注重诚信。为了遵守规则,也必须提升自我修炼,真正做到诚信经营。

错误 25　中意溜须拍马的下属

在企业中，溜须拍马的事情时有发生，所以领导者必须注意，办公室里那一帮专以"拍马屁"为生的人。他们具有相当技巧，拍起马屁来不显山、不露水，让你浑然不觉，不知不觉中上了他的当，最终受害的还是你自己。

——杰克·韦尔奇

情景再现

李凤英是 T 公司北京办事处的总经理，工作干练、有魄力，但是李凤英有一个缺点，就是中意溜须拍马的下属。

在 T 公司北京办事处，王丽从一个普通的前台招待员连升三级成为该办事处的行政总监。王丽得以连跳三级，主要就是源于李凤英的个人偏好。

这还得从王丽擅长溜须拍马谈起。两年前，因为王丽善于说话，李凤英力排众议，录用王丽为 T 公司北京办事处前台。

这样，王丽顺利地被提到了 T 公司北京办事处。在王丽入职一周后的一天，不善于梳妆打扮的总经理李凤英，在披散开的烫发上别了一枚褐色的发卡。李凤英这样的打扮遭到了员工们的议论，而王丽却大声称赞她："我觉得李总长得漂亮，怎么打扮都好看。我觉得李总的发质挺好，肤色又白，把头发盘起来肯定也特别好看。"

几分钟后，李凤英叫王丽到总经理办公室。

王丽到李凤英办公室后，先是送给李凤英一盒产于贵州省凤冈县的锌硒茶，还当场给李凤英泡上一杯。

香气醇厚的锌硒茶芳香无比，王丽还小声对李凤英说："以后您可别太操心了，有活该让我们干就让我们干，这么大一个办事处，得有多少事啊，您不操心也不行。"

正是这几个举动，彻底打动了李凤英。就这样，王丽从前台接待员成功地实现了三级跳：先提升做秘书，后是经理助理，现在的她已经是该办事处的行政总监了。

李凤英对王丽的评价是：王丽细心体贴，有从事行政工作所必需的素质。

案例评点

在上述案例中，李凤英就犯了中意溜须拍马下属的错误。可以肯定的是，李凤英提拔王丽的依据就是细心体贴，而没有从行政总监的岗位职责来评价，这样提拔的行政总监肯定是不能胜任该职位的，有可能未来某一天李凤英就要为王丽的失误付出代价。

北京华夏圣文管理咨询公司对中国 6500 家企业所做的一项调查显示，86％的企业领导者出现领导过失现象，这其中又有 95.5％是源于溜须拍马。

从上述数据中不难看出，下属的溜须拍马增加了领导者的过失行为，从而也影响了领导影响力的发挥。

当然，作为企业领导者，必须依据严格的提拔程序，不能因为自己的某些偏好而盲目提拔下属。相反，如果领导者不按照严格的选拔程序提拔下属，就可能助长员工们的阿谀之风，从而阻碍企业的发展。

从这个案例可以看出,中意溜须拍马的下属都是领导者能力不强的具体表现。在一些伟大的公司中,领导者能力都较强,他们不喜欢,也不屑于那些阿谀奉承的下属,他们更喜欢提拔那些才华横溢的下属。

实战技巧

作为领导者,必须了解下属,从而更好地安排适合他们的任务。在实际的管理中,领导者应当保持清醒的头脑,能辨别哪些员工能够胜任某些关键性岗位,哪些员工只不过是阿谀奉承之辈;哪些员工是通过奉承领导而达到自己的某种企图……诸如此类。

可能读者会问:作为领导者,如何对付溜须拍马和阿谀奉承的下属呢?方法有以下 3 个,见表 25-1。

表 25-1　对付阿谀奉承者的 3 个方法

序号	方法
（1）	领导者面对只会溜须拍马、奉承领导而缺乏工作技能的下属,辞退就行了。
（2）	领导者面对工作技能中等而又爱奉承领导的下属,应根据其能力配置给他可以胜任的岗位。
（3）	领导者面对能力较强却也喜好溜须拍马的下属,必须善意提醒,否则可能因此而付出惨重代价。

错误 26　抢夺下属功劳

> 一个喜欢抢夺下属功劳的领导是不可能成功的，他得到近利，却忽视了远利。反之，一个不与下属抢功劳的领导，才有可能成功。
>
> ——倪润峰

情景再现

在《传统企业到底该如何转型》这个培训课程中，遵义市斯诺高科技电子公司创始人石岩很自豪地告诉我："周老师，听了您的课，给我最大震撼的不是转型的技术问题，而是思维问题。"

石岩是这样解释的，她曾见过其同学 A 为了解决公司的骨干激励问题费尽心思。比如在公司里破格提拔了一名年轻的优秀员工 C 担任工程部经理。提拔的原因是，工程部员工虽然很能干，但是效率一向不高，其他管理者曾试图改变这个部门的风气，却从来没成功过。而破格提拔 C 员工担任工程部经理，试图打破曾经的魔咒。不负所望，新上任的年轻经理 C 不按照常规模式管理，结果奇迹真的出现了。

不管 C 做什么样的管理变革，几乎都会产生积极的影响，该部门员工的工作热情和活力与日倍增,且非常有效率。

在管理该工程部几个月后的某天,C 在公司附近一家餐厅里遇到前来就餐的前女同事 H。H 对 C 说道:"C 经理,真不敢想象,你的部门居然在一个季度就完成那么多的设计方案。"

C 经理有些得意忘形,脱口就说:"是呀,我是谁啊。在我管理工程部前,K 公司从来就没有一个真正的工程部。"

正当 C 经理得意扬扬时,邻座的三个同事无疑听到了 C 经理与前同事的对话。就这样,三个同事将原话学给了另外几个同事听,C 经理与前同事的对话在这家公司内迅速流传。

其后,工程部的同事开始抵制 C 经理,工程部又变成了一个极没有效率的部门。

几个月后,这位曾经在工程部创造奇迹的年轻经理 C 被调离工程部,到分公司担任经理。虽然 C 曾试图挽回已定的颓势,但是再也无法让同事信服。

其后,A 不得不说服石岩加盟。在石岩加盟后,通过多元化的激励,以及培训,终将工程部带上了正轨。

三年后,石岩自己创业。当石岩听了"传统企业到底该如何转型"中有关思维转型的内容后,石岩很有感触地说:"将下属的功劳归为己有竟造成如此严重的影响。"

案例评点

众所周知,一个卓越的领导者,不仅仅是与下属一起分享功劳,有时更要故意把本属于自己的功劳尽可能地推让给下属。

当然,领导者这样既激励了下属发挥实现自我价值的工作才能,又让领导者把功劳尽可能给下属的举动融入该企业文化之中,从而影响更多的部门经理,也营造出一个全公司把功劳尽可能给下属的企业文化。

然而,在很多企业中,有一些"精明干练"的部门经理并不轻易相信下属的工作能力,即使已派给下属的工作任务,他们也要亲力亲为。就算在很小的一个工作任务中,这些部门经理都要亲自过问,时时刻刻都不愿意错过在老板面前表现的机会,通常就会与下属争夺功劳。

在《家族企业长盛不衰的秘诀》培训课上,我问了学员们一个的问题:"假若在 1 年内,你们公司的销售额增长 300%,应归功于谁?"

学员们更多的是说归功于销售总监。理由是,这些成绩是在销售总监的带领下才获得的。当然,这样的回答是不完全客观的。作为领导者,应该把这个功劳归功于各级部门经理和一线员工们。

然而,在中国很多企业中,如果问领导者,那个销售额增长 300% 的"功劳属于谁"? 这些企业领导者往往会与下属争功或者在公开场合贬低下属,尽可能地抬高自己。

比如,在取得销售额增长 300% 的良好佳绩上,部分企业领导者在例会上往往对下属说:"像你们这么干怎么能成? 要不是我亲自督战,销售额能取得增长 300% 的可喜业绩吗? ……"

部分企业领导者可能在例会上这样说:"有的同志会干的不干,不会干的瞎干,要不是我及时发现问题,销售额能取得增长 300% 吗? ……"

上述这些领导者其实讲得很明确,如果没有他这位领导者,该公司是不会取得销售额增长 300% 的好业绩的。

其实,领导者与下属争功,贬低下属,这都是领导者心胸狭小的具体表现。当某企业或部门工作成绩突出时,人们往往会把"某企业经营得好"与"该企业领导者能干"等同。作为该企业的领导者,根本就没有必要自我表功。如果领导者与下属争功,不承认下属的成绩,反而会损坏领导者在员工中的领导形象。

这看起来似乎是小事一件,然而带来的后果却很严重,极有可能挫伤下属的工作积极性,导致下属在岗位上毫无责任心可言。

这并非危言耸听,试想,但凡公司有一点成绩,都是领导者的功劳,下属还有心思搞好工作吗? 因此,领导者与下属争功,不仅会极大地影响领导者在下属中的形象,还会加剧下属与领导者之间的矛盾,从而加剧下属的怠工心理,阻碍企业的发展。

实战技巧

懂得分享是一个领导者必备的素养,特别是懂得把功劳让给下属。其实,把功劳给下属只不过是领导者对下属劳动的尊重和认可。领导者对下属劳动的尊重和认可,可以激励下属更加积极、主动、兢兢业业地工作。因此,领导者对下属劳动的尊重和认可,既能让下属感激不尽,又能鼓舞下属士气,对企业的发展有着很好的推动作用。

事实证明,伟大领导者的伟大之处,其中之一就在于他们能够尊重下属的成果,把功劳让给下属,从而让下属最大限度地发挥价值。相反,如果领导者经常与下属争功,不仅会激化下属与领导者的矛盾,还会引起下属的不满,从而使下属缺乏工作责任心。

就像上述例子中的那样,尽管年轻经理为公司作出了不小的贡献,但若将该部门内的所有功劳完全归功于自己一个人,还是非常欠妥的。

其实,这个年轻经理犯了一个领导者常犯的错误。这个年轻经理的案例警示每一个领导者,在任何一项工作中,都绝不可能始终靠领导者一个人去完成,都必须是一个团队去完成的,可能在某些工作任务中,一部分员工贡献得相对较少,但是作为领导者,下属哪怕只是付出一点微不足道的力量,领导者也必须由衷地向他表示感激,绝对不能否认下属在这项工作中的功劳。

对此,长虹集团前 CEO 倪润峰认为:"一个喜欢抢夺下属功劳的领导者是不可能成功的,他得到近利,却忽视了远利。反之,一个不与下属抢功劳的领导者,才有可能成功。"

从倪润峰的话中不难看出,作为领导者,把功劳尽可能给下属,不仅体现了领导者自身的影响力,同时也提升了员工的岗位效率。

错误 27　随意践踏员工的尊严

> 企业的领导人把恐惧感灌输到管理人员的心中，结果使企业界变成了原始森林，受惊吓的员工为了个人的生存，就在公司中拼命竞争。
>
> ——马克·赫德

情景再现

随意践踏员工的尊严，是部分领导者在企业管理中犯下的一个较为严重的错误。然而，作为世界 500 强企业的连锁企业的领导者也犯这样的错误。这让我还是有些吃惊。

该连锁企业从 1999 年进入中国开始，截至 2010 年 6 月，已经在上海、北京、江苏、浙江、安徽、四川等省市拥有大型超市 36 家。

客观地说，能够成为世界 500 强企业，往往都具有完善的管理制度，然而其杭州分店的做法似乎不符合作为世界 500 企业的管理作风。

据报道，位于杭州的该连锁超市，在对员工进行下班管理时，竟然采用让员工摸黑白围棋子的方法来检查他们是否夹带该店货品。

在下班时，员工若摸到白棋，可以正常刷卡下班；相反，若摸到黑棋，该员工就必须在保安的监视下,把自己所有的衣裤口袋都向外掏一遍。而据媒体记者调查所知,这种离谱做法已经存在好几年了。

这种做法被媒体披露后,该连锁超市杭州分店店长助理回应说,他们用摸黑白围棋子的方法来检查他们是否夹带该店货品的做法只是为了起到警示员工的作用。

案例评点

随意践踏员工的尊严是一些领导者常犯的错误。在上述案例中,该店长助理的回答显然是为该店做法开脱。

众所周知,对该店员工而言,摸到白棋的概率只有 50%,也就是说员工每天都胆战心惊,如果摸黑棋就意味着自身的人格尊严被践踏。

可以肯定地说,采用让员工摸黑白围棋子的方法来检查他们是否夹带该店货品的做法,不仅不会起到超市所期望达到的警示作用,反而会凸显出该超市对员工人格尊严的随意践踏,这不仅中国法律不允许,还会激化店员与该店领导者的矛盾。

因此,企业在制定某项制度时,绝不能超出法律允许的范围,而且必须以尊重员工的尊严为前提,否则,受践踏的不仅是员工的人格尊严,还有企业内部的和谐关系。最终还有可能演化成巨大的危机事件,使企业为之付出代价。

实战技巧

可以说,身为领导者,随意践踏员工人格和尊严都是对员工的不尊重,这样的管理模式已经过时。在 21 世纪的今天,我们都在倡导人性化管理,特别是现在很多世界 500 强企业中流行的情感管理,与早些年崇尚的冷冰冰的制度管理迥然不同。

可能读者会问:作为领导者,如何才能避免随意践踏员工尊严的事情发生呢？方法有以下几个，见表 27-1。

表 27-1　避免随意践踏员工尊严的 3 个方法

方法	内容
(1)尊重下属	当领导者不尊重下属时，发生随意践踏员工尊严事件的概率就会大幅度提升。在企业管理中，企业领导者千万不要盛气凌人、目空一切，应该尊重员工的意见，合理地安排员工工作。一旦把工作交付给下属，领导者应尽量给予帮助，耐心地指导他们，给予他们意见和忠告。
(2)以人本思想为价值导向	在企业管理中，领导者必须以人本思想为价值导向，在此基础上营造一个良好的工作氛围。
(3)把人作为资源	领导者把下属作为战略资源，这不仅是一个关乎企业生存和发展的战略问题，更是关乎企业能否做强做大的战略问题。

错误 28　领导力与权力画等号

> 你所拥有控制权的事务，公司所聘用的员工，上班的地点，以后都不会再有任何重要的意义。高阶主管再也无法忽视，而且必须接受的第一个事实是：领导能力与拥有的权力并非成正比。
>
> ——张瑞敏

情景再现

位于北京中关村的 C 商贸公司近几年发展非常迅猛，该公司总经理曾伟曾得意扬扬地说："在我的领导下，取得了非常辉煌的业绩。我们打算把 C 商贸公司打造成世界 500 强企业。"

2012 年 4 月初的一天，曾伟把海龙门市的一线销售员郭宇叫到总经理办公室。

郭宇进入总经理办公室后，曾伟就起身关上门，并且在郭宇还没坐定前，就质问郭宇为何擅自更改一个给客户的重要书面资料。

郭宇解释说："我觉得这样比较容易在与供货商谈判中占据主动。"

曾伟却说："没有我的允许，你凭什么改变我的指示？"

"我只是想……"

郭宇话还没说完，曾伟就以愤怒的口吻说："你不懂这个道理的话，就给我滚出去。这个店我说了算，所有部门都由我指挥，你的工作只是要完成我的指示，懂吗？"

郭宇于是起身准备离开，曾伟却吼叫着说："等一等，我还有话要跟你说。"

郭宇回答："但我没有什么话要跟你说了。"

郭宇摔门离开了曾伟的办公室。

案例评点

上述案例是根据真实事件改编的，只不过略去了真人真名而已。在本案例中，该总经理曾伟把一线员工叫到办公室狠骂一通，这是不对的。

正如一位诗人曾说的那样："上行下效，法令的领地，永远比不上统治者的一言一行。"这句的意思是，作为企业领导者，绝对不应该把权力看得过重，在企业经营中，影响下属岗位效率主要靠自己的影响力，而非权力。

其实，这个道理就像一个故事中描写的那样："在某地的一个山崖上，一只小岩羊爬到一处绝壁上，其崖下有一匹雪豹经过。小岩羊以为自己身居高位，雪豹奈何不了它，便骂道：'你这傻瓜，笨豹子。'雪豹于是停下来说：'你这胆小鬼，骂我的并不是你，而是你现在所站的位置。'"

从这个小故事中我们可以看到，作为领导者，尤其是那些升迁快速的领导者，难免会因自命不凡而盛气凌人。像上述总经理曾伟那样喜欢如此数落下属、自抬身价的领导者也不在少数。下属们尽管表面上不敢吭声，但并不意味着就要任其辱骂。

领导者辱骂下属，势必会降低员工的工作满意度。对此，霍尼韦尔国际公司前任总裁兼CEO拉里·博西迪在接受《哈佛商业评论》采访时告诫企业家："领导者的行为将决定下属的行为，一旦理解了什么是管理软件，你就会发现，那些根本没有融入企业日常运营当中去的领导者根本不能对一个公司的文化产生决定性的影响。"

正如杰克·韦尔奇所说的那样："一家公司的文化是由这家公司领导者的行为所决定的。领导者所表现或容忍的行为将决定其他人的行为。所以改变领导者的行为方式是改变整个企业行为方式的最有效的手段。而衡量一个企业文化变革的最有效尺度就是该企业领导者行为和企业业绩的变化。"

不管是拉里·博西迪，还是杰克·韦尔奇，都在强调领导者行为能够影响整个企业的行为。对于大多数中小企业来讲，这样的善意提醒，可免领导者，特别是企业老板走弯路。

实战技巧

众所周知，对于任何一个企业领导者，特别是企业老板来说，领导特质的卓越与否将决定他是否能够成功领导下属。为此，企业领导者，特别是企业老板在领导下属的过程中，不断地运用他的特质来影响下属，是成为伟大领导者的必备条件。约翰·马克斯韦尔在《领导力 21 法则》一书里提到了特质对于企业领导者，特别是企业老板的重要性。他说："一个领袖如何在群体中成为真正的领袖呢？我在'过程法则'那一章中已经解释过，企业老板的领导力并非一朝一夕产生的。同时，人们也不会在一夜之间就把你当作领袖。在时间的考验下，领袖生命中的 7 个特质会显露出来，这些特质让企业老板出类拔萃，与众不同。"

约翰·马克斯韦尔的论述不仅强调了领导特质的重要性，也强调了领导特质对于企业领导者，特别是企业老板带领团队乘风破浪的影响力有着不可或缺的作用。所以，企业领导者，特别是企业老板的伟大领导力需要具备哪些特质呢？在《领导力 21 法则》一书中，约翰·C.马克斯维尔重点讲到，伟大领导力需要如下 7 种特质，见表 28-1。

表 28-1　伟大领导力所需的 7 种特质

法则	具体表现
（1）品格——他的本质	诚然，真正的领导力始于内心。像沃尔玛连锁经营创始人山姆·沃尔顿这样的企业老板在企业管理中非常重视对员工的尊重，随着年岁的增长，吸引越来越多的部属追随他，因为人们能够感受到他品格的魅力。
（2）关系——他都结交些什么人	在任何一个企业中，哪怕是在最小的作坊式家族企业中，没有下属的话，这样的企业老板不能算作真正意义上的领袖，因为这样的老板缺乏追随者。当然，对于企业老板而言，不仅需要缔造老板与员工的人际关系，还要激发下属愿意追随你的激情。关系越深厚，企业老板的潜力就越稳固。每当企业进入一个新的阶段时，企业老板首要的任务就是建立关系，能够建立正确、美好的人际关系，有朝一日才有机会成为真正的领袖。
（3）知识——他懂得多少	仅仅有知识还不能使人成为领袖，缺乏知识也成不了领袖。在创业过程中，创始人就应该做好各种准备。
（4）直觉——他感受到什么	老板不仅需要会运用资讯，还包括处理许多无法捉摸的因素。在"自觉法则"那一章我们会进一步讨论。
（5）经验——他曾经走过什么路	你在过去经历的挑战越大，你的跟随者就越可能信任你。经验本身不能保证你的可信度，然而，这些经验会鼓励他们给你机会来证明你的能力。
（6）过去的成就——他曾经实现过什么目标	优秀的老板最能抓住跟随者的心。当一个人第一次当领导者时，并没有任何辉煌纪录，无法借助于以往的成就使大家信任他。但是，当他第二次当领导者时，身边就有了一些成功的纪录。每次当他跨出先前的成就去尝试新事物而有所成就的时候，跟随者就又增加了一项理由来相信他的领导能力，并更听从他的意见。
（7）能力——他能够做什么	跟随者最关心的，莫过于一个老板能领导他们作出什么。人们最终听从并肯定你做他们的老板，是因为你有能力领导他们做成事情。如果有一天他们不再相信你有这个能力，他们就不再听从你了。

资料来源：约翰·C.马克思维尔著，路本福译：《领导力 21 法则：追随这些法则，人们就会追随你》，文汇出版社 2017 年版。

　　诚然，企业领导者，特别是企业老板的领导特质决定他的领导风格，以及他能否胜任企业领导者这份工作。《商业周刊》做过一个调查，结果显示，世界 500 强企业中有 99％的 CEO 能够获得成功就是取决于他们的领导特质。为此，企业领导者，特别是企业老板应在领导下属的过程中善用他们的特质，因为特质是领导者，特别是企业老板取得成功的关键。

第四部分

管理效率失语

　　大家非常热衷于去学习那些国外的标杆公司。20 世纪 90 年代最火爆的是 IBM 的郭士纳,大家都学郭士纳。……然后是学杰克·韦尔奇,韦尔奇在什么公司? 他是 GE 公司第 N 任 CEO。GE 公司是当年爱迪生创立的公司,几乎是全世界制度、体系、流程最完善但也最复杂、最烦琐的公司,所以韦尔奇就强调一定要让 GE 想办法恢复小公司的灵活性,强调简洁(simplicity)、速度(speed)、自信(self-confidence),即所谓 3S 战略。

　　大多数中国企业,中小企业、民营企业,你的制度、体系、流程是太多还是太少? 太少你去学 GE,学韦尔奇,你就学反了,南辕北辙了。比如你现在营养过剩,吃东西特别讲究定量、体形、塑型,而非洲那边是几个礼拜、几个月都没吃一顿饱饭,如果你过去跟非洲人讲要多吃蔬菜,最好是野菜,可能人家就完全无法理解你。

　　学乔布斯,又是新时髦,人人都要做产品经理,一把手首先必须是产品经理,这完全是不行的。一把手去做一线的工作,做自己下属的工作,甚至下属的下属的工作,某种意义上,是一种自私,甚至是一种腐败,就好比我给你 1000 万的年薪,你却去做年薪 100 万,甚至年薪 10 万的工作内容,这可不是腐败吗?乔布斯做产品经理,至少具备三个前提条件:第一,有个极度发达的职业经理人市场,有无数个像库克这样的人帮他把握大局,而你不一定有;第二,乔布斯确实在产品方面有过人的见识,别人没有他厉害;第三,乔布斯自己冲到前面去,一定要跟指挥链打招呼。你如果没有满足这三个条件,你去学乔布斯,那就是笑话。

——领教工坊联合创始人暨学术委员会主席　肖知兴

错误 29　习惯拖延时间

每个人都有许多"紧急事"和"重要事",想把每件事都做到最好是不切实际的。建议大家把"必须做的事"和"尽量做的事"分开,"必须做的事"要做到最好,"尽量做的事"尽力而为即可。懂得用良好的态度和宽广的胸怀接受那些暂时不能改变的事情,多关注那些你能够改变的事情。此外,还要注意生物钟的运行规律,按时作息,劳逸结合,这样才能在学习时有最好的状态。

——李开复

情景再现

2012 年 4 月 5 日清晨,北京 S 公司销售总监张丰忽然想起部门年度预算还没有做。

于是他决定早点到办公室着手草拟下年度的部门预算。然而,北京的交通拥堵让张丰有些发怵,特别是周一。但由于张丰提前出发,还是非常准时在 9 点整赶到了公司。

到公司后,张丰却不立刻着手预算的草拟工作,而是突然想到集团公司总经理明天要来分公司视察工作,最紧要的事情是尽快将办公桌,以及办公室的卫生打扫一遍,同时把办公桌上凌乱的文件整理一下。而打扫办公室和整理文件总共花了张丰 30 分钟的时间。

尽管已经到了 9 点半,张丰依然没有按原定计划于 9 点开始着手处理部门年度预算的工作。在张丰看来,30 分钟的清理工作已获得显然可见的成效,不仅有利于以后工作效率的提高,还能随时恭候集团公司总经理的视察。想到这儿,张丰更是得意起来,随手拿出了产于贵州省凤冈县的锌硒茶。此时,报纸上一条醒目的新闻标题吸引了张丰。于是,张丰不由自主地看完了这份报纸。等张丰把报纸放回报架,此刻,已经上午 10 点钟了。

看报花了张丰半小时,尽管没有着手部门年度预算,但是张丰认为,到中午 12 点下班还有两个小时。再说了,看报纸是沟通媒体,以及了解产品需求的一个重要工作。作为企业销售总监,看报是必须的,上午不看,下午或晚上肯定会补看的。

当一切就绪时,张丰着手开始做部门年度预算。但 10 点零 5 分时,顾客的投诉电话打断了张丰的部门年度预算工作。

面对顾客的投诉电话,张丰非常重视,先是了解情况,而后用非常专业的客户流程处理了客户的投诉。这个过程,又花了张丰 25 分钟的时间。

处理完顾客的投诉,张丰想起分公司总经理爱喝产于贵州省凤冈县的锌硒茶,于是沏了一杯锌硒茶放到分公司总经理的办公桌上。

在回办公室途中,人力资源部总监刘雯雯和总经理助理李潇潇闻到锌硒茶香醇的香味,主动到张丰办公室分享锌硒茶。张丰心里想,预算的草拟是一件颇费心思的工作,于是请人力资源部总监刘雯雯和总经理助理李潇潇帮自己想想部门年度预算的事情。当人力资源部总监刘雯雯和总经理助理李潇潇喝完锌硒茶回到她们各自的办公室后,张丰果然有了部门年度预算的大概思路。

可是,张丰一看表,此刻已经是上午 10 点 45 分,离 11 点的部门联席会议只剩下一刻钟。张丰明白:在一刻钟内是不可能做好部门年度预算的,不如干脆把草拟预算的工作留到明天算了。

案例评点

读完张丰的这个案例,你是不是会觉得:作为销售总监,怎么可以那样拖沓?其实,这是一个真实的事情,这是我在北京 S 公司亲眼见到的。

可以肯定地说,这绝对不是简单个案,而是企业中诸多领导者的一个代表。那么为什么会有这样拖拉的事情发生呢?研究发现,导致这些领导者拖延作风的事因大致有四,见表 29-1。

表 29-1　导致领导者拖延的 4 个原因

序号	原因
(1)	时间往往很充裕
(2)	缺乏"日事日清,日清日高"的意识
(3)	凡事等到眼前再做
(4)	重大决策过于谨慎

从表 29-1 可以看出,凡事拖延的领导者,主要是没有把工作当日做好,许多领导者都因无法避免张丰那样的拖延恶习,以致到头来一事无成。我们来一个真实的案例。

李文强,是 G 药厂质量监督部门的技术总监,从大学毕业后被分配到 G 厂以来工作都勤勤恳恳、兢兢业业,深得厂长余勇的赏识。

据余勇介绍,李文强不仅工作兢兢业业,还谨慎认真,曾多次发现 G 药厂生产的药品质量问题。在检验环节,李文强都坚持严格的产品检验流程,这为 G 厂药品免于质量问题起了很大作用。因此,G 药厂的生产规模日益扩大,市场份额也越来越大,G 药厂的效益也随之增长。当然,李文强的工作量也越来越大。

尽管坚持严格的产品检验流程,但还是有一批 G 药厂的新感冒药在经审核投放市场后,不断有部分消费者反映服用该药后出现不适反应。

当这些投诉信息传达到厂长办公室后,余勇把这个任务交给了李文强,让李文强尽快查明服用该感冒药后出现不适反应的真正原因,并采取相应措施,给消费者一个答复。

李文强接到该任务后,并没有太放在心上。他认为,既然该感冒药已经通过了双重检查,出现问题的概率应该很小,出现部分不良反应属于正常现象。

于是,李文强忙着先做手头上其他重要的事情。

让李文强没想到的是,该感冒药事件经过两天的发酵后,问题越来越严重,甚至出现不良反应的人也越来越多。

这件事被北京某报头版头条刊登后,一时间就有很多人大规模投诉该药厂。短短的一周内,该厂感冒药事件闹得沸沸扬扬,药厂声誉一落千丈。

厂长余勇亲自带头调查此事,当他得知是李文强没有及时处理这件事导致事件发酵之后,余勇召开公司高层会议,在会议上严厉地批评了李文强,并同时免去了李文强技术总监的职务,还决定扣发李文强当年的奖金。

李文强不知道,余勇把感冒药任务交给他,主要是为了锻炼他,打算将来提拔他当副厂长,没想到结果却变成了李文强的技术总监职务被免去。

在本案例中,李文强由于拖延,不仅失去了被提拔为副厂长的机会,还被免职了。如果他重视及时处理工作,也不会出现被免职的局面。

李文强的悲剧警示我们每一个领导者,拖延不仅是一种消极对待工作的心态,而且还会阻碍企业的发展。有些工作一旦拖延,甚至会演变成企业的危机,往往会使解决问题的难度增加一百倍。

可见,拖延不是一种无所谓的耽搁,它足以毁掉一个人,甚至一个公司的前程。虽然李文强平时工作表现非常好,但这并不能弥补他一时工作拖延所造成的严重后果。李文强的拖延不仅毁了自己,而且也毁了整个药厂苦心经营多年的品牌信誉。

实战技巧

在很多场合下,办事拖拉是很多中国企业领导者常见的毛病。作为领导者,必须养成随手处理事情的习惯,不能总是依赖着明日。就像古语所言:"明日复明日,明日何其多。我生待明日,万事成蹉跎。"所以,领导者应该经常抱着"必须把握今日去做完它,一点也不可懒惰"的想法去努力才行,避免像李文强那样的拖拉给自己和药厂带来的巨大损失。

可能读者会问:既然拖拉那么严重,有什么方法可以克服拖延吗?答案当然是有的,方法有以下 3 种,见表 29-2。

表 29-2　克服拖延的 3 种方法

方法	具体内容
(1)各个击破	当领导者在拖延某项工作时,一般可以采取各个击破的方法。需要提醒的是,当领导者用各个击破法时,必须注意以下两点:第一,每一个步骤都尽可能简单,且每一个步骤都必须在几分钟之内将工作任务处理完毕;第二,每个任务步骤都必须以书面方式列明。
(2)平衡表法	平衡表法是一种书面分析法。一般的,领导者将一页纸分为左右两个部分,将为什么拖延的借口写在左边;而将办妥拖延的事情的潜在好处写在纸的右边。从而让爱拖延的领导者不得不面对现实,拒绝拖延。
(3)思维方式改变法	领导者爱拖延,其实质就是深植于内心的一种思维方式所造成的结果。因此,就必须摒弃僵化的思维方式。如果领导者存在拖延的思维意识时,就必须摒弃这样的思维,告诉自己必须当日完成任务。这样拖延的毛病就可得到根治。

错误 30　工作没有计划

> 许多管理者常常以没有时间作为不做计划的借口。这种借口是难以成立的，因为越不做计划的人将越没有时间，更何况花时间做计划无异于投资时间以节省时间，这本来就是一种明智的举措。
>
> ——汪洋

情景再现

张大清在担任德威公司总裁期间，曾大刀阔斧地变革，在流程管理和工作计划管理方面下了很大的功夫。

面对各种阻力，张大清向北京华夏管理咨询公司的首席顾问汪洋求援："请告诉我如何能在办公时间内做好更多的事情，我将支付给您非常满意的咨询费。"

一周后，汪洋针对张大清的工作习惯，制定了一个非常完善的工作流程清单。汪洋对张大清说："从现在起，列出您认为明天必须做的最重要的各项工作，并按重要性的次序加以编排。将重要的事项列到最前面。明天您上班后，第一件事情就是先从最重要的那一项工作做起，当做完该项工作后,根据昨天工作计划的次序,选择做第二项重要的工作。当做完第二项重要工作后,按照工作计划次序,再开始做第三项重要的工作……"

张大清问汪洋:"如果一项重要工作花掉我一天的工作时间,怎么办?"

汪洋继续说:"倘若任何一项重要工作花掉您整天的时间,也不用担心。只要确定您做的工作是最重要的,就必须坚持做下去,直到做好。"

半年后,张大清高兴地支付给汪洋一张面额 12 万元的支票。事后,张大清的合作者曾问及此事。

张大清的回答是:"这是计划管理,很重要。"

经过汪洋的指点,张大清与他的部属才开始养成"先做重要的事"的习惯,这使得德威公司后来能够跃升为某省比较大的企业。

案例评点

对于领导者来说,在工作及其管理过程中有着科学、合理的计划,的确是一件非常重要的事情。事实上,一个领导者有无作为,主要看他会不会制订计划。一个企业能否生存和发展,主要看该企业领导者会不会制订科学、合理的计划;一个企业有无高效率,也要看企业领导者会不会制订科学、合理的计划。

事实证明,在实际的企业管理中,领导者的工作计划制订得科学、合理,领导者的工作效率相应也就有保障,相反,如果工作计划制订得不科学、不合理,工作效率也就必定低下。

一般的,企业领导者在工作及其管理中无计划是常有的事情,其表现有以下 5 个特征,见表 30-1。

表 30-1　工作及其管理无计划的 5 个表现

序号	具体表现
(1)	领导者周一到周末都很忙,而且还不明白自己在忙些什么。
(2)	领导者在很多时候往往是该做的工作没有做,造成了不必要的延误,而做的那一大堆工作,事后发现都不是很必要的。

续表

序号	具体表现
（3）	领导者对自己的工作任务没有进行分级管理,结果总是捡了芝麻丢了西瓜。
（4）	领导者不会授权,也不会在位监控。在很多时候,领导者通常是要么乱授权,如果下属乱套了,就亲自处理;要么是不授权,什么事都亲力亲为,心力交瘁却并不讨好。
（5）	领导者不会妥善进行时间安排,也不反思自己的时间管理出现的问题在哪儿。

从表 30-1 可以看出,在很多时候,工作及其管理有计划可以帮助领导者有条不紊地处理应该处理的事情,而不会手忙脚乱。没有条理的领导者,将无法很好地进行学习和工作。在经营管理中,没有条理、没有计划的领导者会比懂得制订科学、合理计划的领导者管理得更辛苦,而且还无法将企业做强做大。

2011 年上半年,某连锁店提前三天约一个培训师去授课。由于该培训师的日程早已排定,只好婉拒。

一周后,该企业培训经理又给该培训师打电话,说讲课定在下月 10 号,请该培训师务必留出时间。该培训师看到企业如此看得起他,就答应下来,并告知助理预留时间。

后来有别的企业预约下月 10 号的课,该培训师的助理都推掉了。

距离讲课还有三天时间,企业培训经理又给该培训师打电话说:"10 号有上级领导下来视察,讲课时间还得再往后移。"

不得已,该培训师只好答应了。这就是计划不周带来的后果。

其实,与这家企业类似的情形该培训师也碰到过几次了,早就定好的培训计划,往往事到临头,因领导视察、客户参观、外宾来访就给取消或推迟了。甚至在课堂上,听课人员被中途叫走去迎接上级检查的事也有发生。这样的案例比比皆是。

为什么很多企业经营不善? 主要是很多领导者不善于制订计划。因此,如果一个领导者缺乏制订计划的能力,无论从事哪一行都不可能取得优异的成绩。

事实上，善于制定计划对于一个领导者来说，不仅是提升企业盈利水平的重要因素，也反映了他的工作及管理能力，也是他取得成就的重要因素。

实战技巧

在很多分公司中，领导者大多具有很大的自主性。在这样的情况下，制订科学、合理的工作及管理计划就显得非常重要，特别是那些最有价值的工作。因此，作为领导者，一定要清楚，什么工作是必须快速完成的，什么工作能帮助实现更大的销售目标，什么工作即使解决了也不会对未来的业绩提升产生多大的影响。

在日常企业管理中，领导者不仅要激发员工的工作激情，同时还必须激活整个团队，这对领导和管理整个销售团队来说非常重要。在企业经营中，员工在销售一线，面对的是顾客，他们的工作态度直接影响着企业的销售业绩。

在很多企业中，我们经常看到这样的情况：一些领导者在上班后忙忙碌碌，甚至每天加班，还是不能圆满地完成任务；而一些领导者提前做好了计划，合理地安排了自己的时间，管理工作完成得又快又好。无法完成工作的领导者，并不是工作不努力，而是没有掌握提高工作效率的正确方法，在无意中浪费了宝贵的时间。

的确，在实际企业经营中，很多领导者尽管绝大部分时间都是在工作，但并不代表他们的工作效率就有所提升，相反，可能他们的工作效率是越来越低。那么，对于领导者而言，如何在有限的工作时间内将所有预定的工作井井有条地全部完成呢？

如果领导者总觉得有许多忙不完的工作，还需要经常加班加点，结果还是遗忘了某些重要的事情，那么该领导者的管理仍然是低效率的。没有工作效率的领导者绝不会是一个合格的领导者。因为，优秀领导者就是每天做最有价值的工作。

对此，业内专家指出，领导者要成为一名合格的领导者，四象限时间管理法值得参考。

时间"四象限"法是目前很时髦的一种时间管理理论,"四象限"法是美国的管理学家斯蒂芬·科维(Stephen R.Covey)提出的一个时间管理的理论,把工作按照重要和紧急两个不同的程度进行划分,基本上可以分为四个"象限":既紧急又重要(如客户投诉、即将到期的任务、财务危机等)、重要但不紧急(如建立人际关系、人员培训、制定防范措施等)、紧急但不重要(如电话铃声、不速之客、部门会议等)、既不紧急也不重要(如上网、闲谈、邮件、写博客等)。

当然,重要、紧急的事马上做,例如处理客户投诉、处理服务器故障等突发性问题,尽量在最短最快的时间内完成这些事情。

其次是做重要而不紧急的事,这一类的事情影响深远,例如学习新知识、新技能等,这类事情的效益是中长期的,科维提出的时间管理理论的重点是把主要的精力和时间集中放在处理重要但不紧急的工作上。

当然,"四象限"法与美国第 34 任总统德怀特·戴维·艾森豪威尔(Dwight David Eisenhower)的"十字时间计划"有很多相同之处,见图 30-1。

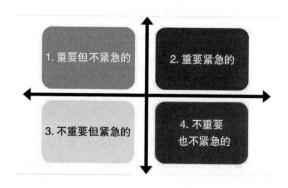

图 30-1　艾森豪威尔的"十字时间计划"

从图 30-1 可以看出,在艾森豪威尔的"十字时间计划"中,把自己要做的事都放进去,先做重要而紧急那一象限中的事。这样一来,工作生活效率就大大提高了。

在实际的企业经营中,领导者同样可以借鉴"四象限"法或者艾森豪威尔的"十字时间计划"。领导者根据自己所做事情的重要程度将事情分为重要与不重要两类,同时根据事情的紧急程度把事情分为紧急与不紧急两类,这样就可以构成四个象限:第一象限重要而紧急;第二象限重要而不紧急;第三象限紧急而不重要;第四象限既不紧急也不重要。

　　对于第一象限重要而紧急的事情,领导者要优先予以安排,确保这些事情能够在第一时间完成,不过若是领导者每天完成的工作中有 50％以上都是重要而紧急的话,领导者就得注意了,这其实就意味着领导者事先预防工作做得很差,所以才导致领导者疲于奔命。因此,领导者把时间优先使用于紧急而重要的事情上是正确的,但若是天天都在疲于应付紧急而重要的事情,除非领导者天天担任的就是一个扶大厦于将倾的伟大角色,否则的话,一定是自己的前瞻性不够才导致如此被动,或者是自己工作拖拉,比如老板周一安排的工作要求周五完成,结果自己以为还早,周一、周二、周三都耗费在其他不重要的事情上了,周四才开始执行这个任务,结果周四中午老板就催个不停,这样就让一件重要而不紧急的事情变成一件紧急而重要的事情了,最后是吃力还不讨好。

错误 31　没有合理分配工作给下属

> 可以这样说，领导者没有良好的分派工作的能力，就好像一个人缺了两条腿，企业的发展当然举步维艰了。
>
> ——比尔·盖茨

情景再现

位于北京中关村的××商贸公司，在经历了高速发展之后却突然回落。而××商贸公司总经理刘大海经过认真分析，问题就出在××商贸公司销售总监胡冰身上。

在胡冰的销售策略中，他只要把销售指标下达给一线销售员便没事了。胡冰给每位销售员都定下了每月 150 万元的任务，其他的事情一概不管，反正完成了有奖金，完不成要扣工资。

销售员为了完成销售任务，为了拿到更多的奖金，渐渐开始明争暗斗，甚至在客户面前互相攻击。为了抢到客户，销售员之间甚至竞相压价，导致××商贸公司的信誉非常差，销售额逐渐下降。

当刘大海知道真正的问题后，果断地以销售业绩不佳的理由免去了胡冰的销售总监职务，并马上宣布销售总监由海龙门市经理郝雯雯接任。

郝雯雯上任后,马不停蹄地向销售员下达了自己的一套措施。她将 10 个销售员分成四组,能力强的一个人带能力弱一些的两个人为一组,能力适中的两个人为一组。

郝雯雯为了避免销售员之间互抢客户,就把××商贸公司的目标市场分成东西南北四块,每一个小组负责一块,然后下达了××商贸公司整个的销售任务。郝雯雯的销售策略见效很快,××商贸公司当月的销售额就突破了 1800 万元。

当销售局面打开后,郝雯雯根据东西南北四个目标市场的销售潜力,又分别为四个小组订立了新任务,并制定了新的激励措施,如果单组实现了销售总目标,该组每个销售员可分得销售总利润8%的奖金;如果四个小组的分目标都实现了,每个销售员可获得销售总利润2%的奖金。

郝雯雯就这样将销售任务细化分派下去,销售员之间不抢客户了,也不竞相压价了。让郝雯雯没有想到的是,新激励措施实施后,销售员之间更加团结了,第二月××商贸公司的销售额就突破了 2460 万元,整个销售部门皆大欢喜。

案例评点

作为领导者,不仅要懂得清晰地、有条理地为下属分派工作,还要时时监控下属工作任务的完成进度。商学院教授甚至认为,领导者没有良好的分派工作的能力,就好像一个人缺了一条腿,会严重地影响企业的发展壮大。

在很多企业家论坛上,一些企业家就多次提及领导者清晰地、有条理地给下属科学分派工作的重要性。在"家族企业长盛不衰的秘诀"培训课上,我就向学员们传递了科学分派工作的重要性:"领导者盲目给下属分派任务就好像在茫茫大海中,远远的小船找不到灯塔而四处瞎撞。"

在上述案例中我们不难看出,同样一家公司、同样的 10 个销售员,销售同样一个产品,只不过是两个不同的销售总监,他们取得的销售业绩可以说是天壤之别。因此,领导者妥善地给下属分派工作有利于提高工作效率,从而创造出更大的价值。

从上述案例可以得知,作为领导者,分派工作是自己带领下属把企业做强做大的一个重要组成部分,而且还是领导力的一个具体体现。

在实际的管理中,如果领导者给下属分派工作不科学、不合理,往往容易导致员工之间,或者员工对领导者的极大不满,甚至会导致员工产生很强的抵触情绪。还有可能由于领导者分派的任务不合理而导致所有员工对领导者的分派不当产生反抗和不满心理,这样就更加激化了员工与领导者之间的矛盾。因此,领导者在给下属分派工作时必须清晰、有条理。

实战技巧

在实际的管理中,有些领导者认为,给下属分派工作没有什么技术含量,把任务分给下属就行了。殊不知,看上去非常简单的给下属分派工作,却与员工对工作的态度有着重大的关系,在领导者给下属分派工作时绝对不能忽视这个问题。

其实,给下属分派工作,也是很考验领导者的,如果工作分派适当就会取得预期的效果;如果分派不当,则祸害无穷。

这就要求领导者必须充分认识到妥善分派工作、协调关系的重要性。可能读者会问:作为领导者,如何才能做到把任务公正、有效地分派给员工呢?研究发现,企业领导者在分派工作时应遵循下面 6 条原则,见表 31-1。

表 31-1　分派工作时应遵循的 6 条原则

序号	原则
(1)	取长补短,量才而用。
(2)	独挑大梁全无必要。
(3)	灵活分派任务。
(4)	把简单的工作交给员工。
(5)	权力适当下放。
(6)	明确提出要求。

错误 32　经常失约或迟到

不要以为约会迟到只是一件稀松平常的事,更不要以为它不足以产生严重的不良后果。事实上,在"守时"被视同美德的社会里,"迟到"是一种难以令人接受的恶习。

——金易

情景再现

由于给很多中小企业领导者讲《传统企业到底该如何转型》的课,所以经常遇到很多中小企业领导者不能准时来听课的情况。

其实,对企业领导者来说,守时不仅是一种素质,更是对合作者的尊重,甚至有些企业领导者因为不守时而失去了很多合作的机会。

在"传统企业到底该如何转型"的培训课上,德威公司总经理张大清就分享了他的一个真实故事。

张大清一贯准时,在他看来,不守时是一种难以宽恕的罪恶。有一次,张大清与一个请求他帮忙的中小企业领导者刘伟约好,刘伟周四早晨 10 点到张大清办公室里来,等张大清开完早会后,再陪刘伟驱车前去拜访 K 集团公司董事长,帮刘伟谈一宗很大的购销买卖。

周四如期而至,等刘伟赶到张大请办公室,已经比约定的时间晚了 30 分钟,其间刘伟也没有打电话向张大清说明情况。

基于此,张大清以为刘伟取消了约定,就打电话告知 K 集团公司董事长取消约谈的事情。当刘伟赶到张大清办公室时,张大清已经离开了办公室,去参加另外一个非常重要的会议了。

过了几天,刘伟再次敲开张大清办公室的门,张大清问刘伟周四为什么失约。

刘伟回答说:"张总,周四我是 10 点 30 分来的。"

"约定的时间是 10 点,我没记错的话。"张大清提醒刘伟。

刘伟支吾着说:"张总,迟到 30 分钟,问题应该不是太大吧?"

张大清非常严肃地对刘伟说:"刘总,谁说没有关系?你要知道,准时赴约是件极紧要的事情。就此事来说,由于你没有准时,就错过了你期望的订单,因为就在那一天,K 集团公司董事长已和另外一个人签约了。"

案例评点

很多时候,一些领导者认为迟到几分钟,甚至一个小时都没事。其实,这些领导者不知道,迟到和失约是经营管理中的大忌。这不但会暴露出领导者没有时间观念和责任感,甚至还会引发员工们的集体仿效,使得工作效率无法提升。

众所周知,迟到就是在规定或者约定的时间(准确说是时刻)之前没有到达指定地点。研究发现,导致一个人失约,或者约会迟到的理由大概有以下 7 种,见表 32-1。

表 32-1　迟到的 6 种原因

序号	原因
（1）	缺乏守时的意识。
（2）	认为过早到达约会地点无所事事。
（3）	对时间的敏感性及判断力不够。
（4）	处事缺乏条理而延误时间。
（5）	对约会的对象不尊重。
（6）	视不守时为洒脱。
（7）	以约会迟到作为显示权威或身份的手段。

实战技巧

作为领导者，如果认为失约或者迟到只是一件非常平常的事情，那就大错特错了。

在准时、守时被视同美德的社会里，迟到是一种难以令人接受的恶习。迟到或失约将会导致一些连锁反应，甚至会产生严重的不良后果。因此，作为领导者，以下 10 种拒绝迟到的观念值得学习，见表 32-2。

表 32-2　拒绝迟到的 10 种观念

序号	观念
（1）	领导者将约会视同契约。如果失约或迟到，即视同一种违约行为。
（2）	领导者每一次约好见面的时间和地点后，必须考虑失约或迟到对公司形象及业务所可能产生的不利影响。
（3）	领导者随时做好可能迟到的准备，这样才可能提前出发。如果担心早到无所事事，可以随身携带一些书籍或有待处理的文件先到约会场地附近的咖啡厅之类的场所去等待。
（4）	领导者在约会时应尽可能避免约定切的时间，例如把约会时间定为三点前后或是两点三刻与三点一刻之间，绝对不要说三点整这样，可为自己预留灵活的时间。

续表

序号	观念
（5）	领导者在约会时尽可能避免将约会地点确定在某些建筑物或某标示物之前，这样约会者无法作出其他选择等候。
（6）	领导者预计即将迟到，应尽早致电通知约会者，并表示歉意。
（7）	领导者应对工作次序表应做科学合理的安排，避免在某一项工作中多花时间导致延误约会的时间。
（8）	领导者应事先熟悉约会地点周围的环境。
（9）	领导者应极力避免第二次约会迟到。如果领导者与合作者约会时已经迟到过一次，第二次约会时一定要准时到达，以免被对方认为你是不守信用的人。
（10）	领导者可以请秘书或助手提醒自己约会事宜，或是利用闹钟、闹表做自我提醒。

错误 33　会议召开太频繁

> 彼得·德鲁克认为,如果没有办法做到富有成效,那么开会纯粹就是浪费时间。泛滥成灾的低效会议会干扰员工的工作安排,员工会感觉管理者不把他们的时间当时间。公司的层级越多,信息流动和决策速度就越慢,因此领导者在精简组织的同时,也要重视会议的效率。
>
> ——李开复

情景再现

"开会了,开会了,各部门经理马上到六层会议室开会了。"W 公司总经理助理万燕正推开每个办公室的门通知各部门经理开会。

"周老师,郭总让我通知部门经理有重要的会议在六层会议室召开,您是不是也去参加一下?"万燕敲开我临时办公室的门对我说。

"怎么又有重要的会议要开?昨天下午不是才开过重要的会议吗?"我向万燕打听。

万燕也不知道今天要开什么会议,所以抱歉地说:"实在对不起您,具体的我也不清楚。不过,周老师,昨天召开的是月度总结会议,今天的会议好像不是这个议题。具体的会议内容,您到六层会议室就知道了。"

"知道了,您先去通知其他部门经理,我随后去六层会议室。"我对万燕说。

老实说,W 公司开会也真够频繁的,我进 W 公司还不到两周,就已经参加过八次会议了。不到半个月,却有三分之一的时间都被 W 公司大大小小的会议占用了。

这样频繁的会议使得我的很多工作都没法开展,W 公司总经理郭虎坚持让我出席这次重大会议,我又必须到六层会议室去。

当我进入六层会议室时,各部门经理都跟我打招呼说:"周老师好。"我跟各部门经理一一打了招呼,然后坐到自己的位置上,万燕立即发给我一本今天的会议纲要。

我看了一下会议纲要,发现今天的会议内容跟很多部门经理都没有直接的关系。这其实仅仅算得上是部门会议,而不应当是一次全体会议。

会议结束后,我向总经理郭虎表达了对开会的态度:"郭总,在我进入 W 公司 13 天时间里,我参加了 9 次会议,其中会议纲要与我的工作内容相关的也只有两场,规定例会有 1 次。可以这样说,其实,我参加 3 次会议就可以了,我却参加了 9 次会议。我想其他部门经理更是如此。"

案例评点

在中国诸多企业中,许多领导者偏好将大大小小的问题放置在会议上来解决,这无疑增加了全体企业人员的会议时间和会议成本。

在上述案例中,在 13 天工作时间内,一共 11 人参加 9 次会议,这 11 人中,包括我、W 公司总经理郭虎,以及 9 个部门经理。以 W 公司部门经理平均年薪 15 万元计算,参加会议的人的总计工资支出是 165 万元。以每次会议 2 小时计算,也就是说 W 公司开会的时间占据了高层经理 1/4 的工作时间。W 公司全年不得不向 11 名高层经理支付 41.25 万元的会议薪酬。

从上述案例可以看出，作为领导者，聘请部门经理显然不是让部门经理来开会的，而是来为 W 公司解决问题的。

客观地说，W 公司的会议尽管多，但更多会议的企业也还有，有些企业甚至一天开两次会议（早晚各一次）。在这样的企业中，会议就像大山一样，压得公司全体人员都无法呼吸。

其实，各种各样的会议，无论是企业高层的会议，还是一线员工的会议；无论是正式的会议，还是非正式的会议；无论是动员会议，还是表彰会议……有些会议的召开其实没有必要，甚至还会增加企业的会务成本，降低企业的竞争力。然而，这样的会议仍然在召开着。

实战技巧

与低效率会议相对的就是高效会议，高效会议充分克服了导致会议效率不高的种种不利因素。许多企业的中高层经理都曾经坦言，他们所在公司老板给他们安排参加的会议竟然占去这些中高层经理日常工作时间的四分之一，甚至三分之一还要多。更令这些中高层经理惊诧的是，在占据四分之一，甚至三分之一还要多时间的会议中，竟然有近一半，甚至是一半以上的会议都存在非常明显的浪费。

从这些中高层经理面对会议的无奈可以看出，企业有必要提升会议效率，甚至是要根治公司领导者的"会议病"。而要做到这些，就必须要求领导者从企业战略的层面，从组织管理体系上解决会议频发、会议效率低下的问题。

可能有读者会问：作为领导者如何才能有效地提升会议效率呢？方法有以下几个，见表 33-1。

表 33-1　提升会议效率的 10 个方法

方法	具体内容
(1)充分的会前准备	要想提升会议效率,就必须精心准备需要召开的会议,即使对于非常紧急召开的临时会议,也是如此。
(2)找到取代会议的可行途径	在实际的很多会议中,有一部分会议是完全没有必要召开的。在筹备会议之前,应该先找到取代会议的可行途径。
(3)取消所有的例会	一般情况下,尽可能取消所有例会,将企业中必须要召开会议讨论的议案集中在卷宗内,等卷宗内的议案累积到一定数量再召开会议。当然,企业中非常重要且十分紧急要处理的议案,则必须尽早开会讨论。
(4)所有的会议都要获得上级批准才能召开	在一些部门中,部门经理往往喜欢开会,甚至早晚各一次。遇到这样的部门经理,就必须把需要召开的所有会议上报给上级领导者,获得上级批准后才可以召开。
(5)确立清晰的目标	召开会议之前,必须先确立清晰的目标,而且还可以将会议目标写在白板的醒目位置,并郑重提醒与会者牢记会议目标。如有必要,可以在会前向与会者详细解释会议目标的内容。如果与会人员不明白目标的准确指向,自然就会发生跑题的现象。
(6)只邀请有关人士参加	不管召开何种层级的会议,尽量只邀请有关人士参加。有些主管恐怕是为了表示公正或民主,一遇开会则让手下所有员工参加。
(7)选择适当的开会时间	开会时间应该选在与会人员有充分时间和精力的时段,而那些使与会人员没有心思参会及在会上讨论的时间显然就不是理想的会议时间。
(8)选择适当的开会场地	选择地点时应顾及该地点对完成会议目标是否容易、设备提供是否齐全、交通是否便利、场地大小是否适中等因素。
(9)让与会者熟悉议程及有关资料	议程及有关资料应先发给与会人,使他们能事先做必要的准备。
(10)对会议加以时间限制	应该对会议加以时间限制,并按每一个议案的重要程度分配适当的时间。可能的话,应限定出席会议的次数,只出席与自己有关的或是自己有所贡献的会议。

错误 34　文件满桌乱扔

> 让一个不富条理的人使用小型的办公桌,该办公桌肯定是杂乱无章的。但是让同一个人改用大型的办公桌,该办公桌也将照样是杂乱无章的。
>
> ——汪力成

情景再现

K 公司总经理李淡云和许多中国领导者一样,为了能记住及时处理文件,将它们摆在办公桌上,以便随时可以看到它们。可以预见,相当时日之后文件可能堆积如山。

2012 年 4 月 11 日,李淡云急着去和 R 公司谈判合作事宜,但在整理文件袋时发现少了一份关键的表格,这份表格是李淡云和 R 公司的产品价目单,没有产品价目单,李淡云今天的拜访计划就无法实现。

李淡云于是就叫助理严苓艳马上帮她再准备一份。然而,一刻钟过去了,严苓艳助理还在总经理办公室到处翻找,从李淡云的办公桌上、办公桌抽屉到文件柜,依然一无所获,更要命的是,李淡云和 R 公司约定出发的时间快到了,已经没有时间再等严苓艳慢慢地寻找了。

案例评点

在中国企业中,像上述案例中那样类似的情况并不少见。只要我们对企业各级领导者的办公桌稍加留意,便会发现这些办公桌大概都有一个共同特征:堆满了各种各样的文件。

可能有读者认为,造成领导者"文件满桌"的主要原因是办公桌太小。事实上,领导者办公桌摆放文件的杂乱程度与办公桌的大小没有丝毫的关系,只不过是领导者人为造成的。

领导者如果不讲条理、思维杂乱,那么就算给他一个大型会议室的办公桌,过不了几天,这个办公桌同样会变得杂乱无章。

从时间管理的角度来看,文件满桌也是一种病。笔者认为,造成领导者"文件满桌病"的原因,大致有以下 5 个,见表 34-1。

表 34-1　造成"文件满桌病"的 5 个原因

序号	原因
(1)	授权不足
(2)	犹豫不决
(3)	半途而废的工作习惯
(4)	故意纵容文件的堆积
(5)	担心遗忘文件的心理

实战技巧

在很多企业中,领导者文件满桌的现象其实是非常普遍的,究其原因,往往是由于授权不足、犹豫不决、半途而废的工作习惯、故意纵容文件的堆积、担心遗忘文件的心理所致。

于领导者而言,办公桌是一个非常重要的办公设备。一旦把各种各样的文件都堆积在办公桌上,那么领导者的工作效率也会受到影响。一方面,文件的大量堆积将妨碍领导者的正常工作;另外一方面,也极大地增加了领导者翻查文件的时间。

可能有读者会问:作为领导者,如何避免"文件满桌"呢? 方法有以下几个,见表34-2。

表34-2　避免"文件满桌"的 12 种方法

方法	具体内容
(1)充分发挥碎纸机的功能	领导者充分发挥碎纸机的功能,将没用的资料或文件尽量碎掉。
(2)绝不能将文件塞进抽屉	有些领导者为了使办公桌整洁而将桌上的全部文件,或者资料塞进抽屉中,或是堆积于茶几上,导致文件越堆越多。
(3)建立系统,便于文件储存、调阅	为了更好地避免"文件满桌",领导者就需要建立一套便于储存与调阅文件的处置系统。
(4)做到文件处理日清	领导者即使再忙,也必须做到文件处理日清。这样可以避免文件被拖延处理。
(5)每件物品放在固定位置	领导者在办公桌上,必须把每一件物品摆放在固定的位置。
(6)将最优先办理的文件放至办公桌的中央	在办公室时,领导者必须将最优先办理的文件摆在办公桌的中央,而将重要性次之的文件,放置在其他放文件的位置。
(7)绝不放置零星的装饰物	有些领导者喜欢把零星的装饰物——照片、纪念品等放置在办公室的重要位置。其实,这样做是非常不合理的。零星的装饰物不但占用办公桌空间,而且也容易令注意力分散。
(8)每天下班之前整理办公桌	领导者要养成每天下班之前整理办公桌的习惯,应将办公桌整理整洁,并将一些重要的文件码放整齐,便于查找。
(9)每种文件原则上只应处理一次	在很多时候,领导者在批阅文件时,除资料当作资料查看以外,每种文件在原则上只应处理一次。这就要求领导者应批复的文件马上批复,要研读的文件也必须尽快研读。这样做才能让文件及早离开领导者的办公桌。
(10)放权给助理处理例行性文件	在很多时候,可以放权给助理,让助理适当处理例行性文件,领导者只处理重要文件。对那些没有用处的文件(如宣传品之类),授权助手弃去,需要保留的但不必你过目的文件,让他们即刻直接归档,例行性的信函则由他们代为答复。
(11)要求下属在文件上标示重点	交代下属阅读外来文件,并要求他们在文件上标示要点。这些文件若需由你答复,则在文件上批示答复要点,让下属代为答复。可能的话,尽量以电话答复。
(12)书面报告附上封面	规定较冗长的书面报告应附以封面,封面上写明题目、编造日期、编造者及内容摘要。

错误 35　与秘书工作不协调

> 管理者与秘书必须聚在一起分析两个人的时间误区之间的关系,借以了解每一个人如何为对方制造时间陷阱,以及了解将来应采取哪些措施才能避免为对方制造时间陷阱。
>
> ——郭广昌

情景再现

M 公司是深圳一家中型民营公司,主营业务是"水、电、气三表抄送"系统及产品。

M 公司发展较快,特别是在 20 世纪 90 年代末,M 公司的技术优势、研发队伍、产品生产规模、市场占有率都名列华南地区同行业第一。

M 公司总经理吴炜就大胆提出,到 2005 年,M 公司要做到中国第一、世界第五的战略规划。然而,M 公司不但没有做到中国第一、世界第五的位置,反而从 2002 年年初开始,市场占有率就开始大幅度下跌,仅仅到 2004 年年底,公司的市场占有率已经降到华南倒数第五。

一个有着发展前景的公司为什么会大幅度倒退呢?究其原因就是 M

公司成立 5 年,M 公司大股东,也就是 M 公司董事长刘志远就辞退了九个总经理,用刘志远的话说——平均每半年换一个总经理。其实,频繁更换总经理的原因就是股东之间对 M 公司的未来发展意见不一致,以至于矛盾重重,股东撤股事件也是屡见不鲜。

M 公司董事长刘志远让自己的妹妹吴燕担任 M 公司董事长秘书兼财务部总监,而吴燕既不胜任秘书的工作,也不胜任财务总监的工作。吴燕不仅不会做账,反而把现金及银行账务搞得一团糟,账目和现金永远对不上,日清月结就更不用提了。

吴燕是刘志远的妹妹,M 公司总经理也没有办法。只要 M 公司的高管批评吴燕,吴燕肯定会去将此事禀报给她哥哥刘志远,然后一切事情就被"摆平"了。

M 公司研发部骨干因此而大量流失,主要的原因就是 M 公司在待遇、员工激励机制及管理上的种种做法让研发部骨干们十分不满,这些骨干离开之后进入了北京一家同行业企业,刘志远得知之后后悔不已,想用高薪请这些"叛逃者"们重新回公司,但响应者寥寥无几。

案例评点

在"家族企业长盛不衰的秘诀"培训课上,我问学员们对"秘书"的第一印象,大多数学员认为:第一,秘书肯定是一位女士;第二,秘书工作在一般企业中可有可无……

这其实是一个令人深感遗憾的看法。当然,这样的看法是不全面的,如果秘书在企业管理中可有可无,那就根本没有必要设置这个岗位了。为什么会有这种看法呢?其主要原因在于领导者没有正视秘书的作用。

其实,在许多企业领导者的意识中,秘书的工作就是接打电话、准备材料、接待访客等。不可否认,这些工作都属于秘书的职务范围,但领导者不清楚的是,秘书工作所能履行的与所应履行的工作权限并不只限于这一点。

对此,上海复星董事长郭广昌强调,"管理者与秘书必须聚在一起分析两个人的时间误区之间的关系,借以了解每一个人如何为对方制造时间陷阱,以及了解将来应采取哪些措施才能避免为对方制造时间陷阱"。

实战技巧

众所周知,秘书即是行政助理,该岗位职责具有处理办公事务的技能,在无领导者直接监督的情况下,足以承担责任,能运用自发力与判断力,以及在指定的权限内有能力制定决策。

当然,我国现今秘书的主要职责是协助领导者处理综合情况、调查研究、联系接待、办理文书和交办事项等。

由秘书的定义可以看出,通常秘书是领导者身边一名具有特殊身份的建议者。当然,其特殊身份主要体现在秘书与企业领导者的工作搭配上。所以,作为领导者,必须了解以下 20 个关于秘书的问题,见表 35-1。

表 35-1　领导者必须了解的 20 个关于秘书的问题

序号	问题
(1)	你的秘书是否了解你在组织里所担任的全部责任和活动范围? 她(他)是否了解你的个人目标和志愿,以及该目标和志愿怎样与公司的目标融合在一起?
(2)	你能否接连三四个星期都不到办公室去,但确信在这段时间内组织里的公事和你的私事都能获得尽责而迅速的处理?
(3)	她(他)是否帮你安排时间、协调约会事宜和工作程序,以及应付限期的要求,而全然没有滋扰到你? 她(他)本身是不是一位富有条理的人?
(4)	她(他)是否无须你提醒便能自觉地处理并追踪业务?
(5)	她(他)对待你的同事、客人和顾客是否谦恭有礼,且乐于协助? 他们对她(他)的评价好吗?
(6)	她(他)是否具有想象力和创造力? 她(他)能否提出原始的主意供你考虑? 她(他)是否倡议新的体系和新的办事程序?
(7)	她(他)是否聪慧? 她(他)是否主动处理困难的事?

续表

序号	问题
(8)	她(他)是否有效率地传递文件？她(他)能否催促你及早处理其他同事所等待的那些摆在你手上的文件，以及催促其他同事及早处理你所等待的那些摆在他们手上的文件？
(9)	她(他)的基本秘书技能(例如文件归档、速记和接听电话的礼貌等)是否无懈可击？
(10)	遇到困难时她(他)是否镇定？当工作处于紧张状态时，她(他)是否保持谅解与愉快的态度？当你因受压力而发脾气或丧失控制时，她(他)是否泰然自若，仍像往常一般继续工作？
(11)	她(他)对你是否绝对忠心和信赖？无论是公事上或私事上的秘密你都能托付她(他)吗？
(12)	她(他)是否博文广识并提醒你注意与你的公事及私事有关的出版物？
(13)	她(他)是不是一位能提供业务资料的人(即一位能为你收集你自己所不能或难以收集的资料的人)？
(14)	她(他)是否具有自求进步的计划？她(他)是否参加以管理为导向的课程或演讲？她(他)是否尝试进一步去了解你所服务的公司、你的工作、你的顾客，或是你所置身的行业？
(15)	她(他)是否善于表达？她(他)能否以口头或书面形式为你概括地陈述信息？她(他)是否知道你对某些政策或实务的见解，并能像你那样向别人表达它们？
(16)	她(他)是否完成每天的工作而不理会所占用的时间？必要时她(他)是否愿意在晚间或周末工作？
(17)	必要时她(他)是否像一般管理者那样将工作分摊出去？换句话说，她(他)能否将她(他)所未完成的工作从事授权、督导，并承担责任？她(他)能否协助你训练其他职员？
(18)	她(他)能否独立地代你处理日常工作而无须你操心？
(19)	她(他)能否代你追踪重要的日期，即你的上司、你的家庭，以及你的顾客所庆祝的日子(例如周年纪念日、生日、宗教节日、假期等)？
(20)	她(他)能否替你做基本的研究工作——例如为你搜集撰写报告用的资料，甚至为你草拟报告？

用无效激励手段
激励员工

关于激励:"获取分享制"应成为公司价值分配的基本理念,敢于开展非物质表彰,导向冲锋,激发员工活力,公司就一定会持续发展。

1.社会保障机制是基础,上面的"获取分享制"是一个个的发动机,合理规划劳动所得和资本所得,导向冲锋,公司就一定会持续发展。

我提出四个假设,你们来看是否正确。第一个假设:流程组织优化,在五年内是否会逐渐有进步?进步的标志就是人员减少,工作效率提高,利润增加。第二个假设:针尖战略是否将增加我们定价和议价的能力?第三个假设:3~5年内,有的竞争对手在衰退,我们的商业生态环境是否在改变?第四个假设:现在人力资源改革产生的动力,特别是分享机制形成以后,会不会提高生产力?如果这四个假设成立,就意味着利润会增加,我们可分配薪酬也就增加了。股东、劳动者收益分配要有合理比例。未来为华为创造价值,要承认资本的力量,但更主要是靠劳动者的力量,特别是在互联网时代,年轻人的作战能力提升很迅速。有了合理的资本或劳动分配比例、劳动者创造新价值这几点,那么分钱的方法就出来了——敢于涨工资。这样人力资源改革的胆子就大一些,底气就会足一些。

所有细胞都被激活,这个人就不会衰落。拿什么激活?血液就是薪酬制度。社会保障机制是基础,上面的"获取分享制"是一个个的发动机,两者确保以后,公司一定会持续发展。"先有鸡,才有蛋。"这就是我们的假设。因为我们对未来有信心,所以我们敢于先给予,再让他去创造价值。只要我们的激励是导向冲锋,将来一定会越来越厉害。

2.逐步实施岗位职级循环晋升,激发各单位争当先进。

第一,我们实际已有的薪酬标准就不要改变了,动的是个人职级。第二,以岗定级不能僵化。以后有少部分优秀人员,没岗位但允许有个人职级,要看重这些人有使命感、创造力。如果脱岗定级的问题现在找不到合适的方法来操作,就把优秀人员的岗位职级先调整了,然后他自己再去人岗匹配,程序还是不变,这个机制可以叫作"岗位职级循环晋升"。如原来20级的组织,其中做得优秀的那30%可以转到21级,每三年转一圈,做得好的才动。每年拿30%优秀部门来评价,如果明年这个岗位还在先进名单里,就更先进了,还要涨。落后的没涨,就会去争先进,争先进的最后结果,我们把钞票发出去了,而且主要发给优秀单位。实行全球P50标准工资的人员范围应该还要向下覆盖。若当公司出现危机时,不是一两百人就能够救公司的。具体如何操作,扩大到多大规模,我不知道。

3.差异化管理各类人员薪酬,激发员工的活力。

特殊专业人群可以采用特殊方式的用工和激励方式,如厨师可以拿提成制,多劳多得,抢着出单,才能促进服务质量的提高;法务、翻译等人群,可保留和激励自己的骨干作战队伍,也可以临时用社会上的资源,比如同声翻译,短期雇佣一次,表面上看起来会花不少钱,实际使用起来的总成本还是降低了;文字翻译,只要能及时交付翻译稿件,也可以在家里上班。建立这样的社会平台组织,我们自己的组织就缩小了。

海外薪酬福利管理要简单化,逐步走向像西方的市场化管理。已经实行全球P50高工资的人很多补贴要取消,要建立一个制约措施,不能让大家比赛浪费,过多的补贴不一定让战斗力增强,可能还是怠惰的,不是激励性的。若大家不愿意去利比亚、伊拉克等地区,可以提高特有的激励待遇体系,这是激励措施不是补贴。以前我们为了阿富汗能去18个人,采取各种全球化的限制方案,把整个组织都压得喘不过气来,现在的做法就是用阿富汗、伊拉克或新疆等地区的特有激励方案牵引大家去,别的体系则正常运作。

4.非物质激励就是要把英雄的盘子划大,敢于表彰,促使员工长期自我激励。

第一,非物质激励就是要把英雄的盘子划大,毛泽东说"遍地英雄下夕烟"。现在我们要把英雄先进比例保持在60%～70%,剩下30%～40%每年末位淘汰,走掉一部分。这样逼着大家前进。第二,敢于花点钱做一些典礼,发奖典礼上的精神激励,一定会有人记住的,这就是对他的长期自我激励。美军海军学院的毕业典礼很独特,在方尖塔上涂满猪油,让大家爬这个塔,大家一层层地攻,欢庆这个典礼。华为大学也要构思一个华为自己的典礼形式,不要总是扔帽子。

——华为创始人　任正非

错误 36　照搬照抄其他公司 成熟的激励制度

> 在实践的过程中切忌不假思索、盲目照搬照抄其他公司成功的激励制度，以免造成"画虎不成反类犬"的局面，给企业带来不良的后果。
>
> ——杰克·韦尔奇

情景再现

圣罗公司是贵州省遵义市一家从事化工生产的公司，该公司规模不是很大，公司员工只有 165 人。经过多年的打拼，圣罗公司发展较快，在遵义地区具有一定的知名度，并在贵州市场上占有不小的市场份额。

为了占据更多的市场份额，同时也为了促进圣罗公司继续保持快速发展，必须提高圣罗公司所有员工的工作积极性和岗位效率。

为此，圣罗公司总经理李伟生就把 500 强企业世界 A 所实施的"目标管理激励法"照搬进圣罗公司来对所有员工进行目标管理。

在李伟生看来，世界 500 强企业采用的激励制度一定是好制度，照搬照抄也可以促进圣罗公司的高速发展。为了实现销售额翻倍的目标，圣罗公司根据第一年的销售额，制定了第二年销售额目标为第一年的两倍。

在动员大会之后,李伟生将这一销售额按从销售总监到一线销售员的顺序自上而下进行分解,同时李伟生还取消了圣罗公司原执行的按销售比例提成的制度。李伟生宣布按照员工管理的要求,从即日起,未完成销售目标任务时,只能拿到较低的提成,而超额完成目标任务的销售员却可以拿到巨额的提成和奖金。

从理论上来讲,圣罗公司实施目标管理是能够继续快速增长的,同时圣罗公司的优秀销售员工在超额完成销售目标任务后,可以拿到巨额的提成和奖金,工作积极性和岗位效率将大幅度提高,而对于不能完成销售任务的员工,当然,也就只能拿到较低的提成,还降低了圣罗公司人力资源成本,看起来是双赢的事情。

然而,圣罗公司的销售员仔细分析后发现,由于圣罗公司在高速发展之后,市场占有率已经很高,已经不可能像以前那样有大幅度的提升空间,再加上竞争者加大了降价和促销的力度,这就加剧了圣罗公司产品优势的丧失,特别是随着圣罗公司市场占有率的扩大而销售员人数激增,每位销售员所拥有的潜在市场变小,并且圣罗公司在资金实力、内部管理、配套服务方面跟不上快速增长的需要,几乎无人有信心完成两倍于前一年的销售额。

一年之后,圣罗公司没有一个销售员能够拿到高额提成,相反,销售员的工资和奖金比以前大幅度减少,于是核心销售员流失殆尽。

两年后,该公司已濒临倒闭。

案例评点

不可否认,参考和借鉴世界 500 强企业的激励制度是领导者完善中国企业管理的一个重要方法,同时也是激发企业员工工作积极性和岗位效率的一个有效管理手段。但是对于中国企业领导者来说,如果在制定企业激励制度的过程中,完全照搬照抄世界 500 强企业的激励制度,不仅不会达到预期的激励效果,相反还会为激励制度的制定付出惨重的代价。

在上述案例中,圣罗公司总经理李伟生的做法就是一个非常鲜活的案例。李伟生的出发点本来是好的,但是没有根据圣罗公司的实际情况,而是盲目地照搬照抄了世界 500 强企业的目标管理法。

研究发现,中国诸多企业领导者,特别是中小企业领导者,他们在制定激励制度时,非常崇洋媚外,迷信外国的管理制度,甚至认为外国的月亮都比中国的月亮要圆。在这样的意识下,就很容易完全照搬照抄世界 500 强企业或者其他公司成功的激励制度。当然,这就是为什么企业领导者在制定或者实施激励制度时最容易,也是最经常犯的错误的重要原因。

随着世界经济一体化的纵深发展,特别在市场竞争激烈的今天,越来越多的企业领导者认识到,在竞争中取胜的决定性因素还是员工。根据行动科学理论的员工绩效函数:

员工绩效＝工作能力×激励程度×工作环境

从这个员工绩效公式可以看出,在企业管理中,任何一个员工的工作绩效与其被激励程度有着很大的关系,也有人认为,工作绩效等于能力乘以激励。

其实,在很多企业中,员工贡献的大小,既取决于员工自身的工作能力、教育程度、工作经验、解决问题的能力水平和工作环境,也取决于企业领导者对员工所采取的激励机制。

企业领导者为了调动企业员工的积极性和主动性,开始借鉴和参考其他成功公司,特别是世界 500 强企业的激励制度,不可否认的是,在一定程度上确实激发了员工的工作积极性。然而,不同企业的性质、规模、发展阶段、实力等千差万别,不同的激励措施所适用的企业类型也不尽相同。这就提醒领导者在制定激励制度时,不可盲目照搬照抄其他公司,特别是世界 500 强企业的激励制度,以免造成"画虎不成反类犬"的局面,反而可能给企业带来不良的后果。

诊断处方

作为管理者,如何才能制定科学、合理的激励制度呢?

方法就是——针对企业的规模和员工的需求制定适合公司的激励制度。那么,面对越来越激烈的核心员工竞争,到底什么样的激励制度才能留住核心员工,并激发其责任心、提高岗位效率呢?这一直成为是困扰企业管理者和人力资源部门经理的棘手难题。

当然,要从根本上解决这个问题,企业管理者在制定激励制度时,必须根据企业及员工的实际情况,了解员工的种种需求。

谈到这里,我建议,企业管理者必须了解和认识马斯洛需求理论。根据马斯洛的需求理论,人的需求分别为生理需求、安全需求、社交需求、尊重需求和自我实现需求 5 类,依次由较低层次到较高层次,见图 36-1。

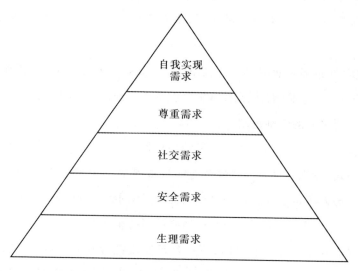

图 36-1　马斯洛的 5 个需求层次

为此,根据马斯洛需求层次理论,从而按照职业生涯中核心员工的不同层次,以及他们不同的需要,将企业员工划分为"灰领""蓝领""粉领""白领""金领"。

在一般的企业里,"灰领""蓝领"作为企业最底层的一线员工,主要满足生理和安全需要,即马斯洛需求理论金字塔的第一、二层。当然,"灰领""蓝领"也有社交、尊重、自我价值实现的需求,但不是最为迫切的需求。

"粉领"和"白领"作为企业的中层,主要的需要则是社交和尊重。究其原因,"粉领"和"白领"的生理和安全需求基本保障已经得到满足,所以对于"粉领"和"白领"来说,更高层次的满足才能激发"粉领"和"白领"的工作积极性。

"金领"作为企业的高层,需要的是实现自我价值。相对于"金领"来说,生理需求、安全需求、社交需求、尊重需求这几个层次的需求已经达到,也不再成为其工作追求的目标。

按照上面所谈到不同层次的企业员工需求问题,判断他们应该属于哪类层次,及其在企业中所起到的作用以及待遇。如果是"白领"和"金领"阶层,这些员工是企业中的精英,那么留住他们必须要有诚意,仅仅靠加薪的方法想要留住"白领"和"金领",肯定是不能从根本上解决问题的。对于"白领"和"金领",企业管理者应该更多地给予尊重和自我价值实现的满足,仅仅强调物质方面的满足已经失去了原有的激励意义,应该更多偏重于精神上的满足,即给予"白领"和"金领"充分的施展空间,同时还要给"白领"和"金领"一个心中追求的愿景。当然,这就要求企业管理者必须清晰了解企业的愿景,明确企业使命,最终确立其价值观。

错误 37　激励只考虑职位升迁

> 优厚的薪资当然重要，但是许多其他的事物同样是激励员工的要素，例如奖赏公平、工作具有发展性等。
>
> ——比尔·休利特

情景再现

　　N 公司是湖北省武汉市光谷的一家激光产品生产厂家，近年来发展势头强劲，N 公司华东片区销售经理蒋少农能力出众，其片区销售业绩一直稳居 N 公司第一名。

　　N 公司总经理张政棠为了更有效地激励蒋少农，给蒋少农一个可以发挥更大自我潜力的舞台，于是将蒋少农提拔到 N 公司销售总监兼副总经理的职位上，全面主管 N 公司的销售业务及其销售人员的补充。

　　蒋少农刚上任 N 公司销售总监兼副总经理时，工作更加积极主动，修正了 N 公司的一些销售政策，因此也取得了较好的销售业绩，N 公司的销售额稳步攀升。

　　然而，在蒋少农担任销售总监兼副总经理的三个月后，N 公司发放给蒋少农升职后第一个季度的奖金,蒋少农拿到手却以为奖金发错了。他询问财务部总监,得到的答案是奖金没有发错。这真的让他没有想到,担任销售总监兼副总经理的季度奖金居然没有担任片区销售经理时的三分之一多。

于是蒋少农下定决心,主动地向张政棠提出,要求调回片区销售经理的原岗位工作。

当张政棠弄清了蒋少农要调回片区销售经理的真实原因之后,组织 N 公司董事会协商讨论,提出了新的关于副总经理职位的薪酬计算方法。新的薪酬标准不但让蒋少农达到了原片区销售经理的提成收入水平,同时还获得新的锻炼机会和一定数量的 N 公司股票。

就这样,蒋少农的薪酬问题解决了,他也愿意继续担任销售总监兼副总经理了。第二年,N 公司销售额稳步增长,占据中国大陆地区 70% 以上的市场份额。

案例评点

在很多企业中我们经常看到,尽管领导者提拔了某些核心员工,却因为没有考虑该核心员工的实际诉求,不仅没有达到有效激励的目的,还激化了与该核心员工的矛盾。

为什么会出现这样的问题呢? 究其原因,在这些企业领导者的意识中,有效激励就是只要把某一个核心员工升迁到一个更高的职位上,就能更好地激发该核心员工的工作积极性和岗位效率。

然而,这部分企业领导者却不知道,升迁人选如果没有拿到他期望的薪酬,很难说他将升迁视为一种有效激励手段,还会因为薪酬过低而要求主动调回原岗位,甚至会辞职。因此,领导者考虑以提高职位来激励员工时,最好针对不同的人才用不同的激励管理手段。这样不仅有利于实施各专业领域特殊的有效激励方式,特别是升迁激励,也避免为奖励杰出的研究员或技术专家而将他们升迁到无法适任的管理岗位的情况发生。

业内专家撰文指出:"传统的升迁制度缺乏一个有效报酬制度应有的弹性。在一个健全而有效率的奖励制度中,报酬应该是可望亦可及的,它必须与优异的表现伴随而生,并且必须在一段合理的时间内兑现,才能发挥应有的功效。但是,能够做到这一点的组织却少之又少。"

反观上述案例,N 公司片区销售经理蒋少农升任销售总监兼副总经理后,其季度奖金甚至没有担任片区销售经理时的三分之一。可以说,这样的激励措施,不仅会扼杀蒋少农的工作积极性和提升岗位效率的热情,甚至还会使得蒋少农这个优秀人才流失。因此,作为领导者,在以升迁为激励手段时,必须充分考虑职位与薪酬的匹配。

诊断处方

有效激励员工不仅是一种有效提升员工工作积极性的管理手段,还是一门管理艺术。

领导者只有充分理解如何激励员工,才可能最大限度地提升员工的工作积极性。因此,领导者将升迁作为激励手段时,还必须考虑员工的自身需求,否则,将无法达到预期的激励效果。

另外,领导者在制定高效激励机制时,应该充分考虑员工与企业利益的一致性。这种双因素激励方法启示企业领导者,薪酬等物质激励很容易转化成保健因素,而在实际的企业管理中,对员工真正起激励作用的还是员工自我价值的实现、控制权大小,以及员工职位的晋升。因此,领导者在制定高效激励机制时,不仅要充分考虑公开、公平、公正,还必须从系统论的观点整体把握、综合考虑各种激励因素的平衡。

可能有读者会问:作为领导者,如何才能高效率地激励员工呢?具体方法有以下两个,见表 37-1。

表 37-1　高效率激励员工的两个方法

方法	具体内容
激励方式应更注重长期化和股权激励	在实际的管理中,领导者在激励员工时,更应该注重长期化和股权激励,在高管人员层面实行股票期权制度,在员工层面实行员工持股计划的激励方式。
激励层次和手段应更加多样化和更具针对性	领导者根据各个经营层面员工不同的实际需要,以及技术人员的实际工作性质,采取更加多样化的激励层次和更具针对性的激励手段,从而提升员工的责任心和岗位效率。

错误 38　激励方法"一刀切"

> 许多企业在实施激励措施时,并没有对员工的需求进行认真分析,"一刀切"地对所有人采用同样的激励手段,结果适得其反。
>
> ——亨利·福特

情景再现

有一年 6 月,受德克罗尔研发中心的邀请,我给该中心主讲"丰田式成本管理"。在课后,新上任的研发部经理李凯向我抱怨说:"周老师,听了您对成本的讲解,我十分困惑。在德克罗尔研发中心,对所有员工都'一视同仁',科技研发人员和行政工人都采用同样的激励手段——奖金加上表扬。"

据了解,正是德克罗尔研发中心的激励问题,导致科技研发人员得不到实质的尊重和应有的地位,极大地打击了科技研发人员的积极性。其中受打击最大的就是潜心钻研科技的研发人员张力浩。经过五年的科技研发,张力浩取得了一项科技成果,并申报了国家专利。

为了鼓励科技研发人员的创新热情,德克罗尔研发中心的管理者照样对张力浩进行奖金加表扬。得到激励的张力浩曾多次向原研发部经理林格力荐该专利,张力浩深信,该专利有着很好的市场前景,肯定能成为德克罗尔研发中心的畅销产品,并能带来丰厚的利润。

张力浩不管如何沟通,每次都是无功而返,林格根本就没有把这项成果的市场推广放在心上。

不得已,张力浩几经交涉,请林格写授权转让书,即声明该项专利没有市场前景,产权归张力浩个人所有。不久后,张力浩辞职离开了德克罗尔研发中心,与一家跨国公司合资生产该产品,产品投入市场后非常畅销。

经过几年的发展,张力浩并购了德克罗尔研发中心,重新制定了一套激励机制,现在德克罗尔研发中心的研发能力已达到国际领先水平。

案例评点

研究发现,很多企业管理者在经营过程中存在思想僵化的现象,并没有根据员工的实际需求进行激励。

就像上述案例中的张力浩,他需要的并不只是奖金和表扬,而是事业的成就感和满足感。

这就是为什么有的企业在建立起激励制度后,不但没能达到预期的激励效果,员工的工作积极性和岗位效率反而下降了。

造成这种结果的关键原因就是,企业管理者在激励员工时没有采取系统科学的评估标准,只是在实施过程中采用"平均主义"的激励手段。例如,在很多企业中,评优的一个方法就是采用"轮庄法""抓阄法"等,这样的"平均主义"严重地打击了那些为企业做出巨大贡献的员工的工作积极性和提升岗位效率的主动性。

事实上,奖金本来是企业管理者激励员工的一个重要因素,在实施过程中一旦出现偏差,不但达不到激励目的,还会抑制和降低员工的工作责任心,降低岗位效率。

因此,在实施激励员工的过程中,企业管理者一定要注意公平原则,根据员工的实际需求,让每个员工都感到自己受到了公平对待,然而,也不能按照平均主义的激励措施,否则激励会产生负面效应。

诊断处方

就激励而言,不管是美国心理学家约翰·斯塔西·亚当斯(John Stacey Adams)、期望理论的奠基人维克托·弗鲁姆(Victor H.Vroom),还是新行为主义学习理论的创始人伯尔赫斯·弗雷德里克·斯金纳(Burrhus Frederic Skinner),以及现代管理之父彼得·德鲁克(Peter F.Drucker),在他们的观点中,都强调在激励过程中必须因人而异,因为每一个员工都有自己独特的价值观念与奋斗目标。因此,优秀的管理者必须熟悉员工的类型、了解员工的需求,激励也必须因人而异。

可能读者会问:作为领导者,如何才能有效地激励下属,避免用同样的激励方法激励所有人呢? 方法有以下 5 个,见表 38-1。

表 38-1　激励因人而异的 5 个方法

方法	具体内容
雄心勃勃型	研究发现,雄心勃勃型的员工往往最关心的是他在公司中的职位、发展机会和自我价值实现等。当雄心勃勃型员工在一些成熟型公司中不得不按照该公司层级缓慢上升时,他们就有可能转向另一领域来增加自己所承担的责任,从而来获得更多满足感。领导者在管理该型员工时,应适当地增加他们相应的工作责任,从而更好地为内部培养高层管理者做好准备。
独立思考型	独立思考型员工一般工作技能强,创新能力也很强。在任何一个公司中,独立思考型员工都希望独立组织自己的工作,他们往往不遵守公司规章制度,喜欢以自己的方式去行动。领导者在管理该型员工时,应给予相对的自主权利,从而给予其更大的创新空间。
个体发展型	个体发展型员工在工作中往往重视能否锻炼和提高自己的工作技能。一旦某一岗位能够提高工作技能,个体发展型员工便毫不犹豫地接受挑战。领导者在管理该型员工时,应创造适合他的工作岗位,提高其工作积极性。

续表

方法	具体内容
生活设计型	生活设计型员工往往有很强的家庭观念,无论从事任何一项工作,该类型员工都会平衡工作与家庭的时间。领导者在管理该型员工时,应给该型员工提供弹性的工作时间,从而更好地激发该类型员工的工作积极性。
团队合作型	团队合作型员工是推动公司发展的一个重要力量,对该类型员工而言,与同事合作是工作中最重要的一部分。领导者在管理该型员工时,应营造融洽的合作气氛,使其发挥更多的才能。

错误 39　高薪是激励最好的解决方案

　　如果说激励是产生动力的源泉，那么工资就是激励的最佳途径。激励是管理最重要的职能之一，也是工资体系运行的目标所在。工资的高低不仅在物质上给员工提供了不同的生活水准，同时也在某种程度上体现出一个人的社会价值。

——皮埃尔·杜邦

情景再现

　　费特曼公司是贵阳市南明区一家日化产品生产企业。最近几年来，特别是从 2005 年以来，费特曼公司处于高速发展阶段，费特曼公司的销售量更是像芝麻开花一样逐年攀升。

　　尽管费特曼公司的发展较为顺利，但是费特曼公司的做法却让人看不懂。每到销售旺季，费特曼公司就会高薪招聘上百名销售人员；而一旦到了销售淡季，费特曼公司就大量裁减销售人员，甚至辞退八九十名销售员。

　　针对这样的做法，该公司销售经理陈大勇曾给总经理罗浩明阐明这样做的严重后果。

让陈大勇没有想到的是,罗浩明不仅没有接受他的意见,反而得意扬扬地说:"在省会不缺人,只是缺乏像你这样的将才,贵阳这个地方有的是人,只要我们高薪招聘,还怕招不到我们想要的人吗?再说了,一年四季把他们'养'起来,这样做人力成本太高了,我们也得考虑考虑用人成本。"

罗浩明旺季高薪招人、淡季辞退的做法不可避免地导致大量优秀人才流失,正如陈大勇所说——我们公司就是黄埔军校,给竞争对手培养了大量的优秀人才。

面对无法说服罗浩明的情况,陈大勇非常困惑,因为在罗浩明无故辞退销售员时,一些留下来的销售骨干也开始弃暗投明。罗浩明对销售骨干极力挽留,甚至将薪酬提高 20%,却依然没有将人留住。

尽管大量优秀销售骨干流失,但是罗浩明依然我行我素、不以为然,仍照着惯例,在旺季时高薪招聘销售员。罗浩明的固执己见,更加激化了他与陈大勇之间的矛盾。在 2004 年费特曼公司销售旺季时,跟随罗浩明多年的陈大勇和费特曼一部分销售骨干集体辞职,导致费特曼公司的销售一时陷入近乎瘫痪的境地。

此刻,罗浩明才意识到问题非常严重,甚至比他预想的还要严重。罗浩明心里非常清楚,高薪可以招到一般的销售人员,但不一定招到像陈大勇那样的优秀销售人才和管理人才。

迫不得已,罗浩明亲自到陈大勇家中,态度非常诚恳,而且还开出 150 万元的年薪,希望陈大勇和一些销售骨干能重回费特曼公司。150 万元的年薪在当时的贵阳可是销售经理们做梦也想不到的。但 150 万元的年薪依然没能让罗浩明召回这批曾经与他多年浴血奋战的老部下。

此时,罗浩明非常后悔,为什么以前没有下功夫去留住这些人才呢?同时,罗浩明也陷入了困惑,150 万元的年薪,他们为什么也会拒绝,到底靠什么留住人才呢?

案例评点

在中国古代,统治者们往往采用"重赏之下,必有勇夫"的激励模式,不可否认的是,这种激励模式在当时的统治中还是发挥了很大的作用。

然而,时至今日,这种古老的激励模式已经过时,如果领导者还用这种激励模式来激励员工,必然会为此付出代价。就像上述案例中的费特曼公司总经理罗浩明一样。

从罗浩明的做法中可以得知,"重赏之下,必有勇夫"依然是众多企业领导者在激励管理中常犯的一个错误。

当然,在企业的人力资源管理系统中,薪酬问题无疑是员工们最为敏感和关心的问题之一。然而,迷信"重赏之下,必有勇夫"的激励模式的领导者不清楚,在个性化需求的时代,仅仅靠重赏已经无法满足员工们的心理需求了。研究发现,高薪激励策略的主要影响有以下 3 个,见表 39-1。

表 39-1　高薪激励策略的 3 个影响

影响	具体内容
只有高薪才能吸引人才	许多企业领导者普遍认为,只要薪水足够高才能吸引、留住人才,才能更好地激励员工的工作积极性。从这一角度来看,为了吸引、留住人才,便为人才提供优厚的工资待遇。当然,这样的做法不失为一种好的激励方式。
高工资往往缺乏增长的后劲	在实际的企业管理中,领导者一旦把工资的起点定得过高,员工工资的涨幅就十分有限。当员工在工作一段时间后发现工资没有大幅度增长时,高工资的激励作用就后继乏力,甚至还会让员工们怨声载道。
高工资将给员工造成负面的心理影响	在很多企业中,由于薪酬过高,大部分员工为了不失去这份工作,会有巨大的心理压力,乃至为了保住工作而尽可能降低出错的概率,这就使得热情较高的员工也无法朝气蓬勃地面对工作。

从表 39-1 可以看出,一些企业领导者在实际激发员工工作积极性的过程中,都将员工薪资列为重要内容,但激励效果没有达到其预期的目的。因此,领导者在实际的管理中,更应考虑薪酬管理的特殊性。

诊断处方

在上述案例中,人才流失的问题不仅仅费特曼公司一家有,这个问题一直让许多企业领导者非常头痛。

反观费特曼公司,留不住人才的主要原因是,该公司总经理罗浩明在激励、内部沟通等机制上存在许多问题,但造成这些问题的关键在于罗浩明对人才的不重视,缺乏正确的人力资源观。

在很多中小企业中,像罗浩明这样的做法非常普遍。因此,要想留住人才,摆在罗浩明面前的任务是,采用有效的人力资源开发手段、方法和技术。然而费特曼公司在这方面的工作几乎是空白。

当然,罗浩明的管理悲剧也警示企业领导者,重赏之下,未必就真有勇夫。可能读者会问:既然重赏之下,未必就真有勇夫,作为领导者如何才能避免高薪留不住人才呢?方法有以下几个,见表39-2。

表 39-2　解决高薪留不住人才问题的 4 个方法

方法	具体内容
树立战略型人力资源观念	要想有效地激励人才,就要求企业领导者在激励管理中树立战略型人力资源管理理念,加强对人才的开发和管理,重视激励方法的实施。
提升企业内部沟通效率	在实际的管理过程中,领导者必须提升企业内部沟通的效率,使得员工与领导者全面、坦诚地进行双向沟通,从而有效地提升内部沟通的效率。这样就使得领导者与员工之间不再只是单纯的领导与被领导的关系,而是一种全新的伙伴式关系。
改善激励机制	在很多企业中,激励无效,或者激励没能留住人才,其中一个非常重要的因素就是领导者对人才缺乏有效的激励意识。在很多领导者意识中,激励就是用高薪吸引人才、留住人才。不可否认,高薪的确吸引一部分人才,但高薪未必就能留住人才,当人才已经需要实现自我时,只有成就感、认同感才是留住人才的重要因素,但这一点往往被许多企业领导者所忽视。

续表

方法	具体内容
注重员工的职业生涯规划	激励不仅体现领导者的智慧,还是一门艺术。在管理的过程中,领导者不仅要充分发挥员工的工作责任心和岗位效率,还要让员工们明确各自的奋斗目标。这就要求领导者充分了解员工任务完成情况、能力状况、需求、愿望,在此基础上为员工提供有利于他们各自发展的职业生涯规划,使员工在为公司的发展作贡献的过程中实现个人的目标,用事业来留住人才。

错误 40　提高薪酬，员工的满意度自然就会提高

> 报酬高并不意味着员工对所获报酬觉得公平，从某种意义上讲，员工对报酬的满意度是期望值与实际收入的函数，当员工将他们的工作、经验、技巧、教育、努力同他们所获得报酬相比较时，满意与不满意的感受就产生了。

情景再现

丽丰信息科技公司成立于 1999 年 11 月，其主要业务是立足于蓬勃发展的互联网产业，有效依托中国各电信运营商的技术平台，从而有针对性地研发、推广需求各异的电子商务和生活资讯类服务。

为了扩大丽丰信息科技公司的市场份额，丽丰公司总经理藏京闻委派副总经理江大海、销售副总经理冯在平两人前往西南重镇——重庆去开拓西南的市场。

江大海、冯在平两人到达重庆后，经过周密的计划和得当的宣传，丽丰公司在重庆市场的市场份额从 0 提升到了 45%。

为了体现丽丰信息科技公司以人为本的精神，总经理藏京闻决定奖给

江大海、冯在平二人各一台高级轿车、一套三室一厅的房子,另外还提高300％的工资。

然而,藏京闻却没有注意到,在丽丰公司考核中,特别是在新市场的开发中,江大海的业绩一直优于冯在平。

江大海、冯在平得知总部奖给自己一台高级轿车、一套三室一厅的房子,还提高 300％的工资后都很高兴。

但这种氛围没能持续几天。当江大海得知总部奖给自己的奖品和冯在平一样时,江大海认为,总部这样的做法欠缺公平,江大海认为,冯在平的业绩不如自己,就算是在丽丰公司考核中,哪怕是在新市场的开发中,江大海的业绩一直都优于冯在平,然而冯在平却得到了与江大海一样的奖品。

于是江大海对丽丰公司的满意度大幅度下降,总部的这次奖励反而引发了江大海心态上的失衡。

从那以后,江大海再也没有像刚到重庆时那样卖命地开拓市场了。半年后,江大海甚至离开了丽丰公司。

案例评点

在上述案例中,由于丽丰公司总经理藏京闻没有根据实际情况考核,而是主观地实施了平等的激励方法,尽管丽丰公司给予江大海、冯在平二人各一台高级轿车、一套三室一厅的房子,另外还提高 300％的工资,但是反而激发了江大海与丽丰公司的矛盾。

其实,提高薪资不是有效激励员工工作积极性的万能药。反观上述案例,在没有激励时,江大海、冯在平两人都没有怨言,都在积极地开拓市场。

而由于藏京闻实施了错误的激励措施,一切问题都发生了。从上述案例可以看出,一些企业领导者为了在激烈的市场竞争中占有一席之地,会用高报酬换取员工的满意度,然而,这样的做法有时候事与愿违。让藏京闻不解的是,得到高额奖励的江大海居然在加薪以后骤然离职了。

其实,高薪并不一定提高员工对企业的满意度,因为在高薪与满意度之间，还有一个重要的因素，即员工个人的公平感，就像上述案例中的江大海不管是自我感觉，还是公司的绩效考核都优于另外一位同事，结果却得到一样的激励，这反倒激化了江大海与公司的矛盾。

像藏京闻一样的领导者为什么会犯这样的错误呢？究其原因就是领导者对薪酬作用的认识不够到位，导致这样的错误损害企业的发展。

诊断处方

在有效激励员工的方法中，薪酬的作用已经大大减弱。对此，中科院心理所的专家研究发现，"在激励员工的过程中，排在第一位的是员工的成就感，后面依次是被领导者或者老板赏识、工作本身、责任感、晋升的机会、工资、工作环境、奖金"。

在这个次序中，工资和奖金因素在工作重要性的排列中列第六位和第八位，这说明了非金钱因素的重要性。

当然，中科院心理所专家的观点跟美国心理学家弗雷德里克·赫兹伯格（Fredrick Herzberg）的双因素理论非常类似，赫兹伯格认为，"工资、工作条件、工作环境等属于'保健'因素，它不具有激励作用，而工作成就、社会认可、发展前途等因素才是真正的激励因素"。

不管是中科院心理所专家，还是美国心理学家弗雷德里克·赫兹伯格都在强调非金钱因素的重要性。因此，作为中国企业领导者，要提高员工的满意度，就必须做好以下激励方法，见表 40-1。

表 40-1　提高员工满意度的 3 个激励方法

方法	具体内容
不要太看重绩效工资的激励效果	在很多企业中，很多领导者在激励员工时，都根据绩效考虑与薪酬挂钩，这可能会导致由于薪酬结构问题给团队建设带来的负面影响。因此，这就要求领导者在制定激励制度时，根据具体的需求制定能形成"双赢"或"多赢"局面的激励机制。

续表

方法	具体内容
培育员工的内在激励机制	在任何一个公司中,每个员工的自我需求不同,这就决定了薪酬不能解决所有的激励问题。事实证明,有效的激励方法往往不是来自薪酬的驱动,而是来自员工的工作成就、社会认可、发展前途等因素。
对所引进的激励理论要进行深入的思考	在很多企业中,以为只要照搬照抄世界 500 强企业的激励制度就万事大吉了。其实,这是一种错误的激励思想。因此,提醒领导者,绝对不能盲目迷信许多流行的激励理论,每个企业的激励理论都必须有一定的前提。如果在制定激励制度时,不考虑企业自身的实际情况,而是盲目地引用,只会对领导者产生误导作用。领导者在吸收和运用某企业的激励理论前,要根据自身企业的实际情况多方论证。

错误 41　用无效激励手段激励员工

> 企业在对员工采取激励手段时，最尴尬的结果就是：花了钱，反而换来了人心离散。
>
> ——汪洋

情景再现

宏声公司是广东省中山市一家大型民营校办企业，该公司的主要业务就是生产一种为其他电器配套的机电部件。

在 20 世纪 90 年代初期，由于校办企业的经营权和所有权常常发生矛盾，在 1994 年到 1997 年这四年时间内，宏声公司的市场占有率停滞不前。

1998 年年初，宏声公司实施了企业改制，曾经的校办企业变成了一家民营企业。此后，宏声公司凭借技术实力和灵活的机制，取得了良好的效益，其产品在中山市占据较大的市场份额，不仅为多家大型电器公司提供配套的机电部件，还有相当数量的出口，宏声公司一时成了中山市的纳税大户。

市场规模和份额在不断增加，然而宏声公司的管理却没有跟上。宏声公司内部管理上出现了一系列问题。

在宏声公司,员工的工作条件和薪酬都优于同行竞争者,但宏声公司的管理人员、核心技术人员,乃至熟练工人却都在被竞争者挖走,留下的在岗员工大都缺乏工作责任心,这导致宏声公司产品的不合格率大幅度攀升,严重地影响了宏声公司的发展乃至生存。

可能读者会问:为什么会出现这样的问题呢？我们从下面这个具体事例就能窥见宏声公司的人力资源管理和员工激励方面存在的问题:

宏声公司在改制时,仍然保留了原有员工的国家事业单位编制,这造成宏声公司的员工存在三种不同身份——工人、在编职工和特聘员工。

对于这三种身份,宏声公司总经理马忠是这样解释的——工人是通过人才市场招聘的外来务工人员;在编职工主要是技术骨干和管理人员,他们中一部分是改制前的职工,一部分是改制后聘用的,与工人的区别是与宏声公司正式签订过劳动合同;而特聘员工则是宏声公司向社会聘用的高级人才,有专职的,也有兼职的。

1998 年 6 月,宏声公司取得了阶段性成果,在给员工们发放奖金时,由于工人和在编职工的奖金是公开发放的,所以没有什么争议。

但总经理马忠本为了更好地激发特聘员工的工作积极性,暗中给特聘员工发放红包,其奖金的数额是在编职工的 2～3 倍。

马忠自以为高明的做法反而大大挫伤了所有员工,特别是特聘员工的工作积极性。对于工人和在编职工而言,他们感到宏声公司没有把他们当作"自己人",特聘员工的红包不公开,至少比他们拿得多得多。而更多的特聘员工则误认为在编职工肯定暗中也得到了红包,所得数额一定比特聘员工更多,自己的辛苦付出没有得到公司的认可。就这样,宏声公司多花了钱,不但没有换来员工的凝聚力,反而买来了离心力。

案例评点

中小企业的发展规模过快,往往导致企业管理跟不上,这就制约了中小企业的做强做大。当然,在所有管理问题中,员工激励问题往往最为严重,不仅让企业领导层感到棘手,同时这个问题还关系到企业的发展、壮大,甚至关系到企业的生死存亡。

事实证明,企业因激励机制不完善,导致人才流失的现象非常严重。反观上述案例,宏声公司在编制上就人为地分为三类,再加上采取了暗地里给特聘员工发红包,这就激化了公司所有员工与公司的矛盾,其直接后果是组织效率下降和人员的流失,从而影响了企业的长期稳定与发展。

实战技巧

从宏声公司的案例可以看出,企业人才流失的原因很多,但宏声公司缺乏科学合理的激励机制是造成人才流失的主要原因。因此,作为企业领导者就应正确地运用激励管理手段,更加有效地提高激励的效率,从而达到人力资源管理中预先设定的目标。

可能读者会问:作为领导者如何才能提升激励的效率呢? 方法有以下几个,见表41-1。

表 41-1　提升激励效率的 4 个方法

方法	具体问题
准确地把握激励时机	在激励员工的过程中,应准确地把握激励时机,这样才能事半功倍。领导者在不同时间进行激励,其作用与效果有很大的区别。
相应采取激励频率	事实证明,领导者在激励下属的过程中,其激励频率与激励效果之间不存在简单的正比关系,而在某些情况下,激励频率与激励效果的关系可能成反比。因此,领导者只有根据员工自身情况采取相应的激励频率,才能有效发挥激励的作用。
恰当地运用激励程度	在实际的管理中,领导者恰当地掌握对员工的激励程度,就可以直接影响激励作用的发挥。在很多时候,领导者过量的激励和不足量的激励起不到激励员工的目的,甚至还可能起到负面作用,极大地挫伤员工的工作积极性。因此,这要求领导者从量上把握激励要做到恰如其分。
正确地确定激励方向	在领导者激励员工时,必须针对员工的个性需求有针对性地实施激励。这样激励的效果才能具有显著的影响作用。因此,领导者在管理实践中要努力发现员工在不同阶段的个性需求。

第六部分

管理如同做秀

　　管理者的能力主要体现在以下几个方面,事实上每个人都应该记住这些方面,因为作为一个普通人,也应该具备这样的能力。

　　有高尚的人格、人品。道理很简单,如果一个管理者很卑鄙渺小,是没有人会真正从心里服气的。有没有能力单说,如果你真的是有着高尚人品、道德标准很高的人,人们至少会尊敬你。在这一点上,新东方风风雨雨翻来覆去十多年,新东方团队还能聚在一起,跟新东方这些人的人品是有关系的,跟我这个人的人品也有关系。我做人是有底线的,我不会超过底线去做自己认为不对的事情。

——新东方创始人　俞敏洪

错误 42　战略缺乏规划，想到什么就做什么

> 成熟的企业发展战略要经过企业的成败沉浮和相当长时间的调整发展后才能形成，是在市场经济条件下发自内心的，甚至处于对未来的恐惧中产生的战略冲动。
>
> ——王忠明

情景再现

提起周作亮，那可是当年湖北响当当、叱咤风云的人物。周作亮曾被评为或授予全国最佳农民企业家、全国劳动模范、全国自强模范、全国优秀乡镇企业家、全国农村十大新闻人物、第八届全国人民代表大会代表，兼任中国乡镇企业协会副会长、湖北省厂长（经理）会常务理事、湖北省企业家协会常务理事、湖北省残疾人联合会副主席。

从这一长串的评价可以看出，周作亮有着辉煌的过去，这些辉煌的开始得从 1979 年的夏天谈起。

1979 年的夏天，湖北省武汉市闷热无比，39 岁的农民周作亮用扁担——一根竹竿，挑着简单的行李憧憬地站在湖北省武汉红旗服装厂的大

门外。

而此刻,周作亮的人生目标就是要成为武汉红旗服装厂的一名服装工人,周作亮坚忍的性格终于感动了红旗厂总技术师林逸民,他破例收下了这个特殊的学徒。

3 个月后,周作亮在幸福村的一间小库房里挂起了"幸福服装厂"的牌子。

第一年,7 个人 7 台缝纫机创下了 2 万元的产值,盈利 5000 元。

此后的 10 余年间,周作亮凭着他对服装的天赋和对服装市场的感悟,将其能力发挥得淋漓尽致。

比如,周作亮举债从美国和日本引进了当时中国较为先进的 14 条服装生产线,其衬衫、西服两大主导产品开始打入国际市场。

1989 年,国际市场环境极度恶化,衬衫、西服等产品订单大幅度减少,在这样不利的形势下,周作亮先后在深圳、香港成立了永福制衣有限公司和永福贸易公司,仅仅在 1989 年就拿到了 8000 万元的外贸订单。

由于周作亮的处变不惊和把握时机,幸福服装厂也在高速成长中。对此,在 1991 年,周作亮将幸福村和幸福服装厂村企合一,成立了幸福集团公司。周作亮出任幸福集团董事长兼总经理。

1992 年至 1993 年,在周作亮的领导下,幸福集团公司又较早地开始了股份制改造。当然,公司股份制改造激活了幸福集团。

有研究者评论称,倘若周作亮一直专注于服装,他手中的那把"金剪刀"也许含金量会越来越高。但是,当村企合一后,周作亮率先提出建设一个"现代化的中国幸福村"的目标。为此,周作亮先后投资了 3000 万元,建成了一片"渠成格、田成方、路成线、树成行"极宜观光的农田开发区和 200 栋村民别墅。一个现代化的中国幸福村在江汉平原就此诞生了。

不可否认,这些奇迹的创造,既得益于改革开放的机遇,也是周作亮勇气、胆识和能力的证明。

1993 年,各种荣誉如雪花般朝周作亮飞来,此刻的周作亮偶然获悉铝材走俏。一旦经营铝材,可以获取丰厚的利润。于是,周作亮当即决定兴建铝材厂,仅用 8 个月的时间,周作亮就投资 1.1 亿元建成了日产 10 吨的铝材加工厂。

当日产 10 吨的铝材加工厂建成后，周作亮不得不从外边采购所需的铝锭、铝棒。为了更好地与铝材加工厂配套，周作亮决定再建一个电解铝厂。但是，再建一个电解铝厂面临的最大难题是幸福村电力供应不足。

为了能解决电解铝厂的用电问题，周作亮不顾电力部门的强烈反对，在小火电已经被列为限制发展项目的情况下，仍然坚持修建了三台 5 万千瓦小机组，年发电能力达到 15 亿千瓦时的火电站。

让周作亮犯愁的是，电解铝厂自用电仅为 6 亿千瓦时。如果仅仅是电解铝厂，那么三台小机组中有两台就必然闲置。

毋庸置疑，修建了电厂，当然还得修建变电站与之匹配。于是修建变电站就成了必然的"周氏选择"。这样做不仅可以解决电解铝厂的用电问题，还可以解决剩余电力的对外输出和联网问题。

当发电厂修建后，要发电就需要大量的煤炭，而幸福村的交通也极不便利，既不通船，又不通火车。

周作亮为了解决火电厂发电的用煤问题，又专门成立了一个运煤的庞大车队。然而，让周作亮没有想到的是，像幸福村这样简易的乡村公路根本无法通过载重 60 吨的重型卡车。

为了解决载重 60 吨的重型卡车的通行问题，周作亮决定修一条长 40 公里耗资 7000 万元的二级公路。

当发电产生灰粉无法处理时，周作亮计划兴办一个水泥厂……周作亮甚至提出要让汉江改道，把铁路修到张金村。

就这样，周作亮不顾多方反对，执意兴建了电厂、铝厂、变电站等总投资 15 亿元的"三大工程"。尽管"三大工程"于 1997 年年中陆续建成投产，但由于投资巨大且回报期长，此时幸福集团的年产值仅有五六亿元。

周作亮为了弥补资金周转不足的问题，不得不考虑其他的融资渠道，不但通过幸福信用社（1992 年由幸福集团控股组建的湖北潜江市幸福城市信用社）在潜江市本地高息揽储，还购买了位于武汉市汉正街市场约 1000 平方米的房产，并以此作为"根据地"，由时任周作亮决策顾问的周训和经营的大江城市信用社牵线搭桥,在武汉吸收一年期存款高达 9.4 亿元,涉及储户 7 万多人,其承诺的最高年利率为 20%。

由于在修建电厂、铝厂、变电站投资巨大,作为提款机的幸福城市信用社一直处于严重的流动性危机中,并最终引爆周作亮的整个布局。

在该案例中,周作亮几乎没有什么企业战略,通常就是"逢山开道、遇河搭桥",走到哪算哪,遇到什么就干什么。正是这种没有中长期规划的战略经营,盲目发展,一步一步地把幸福集团引向衰败的边缘,由此也不可逆转地把周作亮引上"大而全,小而全,缺啥补啥"的封闭式发展模式,直至引入不归路,把幸福企业引入深渊。

其后,报道称,1999 年 9 月,"有心杀贼,无力回天"的周作亮不得不将自己一手创建的湖北幸福集团的大部分股份转让给湖北国投,后来湖北国投成为湖北幸福集团的第一大股东并出任董事长、总经理。

当湖北国投接收幸福集团后,周作亮不得不把自己的办公室搬到已经停建的四层办公大楼后面的一排简易平房里,此刻,两鬓斑白的周作亮黯然神伤,似乎一下退回到了 1979 年 7 个人 7 台缝纫机的创业年代。

案例评点

从上述案例不难看出,铝材厂打开了周作亮心底的魔盒,而一系列的巨额投入最终导致幸福集团严重的"资金饥渴症",并把旗下的幸福城市信用社逼进了死胡同。

周作亮的做法也是多年前的事情了,但是在今天,周作亮的做法依然警示中国企业,谁拥有战略,谁就赢得未来。如果周作亮有完善的战略,而不是"逢山开道、遇河搭桥",那么今天的周作亮就可能与任正非他们相提并论。

可以说,周作亮在扩张时,毫无战略可言,其危机也在预料之中,这就必须引起中国企业领导者的高度重视。因为在这个竞争激烈的时代,谁拥有科学正确的战略,谁就能拥有未来的市场。

北京华夏圣文管理咨询公司在中国企业界做过一次"关于企业家战略问题"的调查，结果显示，90%以上的中国企业家认为："制定战略规划是最为困难、最占时间、最为重要的一件事情。"

遗憾的是，尽管企业领导者都知道制定战略规划对于企业发展的重要性，但是很多企业领导者依然缺乏战略思维。对此，中国国有资产监督管理委员会经济研究中心主任王忠明在 2017 年"首届中国企业发展论坛"上，就曾逐户走访过国资委监管全部 189 家中央企业中的 140 多家企业，当王忠明进入企业调查后发现，在这 140 多家企业中，有真正意义上发展战略的企业微乎其微。

既然战略如此重要，到底什么是战略呢？事实上，战略最早用于军事。在中国，战略一词历史久远，具体是指战争的"谋略"。在如今，战略的含义演变为泛指统领性的、全局性的、左右胜败的谋略、方案和对策。

在企业经营中，企业战略具体表现为企业根据环境的变化，本身的资源和实力选择适合的经营领域和产品，形成自己的核心竞争力，并通过差异化在竞争中取胜，随着世界经济全球化和一体化进程的加快和随之而来的国际竞争的加剧，对企业战略的要求越来越高。对此，王忠明认为，"成熟的企业发展战略要经过企业的成败沉浮和相当长时间的调整发展后才能形成，是在市场经济条件下发自内心的，甚至处于对未来的恐惧中产生的战略冲动"。因此，对于任何一个企业领导者而言，他不仅是一个领导者，更应是一个战略家。

实战技巧

研究发现，企业没有战略的根本原因在于，领导者没有战略规划，或者缺乏战略规划意识。在实际的经营中，战略规划的有效性包括两个方面，见表 42-1。

表 42-1　战略规划有效性的两个方面

序号	具体方面
(1)	战略正确与否,正确的战略应当做到组织资源和环境的良好匹配。
(2)	战略是否适合该组织的管理过程,也就是和组织活动匹配与否。

从表 42-1 可以看出,战略规划的目标应当是明确的。对于任何一个领导而言,在制定科学的战略规划时,必须清楚"我在哪里""我将往何方""我如何去""如何走好"的"战略四部曲"。

在这"战略四部曲"中,不仅要求领导者制定的战略规划通俗、明确,还要可执行。然而中国许多企业领导者由于缺乏"战略四部曲思路",导致战略规划内容不足,或者其过程残缺。

为什么会出现这样的问题? 主要是这部分领导者是从一线员工提拔起来的,他们都有丰富的工作技能经验,所以他们的战略大多数都聚焦在"如何去"的问题上,对其他方面都不甚清楚。然而,这部分领导者却不知道,他们这种偏重于战术而不是偏重于战略的思维,不仅使得这部分领导者制定的战略毫无亮点,而且定向思维会导致其他可能存在的优秀战略也得不到企业其他人的采纳。

作为领导者必须明白,确立与实现任何一个企业战略目标都必须依据本企业的实际情况,绝对不能背离企业所处的竞争环境背景。因此,领导者在确立和实现企业战略目标时,两个关键的内容必须把握,见表 42-2。

表 42-2　在确立和实现企业战略目标时把握的两个关键内容

序号	具体内容
(1)	对环境信息的充分掌握。
(2)	用正确的方法和思路来整合有关信息并得出相应的论断、决策和行动方法,以利于企业战略目标的达成。

当然,制定战略,必须加强对长期问题的研究。在很多企业中,这些企业的长期问题非常多——发展方向问题、渠道发展问题、盈利模式问题、发

展步骤问题、品牌建设问题、信誉建设问题、文化建设问题、人才开发问题、创新问题等。如果在制定战略时不考虑这些长期问题，那么这样的战略就解决不了这些问题，这样的战略也就毫无意义可言。因此，领导者在制定战略规划时，通常分为三个阶段，见表 42-3。

表 42-3　战略规划的三个阶段

阶段	具体内容
确定战略目标	在企业未来的发展中，评估各种变化，从而制定所要达到的目标。
制定战略规划	当战略目标确定后，企业领导者要关注的是，使用何种方法实现该目标。
修正战略规划	其后将战略规划形成一个完成的文本，以备评估、审批，一旦审批未能通过，那可能需要考虑如何修正。

错误 43　组织制度形同虚设

> 由于监督防范机制的缺乏，很多中小企业的管理制度几乎形同虚设。因此，这种制度只是起到了口号与形式的作用。如果某一制度条文已经成为空壳，执行起来毫无效率，则只会产生负面作用，损害制度的权威性和企业的公信力。
>
> ——牛文文

情景再现

深圳 P 培训公司邀请我去讲"传统企业到底该如何转型"。当我进驻 P 培训公司，我就发现这样一个现象，P 培训公司制定了一整套严格规范的管理制度，规定如下：

第一，上班迟到一次罚款 50 元，并扣发当日工资。

第二，在公司上班期间，所有员工必须佩戴 P 培训公司工作牌，凡不佩戴者给予通报批评，并扣发当日工资。

第三，一个月连续迟到三次者开除。

……

当 P 培训公司颁布制度后,由行政部按制度规定执行,凡有不戴工作牌和上班迟到的员工均按其处理。

当制度颁布一周后,P 培训公司采购部经理上班迟到两分钟,同时又没有戴 P 培训公司的工作牌,行政部经理要按制度规定对采购部经理进行处罚。

采购部经理却拒绝缴纳罚款,并坦言说:"我今天迟到两分钟,主要是因为昨晚为公司加班到凌晨两点,不应该被处罚;同时,工作牌没有戴是因为刚刚到办公室继续处理昨晚没有做完的采购方案,所以也不该处罚。"

于是行政部经理和采购部经理就争执了起来。行政部经理表示:"P 培训公司中目前并未有'头天晚上加班第二天早上就可以迟到'的正式规定,况且,其他部门很多员工也经常性夜晚加班,第二天早上并未迟到;再则,制度上没有规定如果早上由于工作太多而忘了戴厂牌可以免予处罚,因为公司每个部门早上的工作都很忙。"

采购部经理听完行政部经理的解释之后,陈述了对这种观点的不同意见,并表示要罢工一天,当即与采购部另五位采购员离开 P 培训公司。

在 P 培训公司,采购部直属总经理分管。当总经理出差回来后,行政部经理第一时间向总经理汇报采购部经理迟到和没有佩戴 P 培训公司工作牌的事情,并坚持让总经理对采购部经理按照制度规定进行处罚。

一刻钟后,采购部经理到总经理办公室向总经理汇报了其迟到和没有佩戴 P 培训公司工作牌的事情,并指出自己行为的合理性和公司制度的不合理性。

当天下午下班时,行政部经理再次到总经理办公室询问采购部经理迟到和没有佩戴 P 培训公司工作牌的事情的处理意见时,P 培训公司总经理的意见如下:

第一,采购部经理为了公司发展加班到凌晨两点,主要是为了制订更加合理的采购方案。采购部经理正在与几个重要供应商谈判签约事宜,如果现在就按制度严格执行,万一把采购部经理惹急了提出辞职,就无人能够代替他的工作,必然会影响正常的采购业务。

第二,采购部经理迟到和没有佩戴 P 培训公司工作牌的事情留待以后处理,以免激化矛盾。

第三,今晚 7 点,在粤港大酒楼宴请采购部经理与行政部经理,目的是化解采购部经理与行政部经理的误会。

第四,由于采购部经理能力很强,个性也很强,容易与人发生冲突、容易出现情绪化,因此必须照顾有个性的员工。

第五,行政部经理在处理采购部经理迟到和没有佩戴 P 培训公司工作牌的事情上也过于简单,对于某些特殊人物不能够像对待普通员工那样。

……

几个月过去后,总经理压根也没有处罚采购部经理的意思。此事也就不了了之,没有任何结论。

然而,行政部经理的工作可就不好办了,当再按制度规定对违规员工进行处罚时,行政部经理听到员工们说的最多的话——"你就只敢处罚我,你有本事去处罚采购部经理"。

员工们的话让行政部经理非常尴尬,有时被问得哑口无言。从此以后,P 培训公司考勤制度的执行力度大为下降,上班迟到、不佩戴 P 培训公司工作牌的事情经常发生。结果就使得 P 培训公司的管理混乱不堪。

案例评点

在中国很多中小企业日常的管理中,作为领导者必须严格执行企业的各项规章制度,绝对不搞"下不为例"。

反观上述案例,这种企业管理现象在很多企业中都普遍存在。作为 P 培训公司的总经理,不管是采购总监,还是自己迟到都必须严肃处理,按照公司的规章制度进行处罚,但是也必须要照顾好采购经理,毕竟他是加班到深夜才迟到的。

当然,P 培训公司总经理的做法有一定的代表性,因为在中国诸多企业中,一切由老板说了算随处可见。

我在给一些企业做内训时经常看见领导者,或者是老板根本就不按照制度执行。比如,在 W 公司,分别在生产计划会、营销计划会和采购计划会议上通过了相关生产、营销、采购的决策文件,W 公司老板也在这几份文件上签字了,文件也通过正常渠道下达给相关部门和人员执行。

然而,不到一周,W 公司老板就十万火急地分别把生产总监、营销总监、采购总监召回,让他们按照老板自己制订的新方案执行,而老板制定的方法与会议方案可能完全相反。

研究发现,很多企业领导者都喜欢在公司战略决策之外另搞一套,而且又只有少数心腹知道,大部分部门经理都不清楚领导者的战略意图。

对于任何一个领导者而言,他们都深知不抓制度执行,制度就没有效果,不抓制度落实就等于没有制度,提高各项规章制度的执行效率,还必须依靠领导者的以身作则和表率作用。

领导者以身作则地严格执行公司的规章和制度,才是领导者坚持严格执行制度的关键。对违反制度规定的,不管是采购部经理,还是一线销售员,领导者如果不进行及时处理,甚至姑息迁就,就会导致问题屡禁不止,小问题酿成大问题,可谓"千里之堤,溃于蚁穴"。这样做,实际上就会使得公司制度形同虚设,直接影响到企业的发展与存亡。

实战技巧

事实证明,要想不折不扣地执行公司规章制度,领导者就必须在进行企业内部制度化、规范化建设的过程中以身作则,给员工起到一个良好的表率作用。

这才是真正地根治制度形同虚设病的良方妙药。否则,不可能真正地执行公司规章制度,就像 P 培训公司一样,由于管理混乱、无章可循,在 P 培训公司总经理的亲自带领下,人事部终于制定了健全的规章制度,比如,上班迟到一次罚款 50 元并扣发当日工资。P 培训公司人事部经理期望用制度来规范员工的行为。

　　然而，让人事部经理没有想到的是，在 P 培训公司规章制度刚制定出来，并开始真正执行时，就碰到采购部经理的不配合，更要命的是，P 培训公司总经理却没有坚持当初下令制定制度的初衷和要求，而是偏向采购部经理，最终导致了 P 培训公司规章制度没法执行。因此，作为领导者，要想改变制度形同虚设的局面，就必须克服三大障碍，见表 43-1。

表 43-1　避免制度形同虚设的三大障碍

障碍	具体内容
中国传统文化中的人治倾向	由于中国传统文化中的人治倾向，特别是有些领导者受中国传统文化的影响较深，因而在管理过程中往往会实行人治而非"法治"。
把必要的制度全部取消	在很多企业中，有些领导者往往喜欢采用不合适自身企业的西化管理模式——盲目模仿西方某些企业的"人性化管理"和"以人为本"，从而把必要的企业规章制度全部取消。
制度缺少可操作性	有些领导者在制定制度时，由于过于匆忙，没有充分考虑制度的可操作性，结果导致所制定的制度不具体、不全面、不可行。

错误 44　忽视员工管理的重要性

> 和谐的员工关系对企业来讲就像是润滑剂对机器一样，平时可能感觉不到在起润滑作用，一旦缺乏，企业庞大的机器就无法正常运转。员工关系管理的问题最终是人的问题，主要是管理者的问题。在员工关系管理中，管理者应是企业利益的代表者，是群体最终的责任者，也应是下属发展的培养者。在员工关系管理中，每一位管理者能否把握好自身的管理角色，实现自我定位、自我约束、自我实现乃至自我超越，关系到员工关系管理的和谐程度，更关系到一个企业的成败。
>
> ——林彬

情景再现

W 连锁集团经过短短 10 多年的发展，已经从原来的一家小型连锁店发展成为某地区一家知名的家电连锁企业。

W 连锁集团公司管理层也是踌躇满志，希望把握住中国家电良好的发展机会，争做家电连锁企业的领先者。

然而,在 W 连锁集团北京海淀店,接连发生了多名骨干店员集体跳槽的事件,让 W 连锁集团北京海淀店店长李文华如坐针毡。

李文华直接的压力是,有更多的竞争者加入,家电连锁投资浪潮一浪高过一浪,一边是新开的门店如雨后春笋般出现,一边是原有的家电连锁企业纷纷扩建,这些新开的门店为了吸引人才,纷纷高薪招聘有经验的店员,让李文华不可接受的是,竞争对手还采取挖墙脚的方法来获取企业所需的人才。

很多有经验的店员禁不住外部高薪的诱惑,纷纷跳槽了。在 W 连锁集团北京海淀店,有经验的店员跳槽也比比皆是,仅一季度离职的骨干店员就达到十几人。

刚开始,W 连锁集团北京海淀店店长李文华相对比较理性,他认为,在 200 多人的门店离职十几个店员也算正常,对该店的经营不会有什么大的影响。

让李文华没有想到的是,该店跳槽风波越演越烈,在一周之内,该店两名非常出色的业务主管被竞争对手给挖走了,更为严重的是,两名业务主管还陆续带走了一些有经验的店员。

李文华得知这一情况后,主动应对辞职危机事件。立即通知所有员工及领导班子开会,并责令人力资源部尽快采取有效措施来改变当前被动的店员流失局面。

该店人力资源部在经过一番调查和研究之后,向李文华递交了一个建议书,建议把该店已经跳槽店员的家人和亲戚从本店全部开除,以防止店员流失事态的加剧。

李文华觉得该建议可以有效阻止店员流失,于是就批准了人力资源部的建议。在随后的一周内,大清洗运动就开始了,该店数十名店员因为与跳槽店员有亲属或者朋友关系被 W 连锁集团北京海淀店单方面解除了劳动关系。

尽管辞退了一大批店员,但是事情变得更加复杂了。被辞退的店员一面向 W 连锁集团总部申诉,一面又向北京海淀劳动主管部门上诉,要求维护自己的工作权利……

北京海淀劳动主管部门经过调查之后，认定 W 连锁集团北京海淀店这样的"株连政策"是严重的侵权行为，责令 W 连锁集团北京海淀店尽快恢复这些店员的劳动关系……

然而，让李文华没有想到的是，北京某报头版头条刊登了店员被无辜解雇这一新闻，而且还发表评论文章谴责 W 连锁集团北京海淀店……

W 连锁集团北京海淀店的"跳槽风波"迅速上升为该公司的重大危机事件，在种种压力下，W 连锁集团公司总经理责令店长撤销已经发布的"株连政策"，并尽快恢复那些被辞退店员的劳动关系，而且还花了很大力气做劳动主管部门和媒体的工作才化解了这次危机。经过"株连政策"之后，越来越多的店员辞职了。

案例评点

可以说企业的竞争实质上是员工的竞争，在上述案例中，W 连锁集团北京海淀店店长李文华为了防止店员跳槽，非常极端地采用了"株连政策"，不仅引发了店员的积极对抗情绪，还被刊登在报纸头版头条，被北京海淀劳动主管部门责令改正，其影响十分恶劣。

上述案例警示每一个领导者，留住核心员工、吸引核心员工不能靠野蛮的"株连政策"，而必须建立在改善员工关系的基础之上，或者给核心员工提供可以发挥实现自我的平台，即使竞争对手高薪挖人，自己员工也不愿意被挖。因此，对于领导者而言，就必须重视员工的重要性，这也是企业人力资源管理的重要组成部分。

提醒领导者的是，员工关系管理一般很难细化，不像在人力资源工作管理中的（比如：招聘、培训、绩效、薪酬等）那样可以量化。而员工关系管理则贯穿于整个企业人力资源的各项管理工作中。

在实际的企业管理中，许多中国企业领导者常常疏忽员工关系管理，主要还是源于：一方面，领导者缺乏员工关系管理意识，认为员工关系管理不重要;另一方面,在实际管理中,员工关系管理仅仅是作为一种领导艺术,没有得到中国企业领导者们的重视,即员工关系管理还没有成为许多中国企业领导者日常的管理工作。

可能有读者会问:什么是员工关系管理? 根据 MBA 智库百科的定义,"从广义上讲,员工关系管理是在企业人力资源体系中,各级管理人员和人力资源职能管理人员,通过拟订和实施各项人力资源政策和管理行为,以及其他的管理沟通手段调节企业和员工、员工与员工之间的相互联系和影响,从而实现组织的目标并确保为员工、社会增值。从狭义上讲,员工关系管理就是企业和员工的沟通管理,这种沟通更多采用柔性的、激励性的、非强制的手段,从而提高员工满意度,支持组织其他管理目标的实现。其主要职责是:协调员工与管理者、员工与员工之间的关系,引导建立积极向上的工作环境"。

从员工关系管理的定义不难看出,对于任何一个企业来说,员工关系对于企业的生存和发展都有着举足轻重的地位,而领导者重视员工关系管理将是企业做强做大的根本条件。因此,对外实行客户关系管理,对内实行员工关系管理就成为必然。

实战技巧

在任何一个企业中,员工不仅是企业利润的直接创造者,还是企业生存与发展的内在动力。

实践证明,如果领导者重视员工关系管理,那么企业员工的责任心就较强,岗位效率也很高,其工作成果就较大,各项任务就完成得比较好;反之,如果领导者对员工关系管理不重视,员工责任心较差,各项工作就上不去,企业目标也就难以实现。那么,对于领导者来说,如何才能有效地重视员工关系管理呢? 方法有以下 4 个,见表 44-1。

表 44-1　员工关系管理的 4 个方法

方法	具体内容
强化员工关系意识	在企业经营中,员工是维持企业生存和发展的重要保障。任何企业的一切目标、利益、计划、政策、措施等都必须通过发挥员工的工作技能才能实现。可以说,离开员工就没有企业存在的基础。领导者只有将员工关系作为最重要的第一关系来对待,才能发挥员工的潜能。
让员工认同企业的远景	在任何一个企业中,所有利益相关者的利益都是通过企业共同远景的实现来达成的。领导者在员工关系管理中,尽可能地让员工认同企业的远景。作为优秀的企业领导者,往往都是通过确立共同远景,整合企业所有资源,最终实现个体的目标。如果员工不认同企业的共同远景,就没有利益相关的前提。
制定科学有效的激励机制	员工关系管理的最终目的是激发员工的工作积极性,使其发挥实现自我价值。一般的,领导者往往采用科学有效的激励机制来激发员工的工作积极性,对员工的工作能力、行为特征和绩效等各个方面进行公平的评价,然后再给予员工相应的物质激励和精神激励。
将下属员工的发展作为重要职责	领导者是员工关系管理的重要推动者、倡导者、建设者、执行者。在员工关系管理时,将下属员工的发展作为重要职责,营造宽松的工作氛围,努力完成好团队的工作目标,创建良好的员工关系。

错误 45　陷入人力资源困境

在 21 世纪,影响中国企业行为的七大社会趋势之一便是"社会忧虑导致的内部离心倾向"。所谓"社会忧虑导致的内部离心倾向",指的是企业职工普遍的职业不稳定感而导致的对莫测前途的深深忧虑和对所供职企业的离心倾向。

——史蒂夫·乔布斯

情景再现

王安电脑公司是美籍华人王安用自己名字命名的品牌电脑公司,该公司曾经是享誉美国 IT 企业界的一颗闪亮明星。如今该公司已经几乎没什么人提起了,但在 20 世纪 80 年代,王安电脑公司可是一个响当当的品牌,在当时的美国市场上占据了极为重要的市场地位。

1951 年,王安以仅有的 600 美元,创办了王安实验室(Wang Laboratories)。1955 年,实验室改组为王安股份有限公司。经过多年的艰苦奋斗,王安电脑公司已发展到拥有 3 万多名员工,30 多亿美元资产,在大约 60 多个国家和地区设有 250 个分公司的全球性大企业。

然而王安电脑公司没有按照人们预定的思路发展下去，而是像流星一样昙花一现，最终由盛而衰。

1986 年 11 月，王安不顾众多董事和部属的反对，任命 36 岁的儿子王烈为公司总裁。

王烈接班后，由于才识平庸，缺乏王安果敢的雄风，加之不太了解王安电脑公司业务，令董事会大失所望，一些追随王安多年的高层管理人员愤然离去，令王安电脑公司元气大伤。

从 1986 年年底王烈赴任至 1988 年期间，仅 1 年多时间，王安电脑公司的财务状况急剧恶化，1988 年的亏损额高达 424 亿美元。王安电脑公司股票 3 年中下跌 90％。在 1989 年后的 4 年内共亏损 16 亿多美元，股价也大跌为 75 美分（而全盛时期的股价为 43 美元）。1989 年 9 月，病危之中的王安不得不亲自宣布将王烈撤职。

案例评点

王安是一位伟大的人物。他曾经被评选为全美最杰出的 12 位移民之一，并被列为爱迪生之后的第 69 位伟大发明家。

然而，晚年的王安也犯了一个致命的错误，就是让才识平庸、毫无特长的儿子王烈接替自己。王烈不但不能弥补公司战略的失误，还使王安电脑公司雪上加霜，在寻求集资和其他挽救方法无效后，王安公司不得不于 1992 年申请破产。

其实，王安电脑公司这样一家实力雄厚的企业，之所以会在短短数年间就走向破产的道路，主要还是因为陷入人力资源困境。

王安电脑公司的案例警示企业领导者，不管企业是处于高速发展阶段还是稳步发展阶段，都必须重视人才的引进，将贤才放置到正确的位置上。

反观中国诸多企业，在人力资源管理方面有 3 个问题比较突出，见表 45-1。

表 45-1　人力资源管理的三个突出问题

问题	具体内容
人才流失情况严重	由于很多领导者缺乏人才意识，或者人才重视程度不够，或者某些企业地理位置不佳，导致大量人才外流。
薪资水平较低	由于许多中国企业的薪资普遍较低，从而很难吸引和留住人才。
员工满意度下降	有些企业的愿景没有得到员工的认可，员工绩效考核往往也不到位，加上缺乏有效的沟通机制，使得员工满意度下降。

实战技巧

微软公司创始人比尔·盖茨在接受美国《华尔街日报》采访时曾开玩笑说："谁要是挖走了微软最重要的几十名核心人才，微软可能就完了。"

在比尔·盖茨看来，企业能够吸引和留住核心人才，关乎企业的持续发展和基业长青。核心人才不仅是企业最重要的战略资源，还是企业价值的主要创造者。因此，留住核心人才，已成为企业董事长、CEO、人力资源部经理们十分关注的问题之一。那么领导者如何才能做好人力资源管理呢？方法有以下几个，见表 45-2。

表 45-2　解决本土企业人力资源困境的 3 个解决方案

方案	具体内容
严格招聘标准	领导者要想做好人力资源管理，就必须严格招聘标准，只有在人才的引进中实施科学的人才标准，才能更好地留住人才。对于任何一个企业来说，在招聘前必须清楚需要什么样的人才，因为在一开始就找到合适的人才，远比在过程中去想尽办法改变员工行为更加重要。所以，招聘人才前先建立科学的选拔标准就显得尤为重要。
完善选人、用人、育人程序	要想留住人才，领导者就必须完善选人、用人、育人程序。其程序有四个：(1)根据员工的自身条件，为不同员工制订长短期人力资源计划；(2)明确岗位职责及技能标准，将重要人才安排在关键岗位上；(3)定期给员工进行技能培训，提高员工工作技能和素养；(4)加强人才建设，储备必要的备份人才。
招聘人才必须绝对执行选拔原则和标准	对于任何一个企业来说，引进人才必须是适合自己企业的，否则，即使人才再优秀都将不会发挥太大的作用，特别是招聘责任心强的员工，就更应该绝对执行选拔原则和标准，因为决定一个企业的竞争优势往往都是取决于一个企业的短板。

错误 46　不重视团队建设

> 从鸭颈连锁店,到上海巴比馒头,再到今天的"掉渣儿"烧饼,它们的火爆总是昙花一现。这或许不仅仅因为经营不善,更折射出中国企业在团队管理中的难题,虽然中国有非常多的优秀人才,但是往往败在由优秀人才组建的团队之下。
>
> ——周斌

情景再现

乐海兰由于业绩出色,被××房产公司任命为市场总监,全面负责××××花园小区项目的开发、销售等各项工作(×××××花园小区分成三期开发,一期正在交房,二、三期还在建设中)。

为了"配合"乐海兰的工作,××房产公司人事部还推荐了一位销售主管,据说该销售主管是××房产公司总经理的亲戚。

乐海兰办事果断干练,不到一周时间,就通过各种渠道招聘人才,很快就把××××花园小区的销售班子组建完成了。

这些销售员经过上岗培训和试用,××××花园小区销售部的工作逐渐正常展开。然而,乐海兰却发现,销售主管经常迟到早退,工作毫无责任心,更不能胜任销售主任一职。

乐海兰私下找销售主管谈过几次,并警告销售主管:"如果你再这样迟到早退,我必须处罚你。"

让乐海兰没有想到的是,销售主管依然迟到早退。由于销售主管迟到早退影响了整个××××花园小区销售部的销售工作,乐海兰便以违反劳动纪律为由处罚了销售主管。

处罚销售主管后,乐海兰积极地将此事汇报给了公司总经理,并说明处罚销售主管的理由及其处罚措施。

总经理非常赞成乐海兰的做法,并告诉乐海兰说:"我找个合适的机会警告一下销售主管。"

而乐海兰没有料到的是,当这件事情之后,销售主管不再主动与乐海兰就工作问题进行沟通,有时甚至还蔑视乐海兰。

当乐海兰与销售主管的矛盾升级时,××××花园小区二期开发进展顺利,××房产公司总经理开始催促市场总监乐海兰尽早完成销售方案。在一次例会上,总经理向乐海兰传达了"由于一期销售价格压得太低,因此二、三期定价要相对提高"的信息。

此时,××××花园小区一期交房已经快结束,而有些已经入住的业主,他们在入住前与××房产公司物业部签署的协议中同意不封阳台,却在入住后把阳台封闭了起来,物业部因此希望销售部配合,共同做好业主工作。

于是,总经理就派销售主管与那些封阳台的业主交涉。一些业主认为,阳台的所有权属于业主所有,无论是否与物业部签署协议,封不封阳台都与对方无关。

在这样谈判僵持的过程中,又有许多业主反映售楼员的很多承诺都没有落实到位。

业主们不得已联合了起来,有的业主咨询律师后,提出自己要与××房产公司打官司,有的业主通过媒体报道了此事。

　　面对媒体的报道,乐海兰感到了事态的严重性,以及空前的压力。

　　乐海兰再次找到总经理,提出撤换销售主管的建议。听完汇报后,总经理没有同意乐海兰的建议,但也没有表示更多的意见,只是提醒乐海兰尽快想办法把一期楼盘出现的问题解决掉。

案例评析

　　在上述案例中,如果乐海兰处理不好团队中的各项事务,那么××房产公司肯定会遇到巨大的危机。作为市场总监的乐海兰必须要处理好与销售主管的关系,更要激发销售主管的工作积极性,这样才能更好地解决××房产公司目前的危机问题。因此,作为领导者,没有所有团队成员的支持,就算领导者制订的工作计划再科学、再详细,也难执行到位。可以肯定地说,任何一个公司的发展和壮大,都必须依赖所有员工的有效合作才能实现。

　　事实证明,没有任何一个企业领导者能够单靠自己的力量推动企业高速发展。要想使得企业高速发展,就必须激发所有员工的才能、创造力和精力投注到团队中,这样才能发挥最大作用。在当今快节奏的工作环境中,团队的执行力与创造力比单打独斗的个人强得多,因为"缺乏团队精神的群体只不过是一群乌合之众"。

实战技巧

　　在很多企业家论坛上,企业家们都坦言团队的重要:"人心齐,泰山移,在一个项目中,我宁要一流的人才和二流的项目,也不要一流的项目和二流的人才。"

　　企业家非常恰当地描述了团队的力量。可以说,团队合作的力量是无穷尽的。甚至有企业家强调:"一头绵羊带领的一群狮子,敌不过一头狮子带领的一群绵羊。"这句话足以说明,一个项目团队的成败往往取决于这个团队的领导者,因为领导者的魅力、魄力、预见力指引团队正确的目标和方向,而领导者的一个错误决断很可能就将组织带入困境,举步维艰。因此,在实际的企业管理中,领导者必须搞好团队建设,否则就是一头绵羊带领的一群狮子。

可能读者会问:作为领导者,如何进行团队建设呢?方法有以下几个,见表46-1。

表 46-1　团队建设的 5 个方法

方法	具体内容
组建核心层	在企业管理中,作为领导者必须明白,领导者不仅是团队的领导者,更是团队的建设者。在这样的思路下,根据员工的优势分别组建智囊团或者执行团,从而组建团队核心层。当然,更要求团队核心层成员应具备领导者的基本素质和能力,不仅要知道团队发展的规划,还要参与团队目标的制定与实施。
培养团队的核心成员	领导者在团队建设时,必须适时地重点培养团队的核心成员。把团队核心成员放在重要的岗位上充分发挥核心成员的作用,使团队的业绩得以快速增长。
制定科学合理的团队目标	制定科学合理的团队目标必须依据本企业的发展方向和实际情况。核心层成员在制定团队目标时,需要把本团队目前的实际情况和本企业中长期的目标结合起来。
培育团队精神	作为领导者,必须明白团队精神是一个优秀团队的灵魂。可以这样说,缺乏团队精神的人将很难成为一名优秀领导者,缺乏团队精神的队伍只不过是一群乌合之众。
做好团队激励	领导者在实际企业管理中,必须做好团队激励。因为领导者对员工激励工作做得好坏,直接影响到团队的士气,最终影响到团队的发展。

错误 47　领导的想法不和下属沟通

文化无所不在,你的一切,竞争对手明天就可能模仿,但他们不能模仿我们的文化。

——哈伯

情景再现

2005 年 10 月,我和几位同事被深圳一家民营企业——Q 科技有限公司邀请去做咨询。进驻 Q 科技有限公司三天后,我们团队就发现 Q 科技有限公司存在着重大问题。

在 Q 科技有限公司,所有公司重大决策,包括公司日常工作安排都是由老板(董事长兼总经理)刘鹤理和副总经理管科在总经理办公室内做出的。

这些决策和日常的工作安排看似很完美,但是部门经理往往难解其意,很难将决策和日常安排彻底地贯彻执行下去。

于是,我们团队向 Q 科技有限公司老板刘鹤理建议,要求 Q 科技有限公司每周召开一次公司周例会。

召开该例会的主要目的是,老板刘鹤理制定的所有工作主张和计划,要在该例会上公开与各部门经理沟通,让部门经理了解刘鹤理制定工作主张和计划的战略意图,再让部门经理们去执行,从而更好地提高工作主张和计划的执行效率。当我们团队讲明了该例会的好处,老板刘鹤理勉强同意了。

让我们感到吃惊的是,周例会才开 5 次就被老板刘鹤理给取消了,也没有给部门经理作出任何解释。

我们了解得知,刘鹤理取消例会的原因在于,他认为 Q 科技有限公司所有的决策都要在例会上与部门经理讨论太过于烦琐。其实在做很多决策时,刘鹤理自己也拿不出更加充分有利的依据来支持该决策。当然,刘鹤理也就很难解释各部门经理们对决策的质疑。于是,刘鹤理决定取消例会,所有决策还是按照自己的思路做出决定,安排下去让大家先执行再说。

案例评点

在上述案例中,Q 科技有限公司老板刘鹤理总是偏好在其公司内部采用一种灰色、非理性的个人私下的游戏规则来管理企业,从而作做出关乎公司生存和发展的重大决策。

然而,刘鹤理为什么会采用这样说不清道不明、无法用常规逻辑来解释的处理方式呢?因为刘鹤理心里非常清楚,如果把决策拿到例会上来公开讨论,特别是刘鹤理面对各部门经理的种种质疑,就会挑战刘鹤理作为老板的绝对权威,所以刘鹤理就取消了例会,回到暗箱操作的方式,这样老板的权威又开始显现出来。

在 Q 科技有限公司,要想做强做大,就必须改变刘鹤理的隐性规则,否则,Q 科技有限公司将面临重大危机。

不可否认,Q 科技有限公司只是中国企业中的一个代表。其实,在很多民营企业中,特别是中小型民营企业中,这样的隐性规则往往主导着企业的决策和管理,企业领导者也通常缺乏一种最基本的是非黑白判断标准。

比如,在 S 家族企业,该企业员工有 300 多人。为了更好地制度化管理,该企业规定,迟到、旷工要扣一天工资的两倍,及其本月奖金。有一天总裁助理杨晓彤旷工一天,按制度规定应该被处罚。然而当人力资源总监把处罚报告给总裁时,总裁却说:"算了吧,杨晓彤是我的助理,而且也跟我打拼多年了。处罚了杨晓彤,我的面子也挂不住啊。"

又比如,在 P 公司,大学机械专业毕业的霍东,技术能力非常强,在某一个项目上提出与上司意见不同的技术方案,该技术方案更加科学合理,深得生产线干部的欢迎。然而,这让其上司觉得很难堪,自觉面子全无,并找了一个理由将要其辞退。霍东将情况反映给老板,老板却支持辞退霍东的意见。

由于此类事情在很多企业都发生过,而且还非常常见,很多员工也开始见怪不怪,久而久之也就习以为常了。

在实际的管理中,如果领导者仅仅是为了脸面、权威、一己私利、自己的心理平衡,这样的领导者是不能胜任的。

然而,在中国这个转型时期,在很多民营企业,员工必须听从领导者的调遣,该公司的一切运作都要按照领导者的主观意志进行,成熟企业的管理制度和规则在此刻好像都不存在,就连本公司已经明确制定的制度规章也常常被领导者们所忽视。

这就导致在公司内部出现一种情况,员工为了明哲保身,凡是不直接关系到自己切身利益的事情,无论谁是谁非、谁对谁错,一律不去过问,以免惹祸上身。因此,一个企业领导者,特别是那些董事长和总经理,如果他的公司没有明确的游戏规则,一切事情都由他一个人来决定,那么,人们在这个企业中看到的仍然是封建王朝式的专制,最后,企业的命运还是会像封建王朝一样走向灭亡。

实战技巧

在中国诸多企业中都存在着一种隐性的文化现象,这种现象不是国家法律,也不是公司制度,但是却比国家法律和公司制度更具致命性。

可能有读者会问:作为领导者,如何才能避免隐性文化主导企业决策和管理呢?方法有如下 3 个,见表 47-1。

表 47-1　避免隐性文化主导企业决策和管理的 3 个方法

方法	具体内容
以身作则,坚持维护公司规则	作为领导者必须以身作则,坚持维护公司规则。如果领导者公然违反相关制度,部门经理和一线员工就可能对领导者不遵守公司制度的行为进行仿效,或者放弃对自我行为的内在管控。在部门经理和一线员工看来,制度是给全体公司所有人制定的,既然制度的制定者尚且如此,部门经理和一线员工就有了仿效的理由。
对包括领导者在内公司所有人一视同仁	在很多公司中可以看到,企业大部分员工因为违反了公司制度而受到处罚,但是领导者不遵守公司制度却可以免于处罚。这种情况让所有员工觉得不公平,领导者及公司制度在员工中的权威会急剧下降。
绝对不能将常规性问题非常规化	在公司制度完善的情况下,领导者企图绕过某些公司规则体系去例外处理一些问题,将常规性问题非常规化,这样的做法实际上就行使了不必要的特权,相当于企业领导者人为地将自己与特权联系在一起。

错误 48　　竞争优势张力错位

　　竞争优势不仅能够显著地为客户带来收益或节约成本，与竞争对手相比，它还具有难以模仿的独特性。从这个意义上说，能否正确认识企业的核心竞争力是制定出目标清晰、具备可操作性的发展战略的第一步。

——李彦宏

情景再现

　　2004 年秋季，当媒体再次采访云南民营经济史上少有的风云人物、昔日的云南"钛王"——罗志德时，昔日有"云南企业之父"美誉的他，坐在企业如今已空荡荡的办公间的一张旧沙发上，而且手握一根拐杖——这位正值壮年的企业家已经行动不便了。

　　当年颇具规模的血制品车间如今凋敝不堪，就算是在路达低谷期为饲养蜗牛挂上去的大招牌——"蜗牛庄园"四个字也已经锈迹斑斑，与曾经闻名云南的路达集团不可同日而语。

　　在媒体的印象中，当年的罗志德意气风发。他虽为科技人员，却敢于辞去公职，并于 1985 年创办了"云南路达科技开发总公司"，之后的十几年，路达公司靠着几个高难度的飞跃一路到达巅峰。

客观地说,罗志德还是一位有社会责任感的企业家。在创业成功之后,罗志德在云南教育学院成立了一个路达企业家学院,为云南培养了不少企业家。

然而,到底是什么将路达公司带入悲剧之中呢?

1992 年,创业成功之后的罗志德,有一个在云南省省会昆明盖一座 56 层大厦的想法。之所以定为 56 层,罗志德在接受媒体采访时谈道,主要是中国有 56 个民族,大厦的一层就代表一个民族,彰显中华民族的大团结。

20 世纪 90 年代,罗志德并没有真想建这个 56 层的大厦,仅仅是一个想法而已,然而,这个想法却让地方有关领导知道了。地方有关领导为了促进地方的发展,对这个 56 层的大厦赋予了非同寻常的意义。

于是,地方有关领导"特批"了一块位于昆明市中心、面积达 100 亩的土地给路达公司,用于兴建 56 层代表 56 个民族的大厦,并且又在昆明市郊给了罗志德 200 亩土地。

此刻的罗志德没了退路,只好按照地方有关领导的意图去执行。但当时路达公司根本就没有能力建这座 56 层代表 56 个民族的大厦,只得向银行贷款,却没有足够的抵押物。

于是,罗志德只能以发行股票的办法筹资来修建大厦,股票发行的头三天就筹集到 2000 万元的资金。

罗志德原本以为这样的方法可以解决资金短缺的问题。然而,罗志德发行股票筹资的事情却被一个记者得知。该记者写了一份路达公司乱发股票、扰乱金融市场秩序的内参,于是路达公司被勒令立即停止股票发行。

没有了资金来源,大厦自然也就没有办法盖起来。从那以后,路达公司的麻烦就像溪水一样源源不断涌来,不但矿山开采三番五次遭到检查,村民也不断到矿上滋事。以前发生这样的事情,罗志德只需要向地方有关领导汇报一下,所有问题就都迎刃而解了,但现在却不行了。

而后,路达的钛矿采选厂和其他非法矿厂一起被有关部门勒令关停。钛矿采选厂是路达的生命线,也是罗志德赖以起家的本钱,采选厂被关停,也就意味着路达完了。

案例评点

不可否认的是,获得资本资源对一个企业的成长是至关重要的。很多企业在初创时,往往很难获得外部资本、渠道产品研发等支持。尽管许多创业企业具有较大的发展能力,但是合作者、银行风投等是不会把钱借或者投给这些创业企业的。此刻,只能靠创业者自己白手起家和善于利用各种资源。

曾经有知名企业家认为,在中国要想将企业做大,关系是非常重要的。这里的关系其实就是善于利用各种资源。

可能有读者会问:关系是中国特色的东西,那么在欧美这样的国家,关系是不是就不重要? 如果读者持有这样的想法,那就大错特错了。

在人类历史的发展长河中,是关系维系了人类的生存,因为在蛮荒的远古时代,人类只有群居才能战胜那些大型食肉动物以及复杂的自然环境。由于人是群居动物,人的成功只能来自他所处的人群及所在的社会,只有在这个社会中游刃有余、八面玲珑,才能为事业的成功开拓宽广的道路。如果没有非凡的交际能力,免不了处处碰壁。因此,要想将创业企业做强做大,就必须善于利用各种资源。

实战技巧

在这里,我们必须提醒领导者,善于利用各种资源,也包括政府资源,这对任何一个企业的成长都十分重要。但是实际上,政府提供的资源是有限的,对于企业领导者来说,关键要提升企业的竞争优势,而绝不能把希望全都寄托在政府的帮扶上,否则将非常危险。罗志德的悲剧就能警示每一个领导者。

对此,百度创始人李彦宏曾多次强调,"竞争优势不仅能够显著地为客户带来收益或节约成本,与竞争对手相比,它还具有难以模仿的独特性。从这个意义上说,能否正确认识企业的核心竞争力是制定出目标清晰、具备可操作性的发展战略的第一步"。

当然,企业竞争优势必须独特,否则它就不可能有更大或更强的竞争力。可能读者会问:作为领导者如何才能避免竞争优势张力错位呢?要想正确提升企业核心竞争力,就必须搞清楚以下企业核心竞争力的具体方面,见表 48-1。

表 48-1　企业核心竞争力的 5 个具体方面

方面	具体内容
产品竞争力	所谓产品竞争力,主要是指产品符合市场要求的程度。
流程竞争力	所谓流程竞争力,是指在工业品生产中,从原料到制成品各项工序安排的程序。
市场营销竞争力	所谓市场营销竞争力,是指企业根据市场营销环境和自身的资源条件,获得自己的独特优势,为顾客创造价值,达成互利交换,实现企业及相关利益方目标的能力。
渠道竞争力	所谓渠道竞争力,是指企业通过某种渠道充分地让顾客接受其产品和服务。
价格竞争力	所谓价格竞争力,是指在质量和品牌影响力同等的情况下,其价格优势比竞争者更明显。

错误 49 过分迷信过往的传统经验

在商业领域,由于迷信经验、固守传统而导致经营失败的领导者,绝不是少数。所以正确的做法应当是,既要重视经验,但也不能为经验所左右。

——张瑞敏

情景再现

20世纪90年代,某省有一位踌躇满志的诗人,不仅出版了自己的诗集,还得到了许多商界人士的崇拜。

在很多场合,商界崇拜者都表示只要该诗人需要帮助,他们一定赴汤蹈火。再加上时不时有政府公职人员创业成功案例的报道,该诗人觉得自己也可以创办一家公司。

诗人认为自己可以创业的理由有以下三个:

第一,自己能逼真地描述人类复杂的心灵世界,经营一家小公司简直就是火箭弹打蚊子——大材小用。

第二,自己拥有较好的人脉——很多商界崇拜者,平时经常听这些商界崇拜者谈生意,耳濡目染,而且经常给商界崇拜者指明财路——由于诗人见解高明、主意新颖,商界崇拜者照着诗人的点子去做,有些还真赚了不少钱。

第三,自己朋友多,崇拜者也多,要开家公司,有困难只要一句话,很多人都会毫不犹豫地帮忙。

在诗人以为"稳操胜券"的创业计划下,其创办的文化传播公司开张了。

然而,公司还没有步入正轨,诗人就大张旗鼓招聘了 20 个员工,还给每个员工配发了一个"大哥大"电话。

诗人这样做的目的是,派这些拿着"大哥大"的员工气派地和合作者洽谈,能够引起媒体的关注重视,从而达到制造声势、扩大影响的目的。

诗人对于自己的公司有明确的目标和步骤,第一步是先垄断本市的文化传播行业,第二步是垄断本省的文化传播行业,第三步是垄断中国的文化传播行业,第四步是垄断全世界的文化传播行业。因为有这些目标,公司还没有做出什么成绩,该诗人就已经开起沙龙和讲座,侃侃而谈如何做一个"高层次有文化的商人"。

然而,让诗人没有想到的是,不到三个月时间,他从商界崇拜者那里筹集的 100 万元启动资金就已经花完。

而昔日那些说需要帮助一定赴汤蹈火的"朋友""崇拜者",不仅没有出手相助,反而先后前来讨债。诗人还打算向商界崇拜者再筹集一笔资金,却再没有筹到钱。

诗人感觉自己受到了极大的侮辱,极端愤怒而又失望至极。在以后的 10 多年时间里,该诗人一直没有还清当初筹集的 100 万元,以至于该诗人在发表或者出版诗集时,都不敢用自己的真实名字或者曾经的笔名。他在诗集里深有感触地说:"看来干什么事,都像写诗,只能自己写,而不能学。"

案例评点

毋庸置疑,参考和借鉴一些企业家的管理经验是完全可以的,但是绝对不能将企业家的管理经验生搬硬套地运用在自己的企业管理中。在任何一个企业中都有自己的具体情况。对于所有企业家的管理经验和办法,一定要抱着一种警惕的心态去接受它。

在上述案例中,该诗人能写诗,但是绝对不擅长经营,可以肯定地说,20世纪 90 年代,100 万元启动创业资金已经不少了,这 100 万元,放到今天也不是少数,然而,诗人却在短短三个月就将其挥霍一空,实在令人叹息。

该案例警示企业领导者,在企业管理中,领导者应当重视参考和借鉴经验,因为经验是很多企业领导者对以往成败得失的总结,凝聚着很多企业领导者的智慧和汗水,同时也蕴含着对失败者的警告和提醒。所以,企业领导者必须正确地看待很多企业领导者的经验,这样才能避免上述诗人那样的事情发生,大大提高企业管理的效率。

当然,作为领导者必须明白,经验也不是“万灵丹”,不能放之四海而皆准,只是说明某种经营方法在该企业是行之有效的。但企业领导者不能总是保持着老一套的做法不加改变。

一般地,企业领导者的经验分为两种情况:一种是在很多企业中,领导者根据自身企业的实际情况,从实践中总结出来的;一种则来源于书本知识。很多企业领导者在接受媒体采访时谈到了自己在商业领域的诸多看法,一些企业领导者由于迷信企业家经验而导致经营失败的案例举不胜举。所以领导者正确的做法应当是,既要重视经验,但也不能为经验所左右。

实战技巧

研究发现,企业的倒闭和破产都与其领导者固守经验有着很大的关系,尽管有些商业经验曾经是指导企业求得发展的一个重要因素,但是,领导者绝对不能被这些商业经验所左右。一旦被商业经验所左右,企业有可能被引向破产的边缘。

其实,科达就是这样的一家企业,在 20 世纪 70 年代,数码技术早已被科达公司研发出来,但是科达领导者固守传统的胶卷业务,使得日本其他企业领先垄断了数码影像市场,科达也就此衰落。

其实,中国企业中像科达那样的领导者比比皆是,有些老板甚至过分迷信经验的作用,整天套用书本上的说法,动辄便说"某某说过""根据某某理论"等。尤其是对西方的企业管理理论,有些企业领导者如获至宝,潜心研读,认为只要掌握了它们,就可高枕无忧、迈向成功了。

其实,这种想法大错特错。经验虽然重要,但实践比经验更加重要。在经营的过程中,企业领导者必须勇于开拓、勤于实践,灵活运用自己现有的经验决定本企业的发展,才是上策。

错误 50　满足于已经取得的成功

> 管理者陷入成功陷阱的一个最根本的原因，就是管理者不能与时俱进，没有根据变化了解实情和不同的环境，及时进行角色变换。他们总是相信过去的成功经验和美妙感觉，据此思考问题和采取行动，而不是为自己充电，他们最后干脆成为惰性的奴隶……
>
> ——史蒂夫·鲍尔默

情景再现

在计算机领域内有两个名噪一时的巨人，这两个巨人都曾经因不能割舍其企业优势而遭到重大挫折。这两个巨人一个是王安，另一个就是将个人电脑业务出售给中国联想的 IBM。

在人类社会开始有规模使用计算机科技的早期，王安几乎可以说是计算机的代名词。1972 年，王安公司研制成功半导体的文字处理机。

1974 年后，王安公司又推出这种电脑的第二代，其实，王安公司的计算机其实是文书处理器，因为产品做得极好，使得办公室的工作效率大大提升，所以产品极畅销，成为当时美国办公室中必备的设备。

而后王安公司对科研工作的大量投入,使公司产品日新月异,迅速占领了市场。这时的王安公司,在生产对数电脑、小型商用电脑、文字处理机以及其他办公室自动化设备上,都走在时代的前列。

后来,有竞争者开始尝试要将计算机科技的运用更加多元化,增加许多文书处理以外的功能。

面对竞争者的加入,王安却错误地认为,没有消费者会购买一台额外功能过多的笨重电脑,消费者需要的只是一台针对文书处理方面、功能更为强大的电脑产品。于是王安公司加紧研究开发,做出的新产品越来越好,却也越来越乏人问津,最终,王安计算机这一个曾经叱咤风云的计算机巨人,亦难逃倾覆的下场。

案例评点

由于篇幅有限,在这里我就不介绍 IBM 的案例了。其实,不管是王安,还是 IBM,都犯了同样的错误,就是只相信自己的优秀产品,不相信优秀的产品没有市场,以为只要把产品做到极致,就自然会吸引消费者。

当 IBM 等公司致力发展个人电脑之际,高层经理们还建议王安将电脑小型化,王安却没有采纳高管们的建议,拒绝开发这类产品。

然而,王安却忽略了在电脑这一高科技含量且高速发展的行业中,一旦新产品开发与市场需求相背离,将加速公司战略驶离正确的战略通道。

对此,微软创始人比尔·盖茨在接受媒体采访时就曾坦言:“如果王安公司能完成他的第二次战略转折——实现电脑小型化,那么世界上可能没有今日的微软公司。”

所以一名优秀的领导者,在公司管理上不仅要有能力力挽狂澜,而且要能够把传统的管理模式阶段化,把产品优势阶段化,做到与时俱进,具体问题具体分析。但是有很多领导者不仅不能把传统的管理模式进行更深层次的运用,而且还经常把传统的经验大力发扬,“放之四海而皆准”,从而导致失败。

实战技巧

对于领导者而言,应对危机最好的方法就是防范,这与领导者陷入"成功陷阱"是同样的道理。

在实际的经营中,中外很多企业之所以陷入"战术成功,战略失败"的危局之中,最主要的原因就在于公司高级管理层,尤其是最高管理者陷入"成功陷阱"而不能自拔。

当然,领导者要想避免自己陷入"成功陷阱",必须在转变管理观念、产品研发判断、提高领导技能等方面下功夫,方法有如下 3 个,如表 50-1 所示。

表 50-1　避免陷入"成功陷阱"的 3 个方法

方法	具体内容
转变管理观念	①要有变革意识和创新意识,不能用过去一时的产品成功经验看待竞争对手或者潜在竞争对手,更不能只停留在过往的功劳簿上。
	②克服惰性和依赖心理,积极根据市场需求来研发产品,从而领导产品未来的研发,绝对不能受惯性思维的局限。
产品研发判断	①要想引领市场,开发新产品最根本的途径是自行设计、自行研制。这不仅有利于企业产品的更新换代及形成企业的技术优势,而且有利于产品竞争。
	②以现有产品为基础,采取改变性能、变换形式或扩大用途等措施来开发新产品。这不仅可以充分有效利用依靠企业现有设备和技术力量,而且开发费用低。
	③对于某些产品研发,可以采用技术引进的方式。不仅可以很快地掌握新产品制造技术,减少研制经费和投入的力量,从而赢得时间,还能缩短与竞争企业之间的产品差距。
提高领导技能	①职位变化绝不表示你在某个方面多做些,在另外方面少做些,而是要求管理者必须实现领导技能的实质性变化。
	②最初的成功者往往是聪明的贯彻型人才,而较高管理层最需要的是处理型人才。
	③贯彻型领导技能只需要知道完成什么,而处理型领导技能则需要了解为什么要完成和怎样更好地完成。

第七部分

危机管理失当

　　危机管理对于凝聚人心、整合社会资源、快速及时地做出决策、争取公共危机管理的主动权并取得抗击危机的胜利有决定性的影响。另外，危机处理队伍的素质和能力也是不可缺少的因素。如果他们缺乏应对危机的充分知识和必要的技能训练，就会导致公共危机管理的失误甚至失败。此外，无论是领导者还是一线的具体处理者，缺乏成熟冷静的心理素质和训练有素的处理技能，都可能导致危机管理的失当或失败。

——浙江大学法学院　韩志明教授

错误 51　低估信誉的价值

> 　　如果在金钱与信誉的天平上让我选择的话,我选择信誉。
>
> ——包玉刚

情景再现

在中国商业史上,被誉为"中国第一商贩"的年广久可算得上是响当当的人物,不仅是安徽"傻子"瓜子的创始人,而且曾被邓小平同志三次点名表扬。

然而,究竟是什么原因使得这个名噪一时的公司悄无声息了呢? 这要从"傻子"瓜子公司说起。

据媒体报道,出生于 1937 年的年广久,十几岁就接过父亲的水果摊,并沿袭了父亲的"傻子"绰号。

20 世纪 70 年代末 80 年代初,年广久因投师学艺开创出独具风味的一嗑三开的"傻子"瓜子而名扬江淮。

1982 年,旗开得胜的年广久高调宣布"傻子"瓜子将大幅降价,其降价幅度居然达到了 26%。年广久通过这一奇招,使得"傻子"瓜子一炮走红。

在销售策略单一的 20 世纪 80 年代，年广久再一次掀起了促销风暴。1985 年，年广久策划了一个"傻子"瓜子有奖销售活动，顾客每购买 1 公斤"傻子"瓜子，就可以获得奖券一张，凭这张奖券就可以兑现"傻子"瓜子公司的促销奖品。

在 20 世纪 80 年代初，这样的产品促销方法还非常新鲜，所以"傻子"瓜子有奖销售活动一开展，顾客纷纷购买"傻子"瓜子以获取奖品。

在有奖销售的第一天，"傻子"瓜子销售达 13100 公斤，而在活动期间，最多时竟然一天就销售了 225500 公斤。

然而，面临经销商的大批量进货，"傻子"瓜子自身产量不足，无法提供充足的货源。于是，年广久从其他公司大量购买非经自己制造和检验的熟瓜子，再贴上"傻子"瓜子的商标去进行有奖销售。让年广久没有想到的是，从其他公司大量购买的非经自己制造和检验的瓜子中，有很多竟然是陈货、劣货。很快，很多经销商纷纷要求退货。

"屋漏偏逢连夜雨"，政府发布公告称，禁止所有工商企业搞有奖销售的促销活动，政府的这一禁令使得"傻子"瓜子公司所售出的奖券一律不能兑现，各地经销商纷纷退货，瓜子大量积压。银行此时也要求"傻子"瓜子公司归还贷款，再加上公司又打了几场官司，"傻子"瓜子公司一下亏损 150 多万元，而且公司的信誉降到了最低点，年广久不得不吞下自己种下的苦果。

案例评点

可以说，作为企业家，年广九是幸运的。中国著名经济学家周其仁在谈及改革时曾拿年广九举例说："比如'傻子'瓜子，当时雇到 60 个人，瓜子炒得好，把国营食品店的瓜子从柜台上挤下去，虽文化程度不高，但有营销技能，说几百万包瓜子里能嗑出一辆桑塔纳。八几年啊，嗑能嗑出桑塔纳，大家都嗑'傻子'瓜子了。市场规模大，雇工人数就多，已经超过 8 个，而且达到 80 个，这个事情怎么定？谁也不敢定，芜湖市委不敢定，安徽省不敢定，报到农研室我们老板杜润生也不敢定，把事情、不同想法和意见理清楚报给邓小平了,是小平定了。这个可以写进历史:炒瓜子要邓小平定。我听说邓小平第一次批的是四个字:'先不动他'。"

然而,年广九却没有珍惜中央高层的关心,而是采用假冒伪劣产品以次充好,欺骗消费者。

如果年广九得到邓小平同志的关照后能够脚踏实地,从抓质量、抓管理入手,进一步寻求发展,那么前途必定是光明的。

事实证明,良好的公司信誉不仅可以促进产品的销售、品牌的塑造,而且可以保证公司的持续经营。对于那些想要打造"百年老店"的企业而言,信誉的重要性不言而喻。尽管信誉很难用货币去衡量、计算,但是信誉对公司经营产生的影响最大,也最为深远。凯文·杰克逊在《创建信誉资本》一书中就坦言:"信誉是公司最重要、最具有价值的资产之一。"

凯文·杰克逊还指出,"美国近年来陷入丑闻的公司所受损失的价值超过了美国 40 家最大公司所创利润之和"。

美国有专家做过研究,发现公司声誉每上升或下降 10％,公司市值将上升或下降 1％～5％。因此,不管是开办小公司还是大公司,必须注重"诚信",商家若对消费者不诚信,必定被消费者所遗弃。

实战技巧

在全球一体化经济纵深发展的今天,不管市场竞争的程度如何,企业老板想要驾驶公司这艘大船扬帆远航,就必须具备很多优势,而信誉就是其中之一。

在企业经营管理中,公司信誉事实上已经超越了资金、管理,而成为公司优势中最有力的竞争法宝。在很多情况下,公司缺乏资金可以靠信用从银行和投资机构获得;如果公司产品要开拓新市场也可以利用信誉的力量打开。

从这个角度来看,信誉无疑是击败竞争对手最好的利器,不仅可以得到客户的认同,同时还能得到合作伙伴的认可。基于此,作为企业来讲,良好的信誉是促进企业不断发展壮大的奠基石,甚至可以帮助企业从危机中起死回生。

可能有读者会问:当企业信誉遭到一定程度的破坏时,作为老板,如何修复企业的信誉?其修复程序有如下几个,见表51-1。

表 51-1　企业信誉的修复程序

序号	具体内容
(1)	企业老板必须及时纠正失信的行为。
(2)	积极与媒体、工商管理部门以及社会公信部门有效沟通,介绍企业失信行为发生的客观原因,以及解决办法,以此取得社会的认同。
(3)	做好危机管理,坦诚地面对顾客、媒体和政府有关部门,积极沟通交流。
(4)	一旦危机事件解决后,适当地、有效地宣传,让社会各界认识到企业良好的信用形象,重新回到正常的信用等级形象上。

错误 52　缺乏企业危机管理意识

> 作为一个合格的企业家，一定要有"三只眼"：一看市场竞争，二看企业内部，三需要盯着政府政策。三个方面的任何一个，对你企业的影响都可能是致命的。另外，在现实中，随着创业步伐的加快，企业规模的增大，公司会遇到越来越多的危机。企业家必须牢记，在数以千计的环节中稍有失误或失职，都可能将整个公司拖入危机。
>
> ——董志勇

情景再现

在 2006 年中央电视台"315"晚会上，中央电视台揭露了欧典地板非德国造的事实。

在北京的建材市场上，这一披露就像一枚重磅炸弹一样，使得"欧典"这一曾经耀眼的品牌立刻遭到诸多媒体的质疑。

欧典地板在广告中号称"欧典地板，真的很德国"。

从 2004 年 7 月开始，欧典地板的广告——"欧典地板，2008 元一平方米,全球同步上市!"写有这样内容的绿色巨幅广告牌更是在许多大中城市中随处可见。

据欧典地板专卖店的销售人员介绍,欧典地板敢卖 2008 元/m² 的价格,除德国制造、选材严格之外,传递的核心原因就是德国品牌。

在欧典地板提供给顾客的宣传册上也写着:"德国欧典创建于 1903 年,在欧洲拥有 1 个研发中心 5 个生产基地,产品行销全球 80 多个国家。"

此外,在德国巴伐利亚州罗森海姆市,欧典地板拥有占地超过 50 万平方米的办公和生产厂区,并在北京通州工业区建立了合资地板加工基地。

然而,中央电视台记者根据欧典地板宣传册在德国进行了相关调查后发现,没有找到欧典地板所称的德国总部,甚至在德国当地政府工商部门也没有查到欧典德国总部相关的登记信息。另外,欧典地板宣传的两位德国企业的总经理,也只是一家德国小企业的负责人。中央电视台记者在北京通州工业区也没有找到其加工基地,但却在一家名叫"吉林森工北京分公司"的生产车间里意外地发现欧典地板正在生产和包装,其产品标签上并未标明真实的生产厂家。

案例评点

我在与众多的中国企业领导者,特别是中小企业领导者的接触中发现,他们缺乏危机意识,不懂危机管理,危机观念淡薄。一旦企业危机发生,他们自然不懂如何正确应对突发的危机事件,甚至错过有效的危机处理时间,导致危机事件发酵蔓延,最终造成企业累积几十年的信誉丧失殆尽。

其实,企业领导者只要具备危机处理常识,能够客观、科学地应对企业危机事件,就完全可以避免这类危机事件的发生。比如,在 2004 年的"巨能钙含毒"事件中,巨能公司在危机发生后宣布起诉有关的媒体。企业领导者必须清楚的是,在危机事件处理中,必须妥善地处理与媒体的关系,因为此刻媒体扮演的角色十分重要,盲目与之对抗,显然是不明智的。其理由有以下 3 个,见表 52-1。

表 52-1　对抗媒体的 3 个错误理由

序号	理由
(1)	耗费的时间太长,延误危机事件处理的时机。
(2)	让企业处于被动,从情感上很难得到消费者的支持。
(3)	一旦贸然起诉,往往不利于危机事件后续处理工作的开展。

　　既然对抗媒体不明智,那么如何才能解决危机呢? 在这里,我们先来了解一下什么是企业危机。企业危机是指在企业经营活动中的突发性事件,是由于宏观大环境的突然变化(如国家标准、行业问题的暴露),或企业在经营的过程中没有按照规范进行生产运营,而发生的严重威胁公众生命和财产安全,并产生严重社会影响的一系列危害企业的行为。

　　反观上述案例就不难看出,中央电视台"315"晚会揭露了欧典地板的内幕。因为涉嫌虚假宣传,欧典这个用 7 年时间发展起来的地板品牌就可能因此倒下。

　　读者可能会问:到底是谁给欧典地板制造了这场危机事件呢? 当此危机事件发生后,营销专家、媒体代表和企业公关人员就以欧典事件为例,针对性地对正在蓬勃发展的家居业如何应对危机进行了探讨。

　　一种观点认为,欧典地板的失误,不仅表现在面对危机事件时反应迟钝,还表现在发展到一定阶段后,依然没有做好品牌定位,过度地强调"德国品牌",最终导致了危机事件的发生。

　　另外一种观点认为,欧典危机事件的发生,缘于品牌定位的失误,因为太强调"德国品牌",一旦被人抓住了把柄,就无法回避,这才导致了危机事件的发生。

　　当 2006 年"315"晚会曝光欧典地板涉嫌夸大虚假宣传时,这个曾在消费者心目中具有最高血统的品牌、全国木地板行业的龙头企业,一夜之间瞬间成为"过街老鼠"。在巨大的舆论压力之下,欧典总裁阎培金不得已向消费者道歉。阎培金说:"欧典就企业形象夸大宣传的错误,向全国消费者致以诚挚的歉意。我清楚地知道,欧典所犯的错误,绝不是一次两次道歉所能解决的,只要在法律的层面上,我们应该承担的责任,我们一定承担。"315"

曝光对于欧典讲,是一个惨痛的教训,欧典为这个惨痛的教训付出的代价也是沉重的。痛定思痛,我会一辈子铭记这个教训,从零开始,从头做起,保证在今后的经营中绝不再犯。"

在这里,我想到了《天下无贼》里的那句英文——But only sorry is not enough。的确,对于此刻的欧典地板来说,仅仅道歉是不够的。

对于欧典地板这样一个处于危机漩涡中的品牌来说,阎培金要做的不仅是道歉,更重要的是正视危机的存在,正确地处理这场危机。对此,阎培金将这场危机概括为"短视"和"长视"的问题。

阎培金在接受媒体采访时反省说:"欧典这次失误有得有失。得到的是管理方面的一个教训,失去的是整个布局的短暂停滞。但是,他仍然坚信欧典发展模式的未来。"

经历过这次教训之后,中国企业领导者们从阎培金身上体会到了"企业的成功是源于敢干,但失败也是源于敢干"。不仅仅是欧典,曾经的三株口服液、中美史克、SK-Ⅱ等知名企业都在一场场危机中进行着博弈,有的黯然退市,也有的化险为夷。

事实上,对于欧典地板的危机,不管是欧典地板决策层对危机估计不足,还是反应迟钝,都无法排除欧典自身在品牌定位上的失策。对此,中国品牌研究专家李海龙在接受《北京现代商报》采访时谈道:"企业在规划品牌架构时,在向顾客传达品牌信息时,先强化什么,后强化什么,哪些元素要进行弱化,是非常重要的。比如宝洁,刚到中国的时候,知道中国消费者喜欢从美国、英国来的东西,就在强化产品本身之外,强化来自美国宝洁公司生产的产品。当宝洁单品的品牌力量在功能、功效和诉求方面都在消费者心目中建立起固有的模式和依赖度以后,便逐渐淡去了来自美国或者宝洁公司的企业品牌形象。欧典缺少的正是宝洁那样的品牌定位。多年来欧典地板并没有出现投诉大的质量问题或者人身伤害问题,说明产品本身的质量是不错的。当地板的质量达到对消费者的吸引力之后,就应该把宣传重点放在强化地板本身的质量给消费者带来生活的美感或者健康的角度上,逐渐淡去欧典或者德国'舶来品'在消费者心中的地位。反观欧典地板危机很容易知道,在消费者心目中,欧典就是一个德国品牌,这一点已经根深蒂固。媒体曝光欧典,说这'德国'根本是假的,消费者就有受骗的感觉。"

对此,危机管理专家撰文指出,"欧典事件"的根源在于品牌中的"德国"分量太重,自"315"曝光后,欧典更是成了品牌策划界的负面案例,甚至被称为"欧典现象"。阎培金对于曾经所犯的错误并不避讳,但显然有些避重就轻。

对此,莱茵阳光地板营销总监杨志明在接受媒体采访时强调,如果他是欧典的老板,面对危机时至少首先做到三点:一是非常坦诚地承认事实,让公众知道真实情况;二是强化产品质量,进行免费检测,或者进行先期赔付;三是对自身存在的问题诚恳地道歉,并聘请消费者作为监督员,以自己为反面教材警醒整个行业。

杨志明还认为,应对危机的最高层次是防患于未然。"欧典事件发生后,我们就预测到政府方面要加强对地板企业宣传的监管,所以我们马上对自己作出检查,对宣传上不符合规定的细节进行整改,避免成为媒体后续报道的对象。"

"欧典事件"反映了中国企业危机管理的现状,企业家对危机的认识、应对措施及手段的缺乏,导致危机来临时"兵败如山倒",这是其中一个很重要的原因。

对此,时任中国人民大学经济学院副教授、经济学博士、院长助理董志勇撰文指出:"作为一个合格的企业家,一定要有'三只眼':一看市场竞争,二看企业内部,三需要盯着政府政策。三个方面的任何一个,对企业的影响都可能是致命的。另外,在现实中,随着创业步伐的加快,企业规模的增大,公司会遇到越来越多的危机。企业家必须牢记,在数以千计的环节中稍有失误或失职,都可能将整个公司拖入危机。"

实战技巧

研究发现,导致企业危机事件发生的因素非常多,当然,有些企业危机事件是偶然因素引发的,但可以肯定的是,多数企业危机的爆发是一个累积变化的过程。

在这个变化的过程中,如果企业领导者具有较强的危机意识,能够敏锐地洞察到一些细微的变化,再根据企业日常从各种渠道收集到的资讯,及早采取有效的危机防范措施,完全可以避免企业危机事件的发生或者尽可能减少企业危机事件导致的损害和负面影响。因此,树立强烈的危机意识无疑成为中国企业领导者危机管理的首要环节。

可能读者会问:作为企业领导者,如何才能树立强烈的危机意识呢?方法有以下几个,见表 52-2。

表 52-2　树立强烈的危机意识的 3 个方法

方法	具体内容
将企业危机的预防作为日常工作的组成部分	树立较强的危机意识,对于中国企业领导者来说,特别是中小企业领导者尤为重要,较强的危机意识是中小企业生存和发展的一个关键因素。因此,企业领导者在危机管理时,必须提升自己的危机管理意识,将企业危机的预防作为日常工作的组成部分。
对员工进行危机管理教育	在危机管理中,要使企业所有员工都具备危机管理意识,就必须对员工进行危机管理教育,让所有员工意识到,企业危机的预防必须依靠所有员工的共同努力才能真正避免。只有提高员工的危机意识,才能真正地提高企业应对各种危机的能力,从而有效地防止企业危机事件的发生。
开展危机管理培训	可以说,对员工危机管理的教育只是所有员工参与危机应对的第一步,接下来就是展开相关的危机事件处理培训,从而更有针对性地应对危机。当然,对员工开展危机事件应对管理培训,不仅在于进一步强化员工的危机意识,更重要的是让员工掌握危机管理知识,提高面对实际危机时的处理技能,增强心理素质,从而提高整个企业的危机管理水平。

错误 53　漠视企业危机

> 世事的起伏本来就是波浪式的,人们要是能够乘着高潮勇往直前,一定可以功成名就;要是不能把握时机,就会终生蹉跎、一事无成。我们现在正在涨潮的海上漂浮,倘若不能顺水行舟,我们的事业就会一败涂地。
>
> ——威廉·莎士比亚

情景再现

在中国第一代企业家中,有一个企业家不得不提,他就是三株药业集团的董事长吴炳新。究其原因,在保健品行业,没有人可以否认吴炳新的大佬地位,甚至有媒体评论说吴炳新是一个不折不扣、名副其实的"教父级"人物。

当然,这样的评价我觉得还是非常合适的。不仅因为吴炳新曾经带领三株在很短的时间内演绎了中国保健品行业最辉煌的"神话",更是因为吴炳新开创了一个全新的营销模式。

从来自三株的统计资料看,到 1996 年年底,农村市场的销售额已经占到了三株总销售额的 60%，这是一个非常了不起的营销业绩。

1992 年，吴炳新以 30 万元起家。1995 年，三株销售收入达到 23.5 亿元。1996 年，三株迅即走向巅峰，销售收入超过 80 亿元。

然而，没有人会想到，高速发展中的三株企业会因为湖南省常德市汉寿县的一位退休老船工陈伯顺而戛然止步。三株的月销额从最高时的 7 亿元急速下滑至 1000 余万元，16 万人的营销队伍当年就裁掉了 15 万人，品牌从此进入休眠期。

1996 年 6 月 3 日，77 岁的陈伯顺身患冠心病、肺部感染、心衰Ⅱ级、肥大脊柱炎、低钾血症等多种疾病（二审法院已查明），经医生推荐，他花 428 元的价格购买了 10 瓶三株口服液。

正是这 10 瓶三株口服液引发了三株的危机。据陈伯顺家人介绍，陈伯顺患有老年性尿频症，服用两瓶三株口服液后，其尿频症状改善，不过饭量却增加了不少。但一停用三株口服液，陈伯顺的旧病又复发。当陈伯顺服用到第 3～4 瓶三株口服液时，全身开始出现红肿、瘙痒的症状；当服完第 8 瓶三株口服液时，陈伯顺全身溃烂、流脓流水。

1996 年 6 月 23 日，陈伯顺因病情严重被家人送到汉寿县医院求诊，医院诊断为"三株药物高蛋白过敏症"。

其后，陈伯顺的病情不断反复，并于 1996 年 9 月 3 日病逝。陈伯顺病逝后，其妻子、儿女向常德市中级人民法院起诉三株口服液。

1998 年 3 月 31 日，常德市中级人民法院做出一审判决，判决结果是支持陈伯顺家属的诉讼请求，要求三株口服液向死者陈伯顺家属赔偿 29.8 万元。

三株口服液一审判决败诉后，数十家媒体在头版头条高密度地报道了三株口服液毒死陈伯顺的新闻，有的新闻标题甚至是"八瓶三株口服液喝死一条老汉"。这一轮爆炸性新闻，对于已经处在风雨飘摇中的三株公司无疑是毁灭性一击。

其实，三株口服液在"常德事件"之前，已经遭遇过"广东事件"与"成都事件"，但吴炳新没太注意。

尽管二审三株口服液胜诉,改判了一审的判决,但"常德事件"之后,三株的销售一落千丈。

……

就这样,三株集团这个曾经年销售额高达 80 亿元、累计上缴利税 18 亿元、拥有 15 万员工的庞然大物轰然倒下。时至今日,三株已经淡出消费者的视野。

案例评点

中国的企业领导者,特别是中小企业领导者,向来不重视企业危机的处理。一旦企业遭遇危机,中国企业领导者大多数想着如何遮掩过去,这样的结果也就可想而知了。

正是这样的危机处理思维,才导致了三株、秦池、南京冠生园、红桃 K 等中国耀眼的企业昙花一现。企业领导者不重视危机事件的应对,终于使一个本可以基业长青的企业快速地消失在消费者的视野中。

这到底是谁的错?我们在研究这些案例时,总是在不断地问这个问题。当然,这肯定是企业领导者的错,因为许多中国企业的领导者都漠视危机,说直白了就是在面对危机时,总有着大事化小、小事化了的"中国式处理思维"。然而,他们却不知道,这种应对危机的方法不仅无法缓解危机的蔓延,还可能使得完全可以控制的危机态势越来越严重,最终导致整个企业的全面崩盘。

反观上述案例,在中国企业群雄榜上,三株也是一个绕不过去的名字,但是三株却因一次严重的"形象危机",葬送了自己的前程。

面对危机事件,三株是如何应对的呢?现在,我们来回顾一下三株的危机,1996 年 6 月,身患冠心病、肺部感染、心衰Ⅱ级、肥大脊柱炎、低钾血症等多种疾病(二审法院已查明)的 77 岁老人陈伯顺,经医生推荐服用三株口服液。后来陈伯顺皮肤出现病状,诊治无效于 1996 年 9 月死亡。

其后,也就是在 1996 年 12 月,陈伯顺家人向常德市中级人民法院起诉三株公司。

三个月后,也就是在 1997 年 3 月,常德市中级人民法院一审判决三株公司败诉,三株口服液向死者陈伯顺家属赔偿 29.8 万元,并没收三株 1000 万元的销售利润。

其后,三株公司不认可常德市中级人民法院的一审判决,于是向湖南省高级人民法院提出上诉。然而,三株公司不清楚,就算是上诉,也需要时间,而在三株公司向湖南省高级人民法院上诉期间,数十家媒体长篇累牍地连续报道该事件,三株的产品形象、企业形象、品牌形象不仅遭到沉重打击,而且导致工厂停产、销售瘫痪。

1999 年,湖南省高级人民法院做出终审判决,由于陈伯顺患多种疾病,最终判定三株公司胜诉。相比曾经高达 80 亿元的年销售额,此刻三株公司的胜诉已经意义不大了,数十亿元资产损失,十万人下岗,虽然赢了官司,却丢了市场。

其实,三株公司在事发当时,曾积极主动跟陈伯顺家属协商过,但协商未果,从协商未果的结局来看,正是三株多次丧失了危机管理时效性的敏感度,使得公司月销售额从数亿元一下子跌到不足 1000 万元,这样的代价太大了。当我们回过头来看,在危机事件还没有发酵时,就算是赔偿 500 万元的代价也不会大于而后的结果。因此,在企业危机爆发的时候,一旦短时间内不能确定谁是谁非,倒不如暂时先退一步,以免矛盾激化。

实战技巧

对于任何一个企业而言,危机就像死亡和纳税一样不可避免,这就要求企业领导者要为危机做好计划,这样才能更好地应对突发的危机事件。

美国《财富》(*Fortune*)杂志记者在对世界 500 强企业的 CEO 进行调查后发现,92% 的 CEO 认为商业危机不可避免,不足 40% 的 CEO 说他们有应付各种危机的计划,94.5% 的 CEO 确信当危机来临时他们能应付自如。

从世界 500 强企业 CEO 对待危机的态度足以看出,他们应对危机的能力往往较强。这就要求中国企业领导者不仅需要强化危机管理意识,还必须重视危机的防范方法。今天商场上的领军企业,也不敢保证明天还是领军企业。这就要求企业领导者必须时刻保持危机感,就像比尔·盖茨紧迫的危机感——"微软离破产永远只有 18 个月"。

华为创始人任正非在多年前撰文《华为的冬天》时,清醒地意识到:"华为的危机,以及萎缩、破产是一定会来到的。"

不管是比尔·盖茨,还是任正非,他们都能清醒地认识到危机的存在,正是这样的思维,微软和华为才能成为伟大的公司。因此,危机不可怕,可怕的是错误地估计危机形势,令危机事态进一步恶化。就像美国第 37 任总统理查德·米尔豪斯·尼克松(Richard Milhous Nixon)对"水门事件"极力掩盖引发的危机,要大于事件本身所造成的危机。为此,尼克松"水门危机"警示中国企业领导者,不仅要尊重危机管理的规律,而且还要具备居安思危的意识。

错误 54　危机发生后试图隐瞒真相

> "三鹿"危机事件提醒企业经营者在生产经营活动中要天天敲响警钟，要有应对突发事件的能力，并以坦诚的态度面对危机。
>
> ——陈培爱

情景再现

1918 年，广东商人冼冠生到上海经商，创办了上海冠生园食品公司。由于其出色的经营能力，1925 年前后，上海冠生园分别在天津、汉口、杭州、南京、重庆、昆明、贵阳、成都开设冠生园分店，而且还在武汉、重庆投资设厂。

中华人民共和国成立后，特别是 1956 年，社会主义改造完成。政府与冠生园公司进行公私合营，冼氏控股的冠生园股份有限公司就此解体，各地使用"冠生园"字号的企业数以百计，互不隶属。

20 世纪 80 年代，我国实行改革开放，然而在与其他企业的市场竞争中，南京冠生园因大幅亏损而面临倒闭（现"南京冠生园"的前身是原上海冠生园公司南京分店）。

1993年，南京冠生园为了激活市场竞争力，引进台资，合资组建南京冠生园有限责任公司——中国大陆地区以名牌和原有实物资产折占40%股权，台商则实际出资700万元占60%的股权。中国台湾地区商人吴震中聘任总经理和其他要职，南京冠生园原核心管理人员均被内退。南京冠生园老厂共有466名职工，合资后，吴震中就以各种理由开除了90名员工，154名员工拒签新的劳动合同。

1993年，即合资后的第二年，南京冠生园转亏为盈，营业额逐年增长，连年获利，发展为南京市政府核定的240家大中型企业之一。南京冠生园的发展也从此走上了快车道，在近90个大中城市及4个直辖市都有销售网络，成为真正的全国性食品品牌。

1993年以后，为了节约成本，南京冠生园开始着手回收没有销售的月饼来年再用。这自然引起了不少南京冠生园老职工的强烈反对，但吴震中采取高压式管理，对不服从这项命令的员工以下岗处置。

吴震中以为辞退员工就可以封锁此消息。然而，2000年中秋节前，一些被南京冠生园公司辞退的员工向南京某广播频道反映，南京冠生园回收上年的月饼来年再使用。

其后，南京某广播电台主持人前去南京冠生园公司采访，却遭到吴震中的指责和威胁。吴震中声称，他可以随时让这位广播电台主持人下岗。

然而，吴震中的威胁并没有奏效。从2000年8月开始，多路记者对南京冠生园进行暗访，断断续续用一年时间拍摄南京冠生园回收月饼再加工的整个过程。2000年10月24日，南京冠生园将剥出的月饼馅翻炒入库；2001年7月2日，保存一年的馅料出库加工；2001年7月18日，旧馅加工的新月饼被销往全国各地。

中央电视台于2001年9月播出了"南京冠生园月饼"的相关报道，揭露南京冠生园大量使用霉变及退回馅料生产月饼。该事件被曝光后，震惊华夏大地，南京冠生园公司也因此接连受到多家媒体与全国消费者的批评。

面对即将掀起的产品危机，南京冠生园的反应也是匪夷所思。台商吴震中矢口否认近10年的做法："我们从来没有用回收来的月饼馅再炒制作为新馅,只是用过去没用完的馅。"

2001 年 9 月 10 日,南京冠生园发表致广大消费者的公开信,声称相关报道"不但歪曲事实而且完全失实"。

而后,吴震中还公开指责中央电视台的报道蓄意歪曲事实、别有用心,并宣称"使用陈馅做月饼是行业普遍的做法"。这种背离事实、推卸责任的言辞,激起社会舆论的一片哗然。

一时间,媒体公众的猛烈谴责、同行企业的严厉批评、消费者的投诉控告、经销商的退货浪潮……事态严重恶化,也导致冠生园最终葬身商海。

案例评点

一旦企业危机事件爆发,企业领导者在处理危机时,必须尽可能诚实地说出整个事件的真相。一旦媒体发现企业领导者在危机应对中撒谎,不仅会让危机事件雪上加霜,还会加速危机事件的升级,最终企业将为领导者撒谎付出惨重的代价。

在南京冠生园这个危机案例中,当南京冠生园公司大量使用霉变及退回馅料生产月饼危机事件爆发后,在整个事件过程中,台商吴震中明显缺乏应有的危机处理办法。

在事实已经很清楚的情况下,吴震中既没有坦承错误、承认陈馅月饼的事实,也没有主动与媒体和公众进行善意沟通、赢得主动,把危机制止在萌芽阶段,而是矢口否认,甚至公开谴责威胁将其曝光的中央电视台。

回顾南京冠生园的危机事件,当"陈馅月饼"危机事件曝光后,南京冠生园领导者第一时间的应对措施,就是在相关媒体上发表公开声明——"南京冠生园公司绝没有使用发霉或退回馅料生产的月饼……冠生园人坚信中国是法治国家,执法部门会依法对这一事件作出公正结论。对蓄意歪曲事实、损毁我公司声誉的部门和个人,我公司将依法保留诉讼的权利。"

事实上,南京冠生园在"陈馅月饼"危机爆发后,是完全可以避免危机态势蔓延的。遗憾的是,南京冠生园公司却错过了,不但坚决否认其产品质量的问题,而且自作聪明地企图将事件焦点转移到同行和消费者身上。2000年8月,央视记者就陈馅问题采访南京冠生园公司总经理吴震中,其回复如下:

吴震中:这在全国范围内是一种普遍现象。月饼是季节性很强的产品,每个厂家都想抢月饼市场,这个市场很难估量,没有一个厂家做几个卖几个,都用陈馅做新馅。

记者:您觉得合不合法,合不合情?

吴震中:我本身也不是做食品的,但这几年我对食品慢慢了解了。政府在《卫生防疫法》里没有一个明确的规定说这个可以做那个不能做,但从消费者意识来讲,厂家不能公开地这样讲。

吴震中在接受央视记者采访时,竟然声称使用陈馅月饼是行业的普遍现象。这种解释不仅激起了月饼生产企业的强烈不满,更加激化了南京冠生园与消费者的矛盾,最终惹来了更大的麻烦。

实战技巧

危机事件爆发后,企业领导者在任何时刻都必须正确面对危机事件,及时地向媒体披露相关事实。这样做不仅能够赢得消费者的理解和尊重,还能最大限度的避免危机事件的蔓延,减少危机事件对企业的损害。一旦出现危机事件,企业高层一定要及时召开新闻发布会,一方面表达对消费者的歉意;另一方面公布危机事件解决方案,比如,停止产品销售、召回等措施。

在很多时候,企业领导者必须明白,危机事件中不管对错,都必须适时地公开真相,提高危机事件的透明度。在很多危机事件中,消费者一般很难认可遮遮掩掩和躲避事实的企业。

可能有读者会问:作为企业领导者,在企业遭遇危机事件时,如何正确地处理危机事件?方法有以下4个,见表54-1。

表 54-1　领导者处理危机的 4 个方法

序号	具体方法
（1）	危机事件爆发后，领导者应尽可能避免危机事态的进一步扩大和蔓延。必须积极主动地采取停售、问题产品下架、召回等办法，从而避免危机事件升级。
（2）	危机事件爆发后，领导者必须组织一切人力和物力对危机事件进行调查，尽快查明危机事件问题的症结所在，从而有针对性地及时纠正错误，杜绝产品和服务出现新的差错，真正为消费者负责。
（3）	危机事件爆发后，领导者必须尊重消费者的知情权。一旦危机事件确有差错，领导者必须开诚布公，承认产品或者服务存在问题，主动地承担责任。
（4）	领导者适时地向社会和公众说明危机事件的真相，然后有针对性地宣传企业品牌，从而将危机事件对企业信任的伤害降到最低。

错误 55　等到危机发生后才匆忙应对

> 危机如同 SARS 病毒一样，预防与控制是成本最低、最简便的方法，但它常常被忽视。优秀的企业安度危机，平庸的企业在危机中消亡，只有伟大的企业在危机中发展自己。
>
> ——安迪·格鲁夫

情景再现

总部位于中国广东省佛山市顺德区的碧桂园诞生于 1992 年。经过 20 多年的发展，碧桂园已发展成为拥有 4 万多员工、属下机构涉及房地产开发各个环节的大型综合房地产企业。碧桂园品牌在品牌价值实验室编制的 2010 年度"中国品牌 500 强"排行榜中排名第 71 位，品牌价值已达 84.13 亿元。

然而，2009 年 12 月初，碧桂园在湖南省省会长沙开发的大型项目威尼斯城联排别墅多次出现质量问题。

作为开发商的碧桂园在出现质量问题后，没有积极处理该危机事件，当然也没有解决业主提出的合理要求。于是，业主罗邵波向各大媒体爆料，长沙威尼斯城联排别墅有严重的质量问题,这才使得在冰山下的碧桂园长沙威尼斯城联排别墅"质量门"事件浮出水面。

其实,业主罗邵波购买的别墅出现质量问题并非个案,据媒体采访广大业主后得知,长沙威尼斯城联排别墅出现质量问题的别墅非常多,业主们所在小区的房屋返工率竟然高达 300%;同时,异地碧桂园部分项目也被媒体曝光,此刻的碧桂园地产陷于"质量门风波"的危机事件中。

而当"质量门风波"的危机事件被曝光后,在 2009 年 12 月 9 日、10 日,受累于"质量门"事件,碧桂园公司股票连续两日大幅缩水,市值蒸发近 40 亿港元。

案例评点

不管是世界 500 强企业,还是中小企业,既然危机事件已经发生,作为企业领导者,解决企业危机事件的最好办法就是"化险为夷在第零时间"。

然而,尽管中国古代很多典籍上都记载了危机及其应对方法,但是诸多中国企业领导者却不大重视。

在上述案例中,当碧桂园长沙威尼斯城联排别墅出现质量问题后,公司高层并没有在第一时间内对该危机事件作出任何回应,致使碧桂园公司股票连续两日大幅缩水,市值蒸发近 40 亿港元。

在消费者看来,碧桂园没有回应质量问题,就是缺乏积极承担事件责任的直接体现,而碧桂园没有与长沙威尼斯城联排别墅众业主及广大公众进行真诚沟通,就是想隐瞒真相。可以看出,碧桂园在"质量门"危机事件中的应对方法与其知名地产公司的地位极不相称。

令人遗憾的是,当长沙威尼斯城联排别墅"质量门"事件发生后,碧桂园高层没有主动采取应对危机事件的措施,只是采取一味回避、网络屏蔽的措施应对"质量门"危机事件。因此,碧桂园公司股价的持续低迷,可谓是其事件回应最直接的反映。

从长沙威尼斯城联排别墅"质量门"事件可以看出,一旦危机事件爆发,企业领导者应该果断地作出积极回应,迅速查找危机事件问题的源头,有效地进行舆论疏导,把好用户满意和媒体满意这两关。

当然,在积极疏导媒体和消费者的同时,企业领导者还要组织公关团队迅速查找产生问题的原因,主动约见媒体,态度坦诚地告知事实真相,并提供危机解决方案。在尽可能短的时间里取得用户和媒体的理解和支持,转危为安。

实战技巧

面对企业危机事件,有针对性地沉默是可以的,但是如果一味地采取沉默或者应付差事的态度应对危机事件,是要不得的。

企业一旦遭遇危机事件,缺乏危机处理经验或者缺乏危机处理意识,不知道如何正确处理危机事件,就可能错过事件处理的最佳时间。

这就要求企业领导者,不管企业是否遭遇危机事件,都应该准备若干种预案来应对危机事件。特别是当危机发生时,更应该在第一时间内处理危机,哪怕是董事长在外地也要赶赴危机事发地,不要等到危机发生许久才匆忙应对,那样的话,危机造成的后果将无法补救。因此,危机管理专家撰文指出,一旦危机爆发,应采取以下几种积极的应对措施,见表55-1。

表55-1　应对危机的8个措施

措施	具体内容
临危不乱	当企业危机事件突然爆发时,企业领导者应尽可能临危不乱,看清危机事件的根源,在第一时间迅速做出判断,并制订相应的危机应对方案,从而有效地进行应对。
重视内部公关	企业危机事件爆发后,最关注危机事件发展的不仅仅是媒体和相关当事人,其他相关的利益群体也非常关注。企业领导者如果没有适时地对员工进行危机事件的引导,就极有可能被媒体找到负面报道的机会。
积极应对,主动承认	危机事件爆发后,不管危机是何种性质、类型及起因,企业领导者都必须主动承担相应义务,积极进行危机事件的处理。

续表

措施	具体内容
主动出击,扶正消负	危机事件一旦发生,企业相关领导者在积极应对危机事件的同时,还必须"主动出击,扶正消负",从而有效地树立正面形象,消除负面影响。
以诚相待	面对危机事件时,企业相关领导者必须开诚布公地说明危机事件的真相,诚恳地接受媒体或者消费者的批评,这样才能有效地淡化矛盾、转化危机。
权威公断	在某些危机事件中,企业相关领导者还必须邀请比如消费者协会、技术监督局、媒体等公正性、权威性机构来协助解决危机事件,从而有效控制危机事件的发展,转危为安。
协调关系	危机事件发生后,相关领导者必须正确、全面地处理好与受害者、新闻界、主管部门、经销商和企业内部的关系。这将影响危机事件的处理效果。
化险为夷,重树形象	危机事件发生后,相关领导者在应对危机事件时,不仅要解决当前企业的危机事件,还要立足于企业形象的塑造。

错误 56　应对危机常常似是而非

在 YOU 时代，危机变得更频繁，负面信息如病毒扩散，这就需要我们重新审视传统的危机处理原则。如人患了感冒，感冒不是大病，但是感冒有一点比较可怕，当你在感冒期间发生新的疾病时，因为你的免疫系统已经被摧毁，所以在感冒期间任何一种疾病对人体都是可怕的。企业也是一样，在危机期间，容不得半点闪失。

——王微

情景再现

提到谷歌，人们自然会想到不作恶，然而，当回顾谷歌的种种做法后，不作恶自然也就是一种自我辩护的战略罢了。2010 年 1 月 12 日，谷歌公司发表声明称，谷歌公司遭到来自中国电脑黑客的攻击。声明还称，谷歌将在最短时间内与中国政府谈判，要求中国政府取消对谷歌中国搜索引擎的内容审查，否则谷歌公司将退出中国内地搜索市场。

2010 年 1 月 14 日，中华人民共和国外交部发言人针对谷歌退出中国内地搜索市场一事回应称,"中国的法律禁止任何形式的黑客攻击行为""中国互联网很开放,中国政府鼓励互联网的健康发展,而有关管理措施符合国际通行做法"。

2010 年 1 月 15 日,中华人民共和国商务部负责人表示,商务部尚没有接到谷歌申请退出中国搜索市场的报告,商务部负责人并称无论谷歌作出任何决定都不会影响中美贸易关系。

2010 年 1 月中旬,谷歌公司前首席执行官埃里克·施密特接受美国《新闻周刊》采访时提到,谷歌高层领导者正在与中华人民共和国政府就谷歌中国的去留问题进行商讨。埃里克·施密特还表示,谷歌公司的决策并不仅仅是被商业利益左右,谷歌退出中国内地搜索市场是"基于价值的抉择"。

2010 年 1 月 21 日,时任美国国务卿的希拉里·克林顿(Hillary Clinton)在一次就网络自由问题讲话时,含沙射影地批评中国政府,她表示,"美国政府敦促中国政府就迫使谷歌公司宣布撤出中国的网络攻击事件展开彻底调查",并希望"中国方面确保对这一事件的调查和调查结果的透明度"。

2010 年 1 月 22 日,美国白宫发言人比尔·伯尔顿(Bill Bolton)表示,美国总统贝拉克·奥巴马(Barack Obama)同意国务卿希拉里·克林顿的看法。奥巴马对谷歌遭黑客攻击事件一直感到忧虑,要求中国政府做出解释。

2010 年 3 月 23 日凌晨,谷歌公司总部正式发表声明退出中国内地搜索市场,最终关闭中国内地搜索服务,转用中国香港特别行政区的服务器提供简体中文服务。

2010 年 3 月 23 日,中华人民共和国国务院新闻办公室网络局负责人回应称谷歌公司违背书面承诺、停止过滤并就黑客问题指责中国的行为是完全错误的。中国政府"坚决反对将商业问题政治化",对谷歌公司的指责和做法"表示不满和愤慨"。

案例评点

可以说,谷歌是一家全球知名度极高的公司,但是谷歌在退出中国内地搜索市场的危机事件处理中却显得相当幼稚。

微软中国终身荣誉总裁唐骏在听到有关谷歌考虑退出中国内地搜索市场的决定后表示:"谷歌要退出中国市场? 怎么可能? 它的操作系统,它的办公软件,它的手机平台,缺了中国市场等于是失败,它不会蠢到连这个道理都不知道的。"

唐骏还表示,"谷歌的言论非常不负责任,最后受到伤害的将是谷歌自己。谷歌扬言要退出中国市场,感觉是在发泄不满! 退吧。希望谷歌说到做到! 这种不负责任的言语结果唯一受伤的肯定是谷歌"。

曾是微软中国掌门人的唐骏指出,"谷歌要退就退,如果是商业行为,很好! 要是政治要求,谷歌高估了自己! 一个商业公司,还要挑战一个国家的法规,谷歌在制定战略决策方面还是显得非常稚嫩,在这方面应该向微软学习"!

实战技巧

英国批判现实主义小说家查尔斯·狄更斯(Charles Dickens)在小说《双城记》中有这样一句话:"这是最好的时代,这是最坏的时代;这是智慧的时代,这是愚蠢的时代;这是信仰的时期,这是怀疑的时期;这是光明的季节,这是黑暗的季节;这是希望之春,这是失望之冬;人们面前有着各样事物,人们面前一无所有;人们正在直登天堂,人们正在直下地狱。"

确实,对于任何一个企业领导者而言,这不仅是一个危机四伏的年代,像信誉危机、决策危机、经营管理危机、灾难危机、财务危机、法律危机、人才危机、媒介危机、安全生产危机、产品质量危机、劳资纠纷危机、战略危机、文化危机、财务危机和法律危机等各类危机在不时地发生着,这也是机会的时代,各种各样的机会遍地都是。

可能读者会问:作为企业领导者,该如何处理企业的危机事件呢? 对此,危机专家指出两个步骤——第一要积极应对,第二要积极补救,见表56-1。

表 56-1　处理企业危机事件的两个步骤

步骤	具体内容
积极应对	危机事件爆发后,或者潜在危机事件成为现实危机事件时,企业危机事件信号已经非常明显,企业也就进入危机阶段。这就要求领导者有高度的敏锐性,及时发现和确认危机事件的程度,并采取有针对性的策略,再根据危机事件的内容适时地启动危机预警和预控阶段制定的预案,根据实际情况确定具体对策并加以执行。
积极补救	当危机事件得到企业有效控制后,领导者就必须着手恢复和补救危机事件对品牌的损害。 当然,危机补救不仅包括实体完善,还包括信誉重建和形象重塑,以及对危机管理进行评估、转危为机的过程。

错误 57　不能把危机转化为商机

> 每一次危机,既包含着导致失败的根源,也孕育着成功的种子。发现、培育以便收获这个潜在的成功机会就是危机管理的精髓。
>
> ——诺曼·奥古斯丁

情景再现

三鹿倒了,不是因为市场狭小,也不是因为产品定位不明确,这两个都不是三鹿倒下的真正原因,真正的原因也不仅仅在于危机公关没有处理好,而是产品质量出现严重问题。

2008 年 9 月 9 日,媒体披露了甘肃 14 名婴儿因长期食用某品牌奶粉而患肾结石的消息。而后在各大门户网站上引起网友们的纷纷议论。

2008 年 9 月 11 日,媒体报道湖北、湖南、安徽等多个省区也相继发现肾结石宝宝。在 2008 年 9 月 11 日的报道中,媒体不再含糊其词,而是直指三鹿奶粉。

其实,早在 2007 年 11 月前,三鹿高层领导者已经知道"三鹿"奶粉含有三聚氰胺,也知道食用含有三聚氰胺的奶粉导致婴儿患有肾结石。

2007 年 11 月,三鹿接到消费者投诉,称三鹿奶粉存在质量问题,而三鹿高层没有重视,直到 2008 年 8 月才开始重视。

据三鹿内部邮件显示,在 2008 年 8 月 1 日下午 6 时,三鹿集团股份有限公司取得检测结果,这个结果出乎"三鹿"高层的意料,那就是在送检的 16 个婴幼儿奶粉样品中,居然有 15 个样品检出含有三聚氰胺的成分,产品的合格率仅为 6.25%。

第二天,也就是 2008 年 8 月 2 日下午,三鹿高层领导者分别将婴幼儿奶粉中含有三聚氰胺的情况报告给石家庄市政府和新华区政府,并开始回收市场上的三鹿婴幼儿奶粉。

在此后五天时间里,三鹿集团股份有限公司对送达的 200 份原料乳样品进行了检测,最终确认,三鹿奶粉中三聚氰胺的最主要来源是原料乳中被人为掺入。当三鹿集团确认因食用三鹿婴幼儿奶粉导致众多婴儿患肾结石之后,三鹿集团就已经开启动危机公关了,企图掩饰食用三鹿奶粉导致婴儿患有肾结石的事实。

2008 年 8 月 11 日,北京涛澜通略国际广告有限公司向三鹿集团提出公关解决方案建议——"安抚消费者,1 至 2 年内不让他开口;与百度签订 300 万元广告投放协议以享受负面新闻删除,拿到新闻话语权;以攻为守,搜集行业竞争产品'肾结石'负面新闻的消费者资料,以备不时之需。百度的 300 万元框架合作问题,目前奶粉事业部已经投放 120 万元,集团只需再协调 180 万元就可以与百度签署框架协议,享受新闻公关保护政策"。三鹿集团采纳了这一危机公关方案。

众所周知,三鹿集团是一家中外合资公司,其最大的海外股东是新西兰恒天然公司。当恒天然公司在 2008 年 8 月得知三鹿生产的奶粉含有三聚氰胺,而且食用含有三聚氰胺的奶粉导致婴儿患有肾结石后,马上向中资方和石家庄政府官员要求召回三鹿集团生产的所有奶粉。

然而,由于石家庄市政府官员试图掩饰真相,不同意启动召回程序。恒天然公司只好向新西兰政府和总理海伦·克拉克报告此事。2008 年 9 月 5 日,新西兰政府得知消息后下令新西兰官员绕过地方政府,直接向中国中央政府报告此次事件,此事才被严正对待。

经过一个多月的发酵,甘肃岷县 14 名婴儿同时患有肾结石病症被披露,立刻引起外界关注,三鹿三聚氰胺危机事件终于爆发。

案例评点

"树林中有两条路。我只能走其中的一条。当我选择了一条路,那么,我只能遗憾地遥望那条未走的路。"这是诗人弗洛斯特的名诗《未走的路》中的句子。

我们在研究了三鹿公司危机事件的全过程后得出一个结论:"三鹿"前董事长田文华本来有一条让三鹿公司免于覆灭的路,这条路就是田文华"未走的路"。

其实,田文华不知道,危机中的三鹿有两条路,一条是发展,一条是覆灭。从媒体公布的事实看,含有三聚氰胺的三鹿毒奶粉事件并不是突然爆发的危机事件。从 2007 年 11 月三鹿集团第一次接到消费者投诉到 2008 年 9 月 11 日危机大爆发,三鹿集团起码有 10 个月的时间可以应对危机事件。如果三鹿集团在 2007 年 11 月接到消费者投诉产品有质量问题时,抑或在 2008 年 3 月南京市发现首例肾结石婴儿病例时,就积极主动严查奶源质量,或者当发现奶源出现问题时,立即向公安机关举报一些奶农的"不法行为",立即停止生产和销售所有问题产品,同时召回受污染产品,对受害消费者进行公平补偿,就可以避免危机事件的蔓延,还可以树立重承诺、讲诚信、敢担当的企业形象。

遗憾的是,三鹿高层领导者却没有这样做,而是花 300 万元让百度屏蔽"三鹿"的负面消息,企图掩盖真相。

其实,三鹿对于自己奶粉的毒性早已心知肚明,然而,在 2008 年 9 月 11 日甘肃一名患儿死亡的情况下,三鹿仍然宣称"奶粉质检合格","没有 18 元价位奶粉",而后因卫生部提醒消费者停止使用三鹿奶粉,才被迫"承认 700 吨奶粉受污染",无奈启动召回程序。

实战技巧

在任何一次危机事件中,危机爆发前都绝非风平浪静,而是会有很多征兆,但往往由于企业领导者的熟视无睹,导致错过避免危机爆发机会,使得危机事件经过长时间的发酵后像火山一样喷发了。

作为企业领导者,要在危机事件爆发之前将其消灭在萌芽状态,要能够识别危机的征兆并建立一个完善的危机预警机制。

可能有读者会问:作为领导者,如何识别危机的征兆呢? 方法有如下 3 个,见表 57-1。

表 57-1　识别危机的征兆的 3 个方法

方法	具体内容
时刻关注和收集媒体信息	媒体包括电视、电台、报纸、杂志、互联网等。媒体不仅是搜集企业危机信息的重要渠道来源,还是危机事件传播的重要介质,领导者时刻关注和搜集媒体信息可以更好地识别和预防危机事件。
关注利益相关者信息反馈	企业利益相关者包括如下几个:企业投资者、客户、员工、供应商、渠道商、政府执法检查监督者等。在实际企业经营中,利益相关者对企业日常运营、生产管理、产品质量、市场营销、企业形象等方面的任何抱怨、建议、警告都应该引起危机管理者,特别是企业领导者的足够重视,他们的信息反馈往往是危机发生前最重要的信息来源。
敏锐捕捉企业内部潜在信息	一项危机产生根源的调查显示,85%以上的危机是由组织内部原因引发的,因此领导者应敏锐捕捉组织内部的潜在信息。

错误 58　缺乏高效的危机管理团队

　　不管企业制度多么完美、企业效益多么好,总会遇到这样那样的危机。危机已经常态化,而要想很好地应对危机,做到遇事不慌、处变不惊,必须要有一整套危机管理的制度、应对危机的流程,以及一支专业的危机管理团队。

——叶东

情景再现

　　2004 年 11 月 17 日,对于巨能钙而言是个伤心的日子,因为《河南商报》以"消费者当心,巨能钙有毒"为新闻标题,披露巨能公司所销售的巨能钙含有致癌的工业用过氧化氢——"巨能钙,是一种保健品,其主要的消费对象为儿童和中老年人,服用者达数百万之众,曾一度被认为是最好的保健品。巨能钙进军市场 8 年,创下了钙类保健品销售业绩的一个又一个神话。然而,有谁会想到,这种被神话光环罩着的知名产品,其几个品种的成分里竟然藏着一个不为人知的惊天秘密——含有对人体极具危害性的工业化学物质过氧化氢(即人们常说的双氧水,化学分子式 H_2O_2)"。

当"消费者当心，巨能钙有毒"的报道见诸报端后，不少媒体和网络平台纷纷转载，消费者也不敢再购买巨能钙等钙产品，不少药店也将巨能钙撤下柜台。巨能钙危机迅速从河南扩散到中国其他地区，巨能钙的销量一落千丈。

面对媒体的质疑，巨能公司在 2004 年 11 月 18 日发布公司声明，承认巨能钙产品含有微量的过氧化氢，但不会对人体有危害。

2004 年 11 月 19 日，巨能公司在北京召开新闻发布会，巨能公司总工程师刘志革称，巨能钙在生产过程中由于工艺要求，需要添加过氧化氢进行消毒，受到技术限制，最终产品中会带有一些过氧化氢成分，但属于安全范围之内。巨能公司请求国家权威部门检测，同时指出事件缘起于恶意攻击，并将追究《河南商报》混淆视听、不实报道之责。

2004 年 11 月 19 日下午，在新闻发布会之后，巨能集团又向媒体和消费者发布了一封公开信。

2004 年 11 月 19 日晚上，《河南商报》发文予以坚决回击，称销售受损是巨能公司咎由自取。在巨能与《河南商报》就巨能钙安全性进行争辩时，巨能钙在全国的销售则几乎处于停顿状态。

在 2004 年 11 月 20 日的新浪聊天中，巨能公司董事长兼总经理李成凤则称，"巨能钙在生产过程中没有添加过氧化氢"。

直到 2004 年 12 月 3 日，卫生部的检测报告称"巨能钙过氧化氢含量在安全范围内"，巨能钙立即通过各地媒体公布了卫生部的检测结论，并再致消费者的公开信。

在卫生部检测结果公布后，巨能实业副总裁认为整个事件是北京某竞争对手策划的，而《河南商报》代总编辑则驳斥此种说法纯属造谣。

案例评点

可以说，巨能钙在危机事件中遭受巨大损失与其缺乏高效的危机管理团队有着极大的关联。

在巨能钙危机处理案例中,巨能公司两次错过了处理危机事件的最佳时机:

第一,2004 年 11 月 16 日下午,《河南商报》报社通知巨能公司河南办事处,《河南商报》将刊发一篇关于巨能钙的批评报道。巨能公司河南办事处负责人即前往《河南商报》报社进行沟通,表示只要《河南商报》不刊发该报道,一切都可以商量。在这个时候,如果巨能公司河南办事处负责人能够给予足够的重视,将该重大危机事件汇报给巨能公司总部,并由总部派遣强有力的沟通和谈判人员与《河南商报》协商,可能可以撤发该负面报道。既然《河南商报》告知巨能公司河南办事处,说明还是希望能跟巨能公司很好地沟通,从而协商解决该报道中的质疑。如果巨能公司能够抓住机会将危机事件消灭于无形,至少可以赢得危机处理的第一个最佳机会。

第二,当巨能钙含有致癌的工业用过氧化氢的负面报道被《河南商报》披露后,巨能公司应该明白,媒体质疑任何产品的问题,不仅是媒体的职责,更是他们监督企业及其产品质量的一个重要窗口。此时,必须组建一个沟通团队做好各自的分工:一要停止销售一切嫌疑问题产品;二要主动地与更多的媒体沟通,解释为什么产品中存在过氧化氢;三必须跟《河南商报》沟通,真正消除《河南商报》的质疑;四必须积极主动与经销商、顾客、政府沟通,阐释产品的安全性;五应该请权威部门检查产品的质量;六要邀请第三方介入产品质量的督察。

然而,纵观巨能公司的危机应对,尽管其在短时内迅速对《河南商报》的负面报道做出回应,但却是通过驳斥、指责等方式,甚至宣称要起诉《河南商报》,这样的危机处理方法无助于解决危机事件。这就错过了第二个危机处理的最佳时机。

当然,不可否认的是,卫生部的检测结果证明了巨能钙产品安全性,但是整个事件对巨能公司所造成的影响是巨大的。在 21 世纪初,钙类产品多如牛毛,消费者的选择空间很大,绝对不会去购买媒体披露含过氧化氢的产品的。

从以上几点很容易看出，巨能公司的危机公关处理能力实在薄弱。它警示中国企业领导者，在危机面前要高效应对，仅靠企业领导者一个人是不够的，必须建立专门的危机管理团队来应对，这样才能更加高效地处理企业危机。

实战技巧

对于任何一个企业来说，要在危机事件中最大化发挥公关的作用，领导者不仅要加强危机事件的协调指挥工作，还必须建立危机事件的核心领导机构——危机管理团队，并充分发挥其应对危机的作用。

在危机事件爆发后，危机管理小组的决策水平和应对能力都将决定危机事件的进程和结果。

可能读者会问：作为企业领导者如何建立一支高效的危机管理团队呢？方法有以下几个，见表58-1。

表 58-1　构建高效的危机管理团队的 5 个方法

方法	具体内容
足够权威的高层管理者专门负责危机管理	对于那些危机防范意识较强的企业来说，在日常运营过程中，通常都由足够权威的高层管理者来专门负责危机事件的管理工作。当然，该高层管理者不仅要具有足够的协调能力和指挥能力，还必须获得企业领导者足够的授权，以应对各种突发的危机事件。
设置首席危机官	为了有效地提高危机管理的效率，很多企业专门为危机管理设置了一个名叫首席危机官的岗位（chief crisis official，简称 CCO）。
制定首席危机官制度	为了更好地应对危机事件，在很多世界 500 强企业中都制定首席危机官制度。一般地，除首席危机官本人之外，实际上首席危机官还领导着三个危机小组： ·紧急应对小组，主要任务是在危机爆发后解救最紧迫的危机事件受害者； ·危机处理小组，主要任务是在危机爆发后最大限度地消除危机事件的负面影响； ·营运持续执行督导小组，主要任务是在危机爆发后保证企业的正常运营。

续表

方法	具体内容
制定具体的危机应对策略	在危机事件应对中,首席危机官必须制定具体的危机应对策略,并明确相关工作成员负责的具体事务。
按照危机管理计划执行	在世界 500 强大多数企业中都有一份危机管理计划书,公司一旦发生危机,根据危机类型和级别最终确定由谁出任首席危机官。

错误 59　不重视对企业危机管理人才的培养

事实上,处理危机事件,关键在人。面对危机,拥有充足的人力资源是重中之重。在很多中国企业家眼里,危机是无法预测、无法管理的,因此他们不可能为此设立专门的管理机构,当然也没有这方面的人才准备。因此,一旦发生危机事件,中国企业往往六神无主、惊慌失措,继而导致应对失策,全盘皆输。

——魏然

情景再现

2009 年 11 月,尽管北京已经提前供暖,但是接连两天的暴雪令北京建外 SOHO 东区的业主们寒冷无比,此时室内温度只有 3 摄氏度,他们却没有暖气可用。

2009 年 11 月,SOHO 中国旗下建外 SOHO 项目因为拖欠电费、水费、供热费等多项费用,导致建外 SOHO 东区被停暖气、停热水。

北京电力公司也已经向 SOHO 东区的住户发放了"欠费停电通知书",表示自 2009 年 11 月 18 日上午 8 时开始,随时对建外 SOHO 东区采取停电措施,停电范围为建外 SOHO 东区 2 栋写字楼用电、9 栋公寓楼的电梯和水泵等公共部分用电,以及 4 栋小商业楼用电,但公寓楼居民生活照明用电可以保证。

"停电门"危机继续发酵,在新楼盘嘉盛中心刚开盘时,就有自称被骗的20 余名业主,打着横幅到嘉盛中心售楼处,劝在嘉盛中心看房的顾客不要买潘石屹所建的房子。

之后,甚至还有业主大声高喊"潘石屹,大骗子",甚至还有堵门示威的行为。

尽管建外 SOHO 早已清盘,但"停电门"事件的爆发仍然给开发商 SO-HO 中国带来了很大的声誉危机。

案例评点

在很多企业危机管理中,管理人才发挥了非常重要的作用。可以说,那些伟大的企业就是因为拥有卓越的危机管理人才,才在危机事件中表现出色。因此,要想有条不紊地应对企业危机事件,企业领导者就必须有针对性地培养企业危机事件管理所需要的人才,因为只有储备危机事件管理人才,多如牛毛的企业危机事件才有可能在最短的时间内被化解。

就像上述案例中,其实,我们并不知晓有关 SOHO 东区停暖气、停热水的内情,面对"停电门"危机,潘石屹在其个人博客上对事件进行了说明——"居住的建外 SOHO 小区,在北京下雪的那天断电停暖,社区当时停暖、停热水,室内温度不足 3 摄氏度,已经到了崩溃的边缘"。

潘石屹还在博客中将重点放在了问题根源分析上,指明两家物业公司的纠纷是本次意外停电、停暖事件的根本原因。潘石屹发微博的目的很简单,就是让业主及媒体公众明白,之所以出现停电事件,问题根本不在于SOHO 中国,而是物业公司。

不可否认,潘石屹的微博危机公关取得了一定的效果,但是没有从根本上解决问题,所以才又出现嘉盛中心刚开盘就遭遇自称被骗的 20 余名业主打着横幅到售楼处劝人不要买潘石屹的房子的局面。

可以说，"停电门"危机只是一个导火索，点燃了 SOHO 中国的一连串危机事件。由于 SOHO 中国对危机事件的不重视、处理不及时，才导致其品牌美誉度严重受损。而我们从中也可以看出 SOHO 中国危机管理人才的缺乏。

SOHO 中国的危机警示中国企业，任何一个企业的危机管理，其核心要素还是在于企业的危机管理人才，正是这部分挽救企业于水火的管理人才，造就了伟大的公司。

危机管理是企业经营活动中不可或缺的一环，在世界 500 强企业中，绝大多数公司都设有专门的危机管理机构，但在中国多数企业里，基本上没有设置危机管理机构。

在很多中国企业家眼里，企业危机事件多如牛毛，又无法预测，为此设立专门的危机管理机构既浪费钱财，又浪费时间，当然更不可能储备管理人才了。对此，北京中国之星网站策划师、危机管理专家魏然强调："事实上，处理危机事件，关键在人。面对危机，拥有充足的人力资源是重中之重。"

实战技巧

很多中国企业缺乏专业危机管理人才，再加上对危机管理不重视，导致在突发危机事件时，其危机应对方案往往缺乏针对性，多数只是克隆其他公司的危机应对方法。但由于每一个危机事件都各有不同，采用同样的危机应对方法肯定是不可能达到理想效果的，一旦方法不当，还会危害企业的信誉。

这就要求领导者培养企业所需的危机管理人才。不可否认，这是一个非常棘手的问题，但是培养企业所需的危机事件管理专业高级人才，不仅可以强化企业危机事件的预防和应对，还能提高企业在危机预测、预防、预警、应对、处置、修复方面的能力，从而降低危机突发事件对企业所造成的损失。对于企业的长远发展而言，其战略意义非常深远。

可能读者会问:危机事件管理到底需要什么类型的人才呢? 根据危机管理专家的研究,一般危机管理中根据应急管理的不同层次可以把所需人才分为四类,见表 59-1。

表 59-1　危机管理所需 4 类人才

类型	具体内容
信息型人才	信息型人才在危机事件管理中担负着预警工作,主要工作任务是及时、准确、全面地搜集信息而且要不停地更新和反馈信息,从而更好地发现危机事件的征兆。
操作型人才	操作型人才在危机事件管理中扮演重要的角色,他们除要具备专业化的知识、职业化的技巧之外,还要有很强的协同性和整合现场各种资源的能力。
监督型人才	在危机事件管理中,监督型人才的主要工作任务是记录和跟踪整个危机事件的处理过程,对危机事件起因、处理、损失和善后进行正确评估,然后撰写危机事件应对报告。
执行型人才	在危机事件管理中,执行型人才往往具备很强的专业背景,执行型人才不仅能够领悟企业决策层的危机应对精神,还能将其很好地贯彻下去,更重要的是执行型人才能够从整体上准确把握危机事件进展,根据危机事件发展态势有效地、迅速而果断地制订出可操作的危机事件应对方案。

错误 60　机械化地应对危机

> 出现问题并不可怕，关键在于怎么对待。
>
> ——苗圩

情景再现

一汽丰田汽车销售有限公司总经理松木秀明在接受媒体采访时表示，针对中国丰田 RAV4 车主，除推出一个"三选一"的免费检测服务之外，丰田公司不会给予中国召回车辆车主（包括浙江地区）额外的经济赔偿。

这样的言论激起了中国消费者的强烈抗议。特别是 2010 年 3 月 29 日，浙江省工商局在接受媒体采访时表示，浙江工商局对一汽丰田提出 5 项要求，这 5 项要求是——制定召回问题车辆时间表、上门召回、提供代步车、允许全额退还定金和补偿经济损失，一汽丰田此前均表示接受。

然而，松木秀明此番就丰田问题事件向媒体表态时，无疑否认了 2010 年 3 月 29 日浙江省工商局发布的丰田汽车将给予 RAV4 车车主经济补偿的决定。

当然，中国汽车消费者大概不会忘记，2002 年 5 月，日本丰田汽车公司决定召回 200 万辆存在点火器隐患的汽车，但召回并不包括中国市场。

同样,让中国消费者愤慨的是,丰田汽车对待中国市场与美国市场,存在不小的差别。

早在 2010 年 2 月 26 日,丰田汽车董事长丰田章男,在美国国会听证会上的第一个动作就是宣誓表示绝对不会说谎,假如说谎将不惜接受美国法律的惩罚,并承诺对召回汽车的车主提供额外的服务,包括以下几个方面:尽量缩短维修的时间;提供"上门召回"服务,由经销商代表取回和还回被召回车辆;提供车辆送车主到经销商处或者送其去上班;如车主不能或不愿驾驶自己的车,在合理期限内为车主租车或提供乘坐出租车的补偿。

案例评点

事实证明,一旦爆发企业危机事件,领导者不仅要能够及时应对,而且要有针对性地采取危机公关,绝对不能机械地按照危机管理的办法应对危机,这样可能会加剧危机事件的升级。

在上述案例中,丰田在召回问题汽车时,对中国和美国市场的做法完全不同。在美国,丰田汽车董事长丰田章男接受美国国会的问询,而且还主动召回,积极赔偿损失。而在中国市场,丰田只提供"三选一"的免费检测服务,拒绝额外赔偿,这样的做法存在明显歧视中国消费者的行为,可能会更加激化中国消费者抵制日货的情绪。

不可否认,忽视中国消费者,丰田必须为这样的危机公关付出代价。对此,时任全国人大代表、工业和信息化部副部长苗圩在公开场合谈及"丰田召回"事件时坦言,丰田汽车出现质量问题并不可怕,关键在于丰田汽车如何对待。苗圩强调:"我们希望中国的消费者能够得到和美国消费者一样的待遇。"

丰田汽车危机事件警示中国企业领导者,不管在什么地区,企业都必须一视同仁尊重消费者,这样才能在危机事件中赢得消费者的认可。

在近几年的媒体报道中,有关日本企业兵败中国市场的新闻屡见不鲜。

人们可能会认为,这是因为日本企业的管理水平不行。其实,这样的观点不正确。

经过几年研究,我发现,日本企业在中国屡遇危机,主要原因在于日本企业歧视中国消费者,从而激化中国消费者抵制日货的行为。不管是 10 多年前的东芝笔记本事件,还是现在的丰田问题汽车,日本企业的做法就是在中国市场拒绝召回,拒绝额外赔偿。

可能有读者会认为,一汽丰田汽车销售有限公司总经理松木秀明是按照日本丰田汽车的命令发布危机应对策略,才导致了松木秀明机械地处理丰田汽车召回事件。如果真是这样,那么松木秀明就犯了一个严重的错误,在不同的市场,其文化和消费依赖度是基于企业尊重消费者基础之上的,领导者在处理危机事件时一定要根据不同的市场采取"非程序化"危机应对,这样才能达到危机应对的目的。否则,危机事件不仅会不断发酵,还会激化消费者更激烈的抵制。

实战技巧

当然,避免机械化地应对危机事件,必须从一切信息资源中充分认识突发危机事件的危害程度,然后,再根据其程度制定出相对应的危机应对方法,从而有效地避免危机事件的蔓延。

可能有读者会问:作为领导者,当危机事件爆发后,如何才能避免机械化地应对危机事件呢? 方法有以下 3 个,见表 60-1。

表 60-1 避免机械化应对危机的 3 个方法

方法	具体内容
淡定从容	一旦危机事件爆发,领导者必须淡定从容、临危不惧、遇事不乱。这是企业领导者能够有效地应对突发危机事件的一个重要前提。

续表

方法	具体内容
果断处理突发事件	一旦危机事件爆发,领导者果断处理危机事件是有效化解危机的一个重要举措,事实上,很多企业突发危机事件的进一步升级和蔓延都与领导者的漠视有关。因此,遇到突发危机事件,领导者必须在理智冷静的基础上,迅速查清危机事件的真相,从而有针对性地找出应对危机的最佳方法。
采用超常规处理模式	有效地处理危机事件,不能只是机械地、盲目地按照既定模式来处理,而必须根据突发危机事件的特点采用不同的方法。在可能的情况下,领导者可以考虑采用超常处理模式处理突发事件,这就要求领导者在处理突发危机事件时能够根据实际情况灵活应变。

参考文献

[1]陈国海,李艳华,吴清兰[M].管理心理学.北京:清华大学出版社,2008.

[2]程正方.现代管理心理学[M].北京:北京师范大学出版社,2009.

[3]邓靖松.管理心理学[M].北京:中国人民大学出版社,2010.

[4]刘永芳.管理心理学[M].北京:清华大学出版社,2008.

[5]刘玉梅.管理心理学理论与实践[M].上海:复旦大学出版社,2009.

[6]李磊,马华维.管理心理学[M].天津:南开大学出版社,2006.

[7]斯蒂芬·P.罗宾斯,等.管理学[M].北京:中国人民大学出版社,2008.

[8]库泽斯,波斯纳.领导力[M].北京:电子工业出版社,2009.

[9]杜伯林.领导力:研究·实践·技巧[M].北京:中国物价出版社,2006.

[10]尤里奇,等.领导力密码.北京:中国人民大学出版社,2011.

[11]查兰,等.领导梯队[M].北京:机械工业出版社,2011.

[12]科恩·德鲁克.论领导力[M].北京:机械工业出版社,2011.

[13]库泽斯,等.领导力的真理[M].北京:电子工业出版社,2011.

[14]达夫·尤里奇,等.绩效导向的领导力[M].北京:中国财经出版社,2004.

[15]科特.领导力革命[M].北京:商务印书馆,2005.

[16]哈格罗夫,雷纳德.提升您领导力的教练[M].北京:中国电力出版社,2007.

[17]克兰德尔.西点军校的领导力[M].北京:电子工业出版社,2009.

[18]伯特达.九型人格与领导力[M].北京:中信出版社,2010.

[19]沃特·谢弗尔.压力管理心理学[M].北京:中国人民大学出版社,2009.

[20]格罗斯.360度领导力[M].北京:电子工业出版社,2011.

[21]赫尔曼·阿吉尼斯,韦恩·卡西欧.人力资源管理中的应用心理学[M].第6版.北京:北京大学出版社,2006.

[22]苏东水.管理心理学[M].上海:复旦大学出版社,2005.

[23]徐云祥.管理心理学[M].北京:北京大学出版社,2009.

[24]殷智红,叶敏.管理心理学[M].第2版.北京:北京邮电大学,2007.

[25]张杉杉,罗震雷,徐晓峰.人力资源管理心理学[M].北京:首都经济贸易大学出版社,2009.

[26]赵国祥.管理心理学[M].北京:高等教育出版社,2010.

[27][美]杰克·韦尔奇,苏茜·韦尔奇.赢[M].余江 译.北京:中信出版社,2005.

后 记

当写完最后一行字时，天已经大亮，阳光洒在我的案头上。尽管此刻有着几分困意，但是我兴奋不已。

回顾这段写作的日子，我感慨颇多。究其原因，在写作之前，当我看到中国传统企业转型失败的新闻屡屡出现在媒体的头条时，我的心情无比沉重。作为一个研究传统企业的财经作家，必须为此出谋划策。为此，我和我的团队经过几个月的奋战，终于完成了中国传统企业如何转型这个课题。这就是我在熬夜苦战的日日夜夜中，不知疲倦的动力，也是我为之兴奋的内因。

当下，我们能从博士返乡的文章中读出时代的多元性，但是我们不能苛求每个中国公民都必须为我们的国家奉献青春和热血，不能苛求中国精英人士必须为我们的国家出谋划策，也不能苛求中国传统企业家客观正面地评价传统企业的转型之死……我和我的团队唯一能够做的事情是，用我们的汗水和热情为我们的国家做点什么。

为此，我常常想到美国第 35 任总统约翰·肯尼迪（John F.Kennedy）演讲时说的话："在漫长的世界历史中，只有少数几代人在自由处于最危急的时刻被赋予保卫自由的责任。我不会推卸这一责任——我迎接这一责任。我不相信我们中间有人想同其他人或其他时代的人交换位置。我们为这一努力所奉献的精力、信念和虔诚，将照亮我们的国家和所有为国效劳的人——而这火焰发出的光芒定能照亮这个世界。因此，我的美国同胞们，不要问你们的国家能为你们做些什么，而要问你们能为你们的国家做些什么。"

后 记

在约翰·肯尼迪看来,为国家做贡献是全民的责任和义务。在这样的激励下,我们拾起研究中国传统企业如何成功转型的重担,在慢慢摸索中前行。其间得到很多教授、培训师、企业家等的认可,同时也遭遇一些人的冷嘲热讽。支持者认为,我和我的团队做了一件有意义的事情。反对者则认为,"肉食者谋之,又何间焉?"在这样肯定和否定的声音中,我们终于完成了这样的课题,实在很欣慰。

在中国,向来不缺优秀的品牌制造者,但是缺优秀的管理者,有多少看似强大的企业一夜成名,叱咤风云三五年,却往往在遭遇到一两个看起来很小的、企业及时采取措施就完全可以控制住的"小麻烦"后,便如"多米诺骨牌"一样倒下。三株、秦池、爱多等一批中国曾经的旗舰企业莫不如此。

据我国商务部的资料:我国每年新增 15 万家家族企业,同时每年亦消亡 10 万多家,有 60% 的家族企业在 5 年内破产,85% 的家族企业在 10 年内倒闭,其平均寿命只有 2.9 年。

原因何在?中小企业死亡最重要的原因就是领导者在企业问题的处理上经常犯下那些不应犯的错误,导致企业在短时间内衰亡。如果把企业的问题看作一匹脱缰的野马,那么提升领导者的水平就是最好的驾驭术。当然,在一批批企业倒下的同时,我们也看到依然有一些公司稳定发展,仍旧能够在竞争激烈的市场上乘风破浪。归根结底,企业持续发展和永续经营的重要因素还是在于领导者的水平和能力,只有领导者知道自己做错了什么、如何改正,企业才能够基业长青。

其实,领导者常犯的错误,远远不止书中列举的 60 个,还有很多很多。我只是有针对性地总结了 60 个致命错误,希望能给企业领导者在今后的管理中提供借鉴和参考,从而避开管理中的诸多陷阱,为企业的长远发展提供科学的指导。

在此,我要感谢"财富商学院书系"的优秀伙伴,他们参与了本书的前期策划、市场论证、资料收集、书稿校对、图表制作。

以下人员对本书的完成亦有贡献,在此一并感谢:周梅梅、吴旭芳、简再飞、周芝琴、吴江龙、吴抄男、赵丽蓉、周斌、周凤琴、周玲玲、金易、汪洋、兰世辉、徐世明、周云成、周天刚、丁启维、吴雨凤、张著书、蒋建平、张大德、何庆、李嘉燕、陈德生、丁芸芸、徐思、李艾丽、李言、黄坤山、李文强、陈放、赵晓棠、熊娜、苟斌、佘玮、欧阳春梅、文淑霞、占小红、史霞、杨丹萍、沈娟、刘炳全、吴雨来、王建、庞志东、姚信誉、周晶晶、蔡跃、姜玲玲、霍红建、赵立军、王彦、厉蓉、丁文、李爱军、叶建国等。

任何一本书的写作，都是建立在许许多多人的研究成果基础之上的。在写作过程中，我参阅了许多资料，所参考的文献，凡属专门引述的，都尽可能地注明了出处，其他情况则在书后附注的"参考文献"中列出，如有疏漏还请见谅。在此向有关文献的作者表示衷心的感谢！

本书在出版过程中得到了许多教授、培训师、企业老板、创业者、业内人士和出版社编辑等的大力支持和热心帮助，在此表示衷心的感谢！

感谢本书法律顾问丁应桥律师。

由于时间仓促，书中难免存在纰漏，欢迎读者批评指正，同时也欢迎约稿、讲课和战略合作（E-mail：450180038@qq.com；荔枝微课："周锡冰讲台"；微信号：xibingzhou；公众号：caifushufang001）。

周锡冰

2021 年 8 月 28 日于财富书坊